2019年度中国银行业发展报告

供给侧结构性改革推进高质量发展

中国银行业协会行业发展研究委员会◎编

中国金融出版社

责任编辑：董　飞
责任校对：潘　洁
责任印制：裴　刚

图书在版编目（CIP）数据

2019年度中国银行业发展报告：供给侧结构性改革推进高质量发展/中国银行业协会行业发展研究委员会编 . —北京：中国金融出版社，2019.8
　ISBN 978 – 7 – 5220 – 0224 – 8

　Ⅰ . ①2⋯　Ⅱ . ①中⋯　Ⅲ . ①银行业—经济发展—研究报告—中国—2019
Ⅳ . ①F832

中国版本图书馆 CIP 数据核字（2019）第 167140 号

2019 年度中国银行业发展报告
2019 Niandu Zhongguo Yinhangye Fazhan Baogao

出版
发行　**中国金融出版社**

社址　北京市丰台区益泽路 2 号
市场开发部　（010）63266347，63805472，63439533（传真）
网上书店　http：//www. chinafph. com
　　　　　（010）63286832，63365686（传真）
读者服务部　（010）66070833，62568380
邮编　100071
经销　新华书店
印刷　北京市松源印刷有限公司印刷
尺寸　210 毫米×285 毫米
印张　14. 5
字数　280 千
版次　2019 年 8 月第 1 版
印次　2019 年 8 月第 1 次印刷
定价　75. 00 元
ISBN 978 – 7 – 5220 – 0224 – 8
如出现印装错误本社负责调换　联系电话（010）63263947

《2019 年度中国银行业发展报告》

编　委　会

《2019 年度中国银行业发展报告》
编 写 组

课题牵头单位及牵头人：

交通银行 连 平 周昆平

课 题 统 稿：

交通银行 武 雯 刘 健 鄂永健 黄艳斐

梁栋材 刘学智 王迪昀 李 莹

陈 冀 李津津 阮刚铭 蔡 强

课题参与机构及执笔人：

交 通 银 行：武 雯 吴 剑 连 平

国 家 开 发 银 行：冯进路 王 聪

中 国 农 业 银 行：丁维岱 冀玥竹 纪啸天

中 国 银 行：王家强 邵 科 熊启跃 原晓惠

中 国 建 设 银 行：刘兴赛

中 国 邮 政 储 蓄 银 行：孙翔宇 韩军伟

中 国 民 生 银 行：张丽云 麻 艳 李 鑫

中 信 银 行：张 鹏 韦博洋

中 国 光 大 银 行：郑文力

华 夏 银 行：魏 政 李玉文

兴 业 银 行：高 鹏 黄继平

广 发 银 行：何 鑫 张 琳 袁 雪

恒 丰 银 行：王丽娟 李 蕾

浙 商 银 行：杨 跃 庄瑾亮 倪进峰

北 京 银 行：吴 凯　王 超

南 京 银 行：沈昱池

包 商 银 行：陈玉京　冯晓菲　杨久龙

徽 商 银 行：朱丽丽

浙江省农村信用社联合社：吴厚烜　林海光　谢 磊
　　　　　　　　　　　　戚文举

新 网 银 行：陈黎

中 国 东 方 资 产：朱 珠　曹东坡

兴 业 研 究：郭益忻　钱立华　罗鹏程
　　　　　　　郭于玮

课 题 协 调：王 芳

中国银行业协会行业发展研究委员会简介

中国银行业协会行业发展研究委员会（以下简称研究委员会）成立于 2010 年 5 月 25 日，是中国银行业协会领导下的研究性专业组织，依照《中国银行业协会章程》和《中国银行业协会行业发展研究委员会工作规则》开展工作。研究委员会的宗旨是建立有效的银行业研究合作机制，联合行业研究资源，共享行业研究成果，把握行业发展动态，以便最大限度地为中国银行业的改革发展服务。研究委员会的工作原则是自愿、协商、合作、共享。2017 年 12 月，研究委员会顺利换届。第三届委员会成员单位包括 58 家银行业金融机构，其中，交通银行当选委员会主任单位，国家开发银行、中国工商银行、中国农业银行、中国银行、中国建设银行、中国邮政储蓄银行、招商银行、中国民生银行、上海浦东发展银行、兴业银行、恒丰银行、浙商银行、北京银行、重庆银行、北京农商银行等当选为副主任单位，中国进出口银行、中国农业发展银行、中信银行、中国光大银行、华夏银行、广发银行、渤海银行、南京银行、包商银行、徽商银行、苏州银行、浙江省农村信用社联合社、汇丰银行（中国）、中国华融资产、中国东方资产等当选为常委单位。

导语

　　2018 年以来特别是进入 2019 年，世界经济增长放缓，不确定因素明显增多，国际金融市场波动性加大。中国经济运行总体平稳，但经济仍存在下行压力，结构性矛盾还比较突出。在党中央、国务院的正确领导和金融监管部门的有效监管和引领下，银行业深化金融供给侧结构性改革，持续推进战略转型，进一步扩大对外开放，切实加强全面风险管理，持续提升服务实体经济的质量和效率，努力实现高质量发展，取得了一系列可喜成效。

　　深化金融供给侧结构性改革，提升服务实体经济质效。银行业金融机构认真贯彻落实新发展理念，强化金融服务功能，以金融体系结构调整优化为重点，优化融资结构和金融机构体系、市场体系、产品体系，为实体经济发展提供更高质量、更有效率的金融服务。国有大型商业银行和股份制商业银行均设立了普惠金融事业部，多层次、广覆盖、有差异的银行体系建设稳步推进，中小金融机构数量和业务比重逐步提升，普惠金融供给体系不断优化。充分发挥数字普惠金融的作用，持续提高小微企业和民营企业的信贷效率。截至 2018 年底，农村商业银行和村镇银行数量分别为 1427 家和 1616 家，同比分别增加 165 家和 54 家。17 家民营银行全部开业。全国小微企业贷款余额 33.49 万亿元，占各项贷款余额的 23.81%。其中，普惠型小微企业贷款余额 9.36 万亿元，比年初增长 21.79%，比各项贷款增速高出 9.2 个百分点。2018 年第四季度银行业新发放普惠型小微企业贷款平均利率 7.02%，较第一季度下降 0.8 个百分点。信用卡消费、保障性安居工程等领域贷款同比增长分别为 25.2% 和 32.7%，比各项贷款平均增速高出 13.1 和 20.6 个百分点。

　　深入推进改革转型，努力开创高质量发展新局面。金融供给侧结构性改革的目的在于优化金融体系结构，提升金融资源配置的效率，更好地服务实体经济，实现高质量发展。银行业金融机构积极探索中国特色现代银行制度，不断完善公司法人治理机制；主动摒弃以规模、速度论英雄的发展理念，更加强调内涵式发展；全面深化改革和扩大开放，提高精细化管理水平，持续提升价值创造；坚持科技引领，推动金融科技与业务的融合发展，利用金融科技为业务赋能和保驾护航；加强内控合规，牢固树立稳健经营理念，坚决打赢防控风险攻坚战；将服务实体经济作为工作的出发点和落脚点，回归本源，在高效服务实体经济过程中实现高质量发展。2018 年末，银行业金融机构资产、负债分别为 268 万亿元和 247 万亿元，同比分别增长 6.3% 和 5.9%，增速分别下降 2.4 和 2.5 个百分点；商业银行净利润增长 4.72%，平均资本利润率 11.73%；全市场金融同业类产品存续余额 1.22 万亿元，减少 2.04 万亿元，降幅为 62.58%，"资金空转"现象明显减少。

稳步推进新一轮对外开放，不断增强国际化水平和竞争力。银行业金融机构坚持以开放促改革，以开放促发展，以开放提高金融的有效供给，提高金融活力和竞争力。2018 年 4 月，金融管理部门推出了一系列对外开放措施，近期又陆续推出多项新举措，进一步放宽外资机构和业务准入。目前，已有来自 54 个国家和地区的 215 家外国银行在华设立了 41 家外国银行法人，115 家外国银行的分行和 153 家代表处；已有 11 家中资银行在 28 个"一带一路"沿线国家设立了 76 家一级分支机构，中资银行参与"一带一路"建设项目 2600 多个，累计发放贷款 2000 多亿美元。银行业国际竞争力明显提升，有 135 家中资银行入围全球银行 1000 强排行榜，前四大银行均为中资银行。按照内外一致原则，对境内外各主体公平对待、一视同仁，在同一规则下开展合作与竞争，逐步拓宽民间资本进入银行业的渠道，形成"多赢"格局。截至 2018 年底，民间资本在股份制商业银行、农村中小银行机构占比分别达到 43% 和 83.5%，在城商行占比已超过一半。

主动对接国家战略，满足重点领域和薄弱环节金融服务需求。银行业金融机构密切加强与长三角及粤港澳大湾区各级政府及相关部门的合作，进一步加大信贷投放，大力支持长三角及粤港澳大湾区建设。围绕国家战略，通过银团贷款、产业基金等方式为长三角一体化、粤港澳大湾区、"一带一路"、京津冀协同发展、长江经济带等重大战略和重大工程、重点项目，提供长期、稳定、可持续的金融服务。根据西部大开发、东北振兴、中部崛起、东部率先的区域发展总体战略，精准支持对宏观经济和区域经济具有重要带动作用的重点项目和工程。大力支持科技创新和高新技术产业发展，持续加大对战略性新兴产业的信贷投放。截至 2018 年末，制造业、基础设施行业贷款余额分别为 17.1 万亿元和 26.46 万亿元，主要银行机构战略性新兴产业贷款余额 3 万亿元。银行业金融机构助力打好脱贫攻坚和污染防治攻坚战，为实体经济发展提供更高质量、更有效率、更加精准的金融服务。截至 2018 年底，银行业金融机构发放扶贫小额信贷余额 2488.9 亿元，支持建档立卡贫困户 641.01 万户；扶贫开发项目贷款余额 4429.13 亿元，较年初增加 336.8 亿元。

切实打好防范化解金融风险攻坚战，确保安全稳健运营。银行业金融机构认真贯彻落实国家宏观调控政策，持续提升全面风险管理水平，持续优化信贷结构，持续做好不良资产处置，加强影子银行、房地产、地方政府债务、产能过剩行业等重点领域风险防控，配合金融管理部门打击整治各种非法金融活动、非法社会集资等，及时化解各类风险隐患，风险抵御能力进一步增强。2018 年第四季度末，商业银行不良贷款率为1.83%，小幅上升；拨备覆盖率为 186.31%，较上季度末上升 5.58 个百分点；商业银行（不含外国银行分行）核心一级资本充足率为 11.03%，较上季度末上升 0.24 个百分点。进一步完善市场和流动性风险管理体系，提高精细化定价水平，持续加强对宏观经济金融形势和利率走势的研判，市场与流动性水平整体稳健。2018 年第四季度末，商业银行流动性比例为 55.31%，较上季末上升 2.37 个百分点；人民币超额备付金率为2.64%，较上季末上升 0.75 个百分点。高度重视依法合规经营，牢固树立合规就是底线、越线就是风险的理念，进一步强化内控合规管理，为高质量发展奠定基石。

加强监管引领，推动行业高质量发展。随着 2017 年国务院金融稳定发展委员会的成立以及 2018 年银保监会正式挂牌，金融监管的统筹协调不断强化。金融监管部门以服务供给侧结构性改革为主线，引导银行业回归本源、专注主业，大力开展治乱象工作，持续整治各种违法违规金融活动，打好防范化解金融风险攻坚战；多措并举缓解民营及小微企业融资难融资贵，持续引导银行业加强对重点领域和民生保障的金融服务，着力提高金融服务实体经济能力；稳妥推进理财子公司工作，引导理财业务回归资管本质；坚定不移深化改革扩大开放，进一步扩大银行业对内对外开放，推动银行业向高质量发展转变。

2019 年，世界经济增长面临的下行风险可能加大，国际贸易争端及地缘政治风险上升。中国仍处于并将长期处于重要战略机遇期，三大攻坚战进展良好，供给侧结构性改革不断深化，改革开放力度加大，经济发展潜力较大，并稳步迈向高质量发展新阶段。2019 年是新中国成立 70 周年，是决胜全面建成小康社会关键之年。银行业金融机构将继续深入贯彻落实宏观调控政策，深化金融供给侧结构性改革，主动对接国家战略部署，积极支持重点工程、重大项目建设。坚持稳中求进总基调，不断推进改革创新，持续提升薄弱领域金融服务水平，加强对"三农"、小微企业、绿色信贷和普惠金融等经济社会重点领域的金融服务，力促经济结构调整和产业结构转型升级，持续提高金融服务质效。继续全力防控各类风险，严守风险底线，不断完善全面风险管理体系，扎实推进重点领域风险防控，确保安全稳健运行，努力实现高质量发展。

为全面、深入反映中国银行业改革发展的主要成绩和运行特点，并展望未来发展趋势，在中国银行业协会行业发展研究委员会的组织协调下，由交通银行牵头、23 家金融机构共同参与，撰写了《2019 年度中国银行业发展报告》。报告共分为七篇，分别为总体运行篇、资产业务篇、负债业务篇、中间业务篇、风险管理篇、改革转型篇和专题研究篇，多维度、多层次地对中国银行业进行了较为全面、系统和深入的分析和展望。

本报告编纂人员均来自银行业金融机构，有较为丰富的从业经验和较为扎实的研究基础。在报告撰写过程中，编委会召开了多次讨论会，对报告的定位、框架、结构、风格、体例、观点等进行了反复研讨和不断完善。中国银行业协会组织专家对报告进行了评审，力求报告客观专业、内容系统全面、数据准确可靠、质量水平较高。本报告既可以作为社会各界了解中国银行业改革发展和经营管理的专业阅读材料，也适合银行业从业人员和研究人员等相关人士作为研究参考。

Introduction

Since 2018, especially in 2019, the world economic growth has slowed down; uncertainties have increased significantly; and volatility in the international financial market has increased. China's economic operation is generally stable, but there still is a downward pressure; and structural contradictions are still quite prominent. Under the correct leadership of the Party Central Committee and the State Council, as well as the effective supervision and guidance of the financial regulators, the banking industry deepened the structural reform of the financial supply side, continued to promote strategic transformation, further expanded the opening up, effectively strengthened comprehensive risk management, and continued to improve the quality and efficiency of service to the real economy. The effort to achieve high quality development has brought a series of gratifying results.

Deepened the structural reform of the financial supply side and improved the quality and efficiency of the service to the real economy. The banking financial institutions have conscientiously implemented the new development concepts; strengthened financial service functions; focused on the adjustment and optimization of financial system structure; optimized financing structure and financial institution system, market system and product system to provide financial service to the real economy development with higher quality and efficiency. The state – owned large banks and joint – stock commercial banks have established the inclusive finance departments. The construction of a multi – level, wide – coverage and differentiated banking system has been steadily advanced. The number of small and medium – sized financial institutions and the proportion of their businesses have gradually increased, and the inclusive financial supply system has been continuously optimized. The role of digital inclusive finance has been given a full play to continue to improve the efficiency of credit to small and micro enterprises and private enterprises. By the end of 2018, the number of rural commercial banks and village banks was 1,427 and 1,616 respectively, an increase of 165 and 54 respectively. All 17 private banks opened. The balance of small and micro enterprise loans nationwide was 33.49 trillion yuan, accounting for 23.81% of the balance of all loans. Among them, the balance of inclusive loans to small and micro enterprises was 9.36 trillion yuan, an increase of 21.79% over the beginning of the year and 9.2 percentage points higher than the growth rate of all loans. In Q4 of 2018, the average interest rate of newly issued inclusive loans to small and micro enterprises in the banking industry was 7.02%, a 0.8 percentage points down from the Q1. Loan growth in credit card spending and affordable housing projects was 25.2% and 32.7%, respectively, which was 13.1 and 20.6 percentage points higher than the average growth rate of all loans.

Promoted the reform and transformation in depth, and strived to create a new situation of high quality development. The purpose of the structural reform of the financial supply side is to optimize the financial system structure, improve the efficiency of financial resource allocation, provide a better service to the real economy, and achieve the high quality development. Banking financial institutions actively explored the modern banking system with Chinese characteristics, and constantly improved the corporate governance mechanism; actively abandoned the development concept that aims at big scale and high speed, and emphasized the connotative development; comprehensively deepened the reform and opening up, improved the level of refined management, and continuously enhanced value creation; adhered to the guidance from science and technology evolution to promote the integration and development of financial technology and business, and use financial technology to empower and protect business; strengthened internal control and compliance, firmly establish a philosophy of prudent operation, and strived to win the battle of risk prevention; took the service to the real economy as the starting point and the foothold of the work, to return to the nature and achieve the high - quality development while efficiently serve the real economy. At the end of 2018, the assets and liabilities of banking financial institutions were 268 trillion yuan and 247 trillion yuan, respectively, up 6.3% and 5.9% year - on - year, respectively, with 2.4 and 2.5 percentage points decline in the growth rates respectively; commercial banks' net profit increased by 4.72%, the average return of equity was 11.73%; the balance of inter - bank financial products in the total market was 1.22 trillion yuan, a decrease of 2.04 trillion yuan, or a decrease of 62.57%, and the phenomenon that funds flowing only within finance industry was significantly reduced.

Steadily pushed forward a new round of opening up to the outside world and continuously enhanced the level of internationalization and competitiveness. Banking financial institutions adhered to, by opening up, the promotion of reforms and development, the improvement of effective supply of finance, financial vitality and its competitiveness. In April 2018, the financial regulatory body launched a series of measures to open up to the outside world, and recently launched a number of new initiatives to further relax limitation on foreign institutions and business's access to China financial market. At present, 215 foreign banks from 54 countries and regions have established 41 foreign banking corporate body, 115 foreign bank branches and 153 representative offices in China; 11 Chinese banks have set up 76 first – level branches in 28 countries covered by the OBOR initiative, and Chinese banks have participated in more than 2,600 OBOR construction projects, with a total loan of more than \$200 billion. The international competitiveness of the banking industry has improved significantly. There are 135 Chinese banks ranked in the top 1000 global banks, of which the top four are all Chinese banks. In accordance with the principle of internal and external consistency, all domestic and foreign entities were treated fairly and equally, they carried out cooperation and competition under the same rules; and China also gradually broadened the channels for private capital to enter the banking industry, forming a "win – win" pattern. By the end of 2018, private capital accounted for 43% and 83.5% of joint – stock banks and rural small and medium – sized banks, respectively, and accounted for more than half of the city commercial banks.

Actively responded to the national strategies to meet the needs of financial services in key areas and weak links. Banking financial institutions have strengthened cooperation with the governments and relevant departments of the Yangtze River Delta (YRD) and Guangdong – Hong Kong – Macao Greater Bay Area (GBA) to further increase credit supply and vigorously support the construction of the YRD and GBA. Focusing on the national strategies, banking financial institutions have provided long – term, stable and sustainable financial services for the YRD integration, GBA, The Belt and Road Initiative, Beijing – Tianjin – Hebei coordinated development, Yangtze River Economic Belt and other major strategies, engineering and projects through syndicated loan, industrial funds and other ways. Accurately supported key projects and projects that have important driving effects on the macro economy and the regional economy according to the overall strategy of regional development – the development of western regions, the revitalization of the Northeast, the rise of the central regions, and the leading of eastern regions. Vigorously supported technological innovation and the development of high – tech industries, and continued to increase credit supply to strategic emerging industries. At the end of 2018, the outstanding loans to the manufacturing and infrastructure industries were 17.1 trillion yuan and 26.46 trillion yuan respectively, and the outstanding loans to strategic emerging industries in major banking institutions were 3 trillion yuan. Banking financial institutions has helped to lay the foundation for poverty alleviation and pollution prevention, and provided higher quality, more efficient and more accurate financial services for the development of the real economy. By the end of 2018, the outstanding micro – credit loans for poverty alleviation in the banking financial institutions were 248.89 billion yuan, supporting 6,140,100 poverty – stricken households, and the balance of poverty alleviation and development projects was

442. 913 billion yuan, an increase of 33. 68 billion yuan from the beginning of the year.

Fighting to prevent and resolve financial risks and ensure safe and stable operations. Banking financial institutions has conscientiously implemented the national macro − control policies, continuously improved the overall risk management level, continued to optimize the credit structure, continued to do a good job in the disposal of non − performing assets and strengthen risk prevention and control in key areas such as shadow banking, real estate, local government debt and industries with overcapacity. Cooperated with the financial regulators to crack down on various illegal financial activities and illegal social fund − raising, etc. , and timely resolve various risk hazards, and further enhance the risk resilience. At the end of Q4 2018, the non − performing loan ratio of commercial banks was 1. 83% , a slight increase; the provision coverage ratio was 186. 31% , up 5. 58 percentage points from the end of the previous quarter; the core tier 1 capital adequacy ratio of commercial banks (excluding china branches of foreign bank) was 11. 03% , 0. 24 percentage points up from the end of the previous quarter. Further improved the market and liquidity risk management system, improved the level of refined pricing, and continued to strengthen the study of the macroeconomic and financial situation and interest rate trends, the overall market and liquidity level was stable. At the end of the fourth quarter of 2018, the liquidity ratio of commercial banks was 55. 31% , an increase of 2. 37 percentage points from the end of the previous quarter; the RMB excess reserve ratio was 2. 64% , an increase of 0. 75 percentage points from the end of the previous quarter. Banking financial institutions attached great importance to legal compliance management, and firmly established the concept that compliance is the bottom line and crossing the line means risk; further strengthened internal control compliance management and laid the cornerstone for high − quality development.

Strengthened the guidance from regulation and promoted high − quality development of the industry. With the official launch of the China Banking and Insurance Regulatory Commission and the establishment of the new Financial Stability & Development Committee of the State Council, the overall coordination of financial supervision has been continuously strengthened. The financial regulators has, taking the service to the structural reform of supply side as the main line, guided the banking industry to return to the basics, to concentrate on the main business, vigorously carry out the remediation of financial chaos, continuously rectify various illegal financial activities, fight to prevent and resolve financial risks; alleviated the difficulties and high costs in financing of private and small & micro enterprises through multiple measures, continued to guide the banking industry to strengthen financial services for key areas and the sectors relating to people's livelihood, and strived to improve the capabilities of financial service to the real economy; steadily promoted the operation of wealth management subsidiaries, and guided the wealth management business to return to the nature of asset management; deepened the reform and expanded the opening up unswervingly, further expanded the opening up of the banking industry, and promoted the transformation of the banking industry into high - quality development.

In 2019, the downside risks to world economic growth may increase, and international trade disputes and geopolitical risks may rise too. China is still in and will be in, for a long time, a period of important strategic opportunities. The three major battles are progressing well: the supply - side structural reforms are deepening, the reform and opening up is intensifying, the economic development potential is large and it is steadily moving toward a new stage of high - quality development. The 2019 will be the 70th anniversary of the founding of the People's Republic of China and also a crucial year for the completion of a well - off society. Banking financial institutions will continue to implement macroeconomic regulation and control policies in depth, deepen structural reforms in the financial supply side, actively respond to the national strategic deployments, and actively support key engineering and major projects. They will adhere to the overall tone of steady progress, continuously promote reform and innovation, continue to improve the level of financial services in weak areas, strengthen financial services in economic and social key areas such as "Agriculture, Rural areas and Farmers", small and micro businesses, green credit, and inclusive finance, to promote economic structure adjustment and industrial structure transformation and upgrading, and continuously improve the quality of financial services. Banking financial institutions will continue to fully prevent and control various risks, strictly abide by the risk bottom line, continuously improve the comprehensive risk management system, and solidly promote risk prevention and control in key areas, ensure safe and stable operation, and strive to achieve high - quality development.

To comprehensively reflect the major achievements and operating characteristics of the reform and development of China's banking industry, and to look into the future development trends, 23 financial institutions, leading by the Bank of Communications and under the coordination of the China Banking Industry Development Research Council, jointly compiled The China Banking Development Report (2019). This report is divided into seven chapters, namely, Overall Operation, Asset Business, Liabilities Business, Intermediate Business, Risk Management, Reform & Transformational, and Special Research. It gives a comprehensive, systematic and in - depth analysis and outlook of the Chinese banking industry in multi - dimensional and multi - level.

The compiling staff of this report are all from the banking and financial institutions, and all have rich experience and a solid research foundation. During the writing process, several seminars were held to review and improve the report's positioning, framework, structure, style, mode and perspectives. The China Banking Association organized experts to review the report and strived to make the report objective, professional, systematic and comprehensive, with accurate and reliable data and high quality standards. This report can be used as a professional reading material for all sectors of the society to understand the reform, development, and management of China's banking industry. It can also be used as a research reference by relevant persons such as banking practitioners and researchers.

内容提要

2018 年以来，银行业经营总体稳健，发展态势向好。商业银行进一步补足自身短板，围绕服务实体经济的主线，坚持回归本源，不断加强资产负债的创新能力，着力提升全面风险管理，积极推进改革转型，持续夯实高质量发展基础。

一、内外部环境不确定性加大，银行业发展态势平稳

2018 年，银行业经营环境错综复杂，全球经济复苏步伐放缓，中国经济运行总体平稳。银行业坚持供给侧结构性改革，提质增效保持整体稳健经营，逐步从高速发展迈向高质量发展。2018 年，商业银行累计实现净利润 18302 亿元，同比增长 4.72%，盈利能力稳健；拨备覆盖率为 186.31%，同比提升 4.89 个百分点，风险抵补能力明显增强。各类银行业机构稳健运行，政策性银行与开发性金融机构积极发挥政策导向及逆周期调节作用，积极服务国家战略发展；大型商业银行和股份制商业银行坚持供给侧结构性改革，业务结构持续优化，金融科技增效赋能；城市商业银行聚焦区域战略，加大力度支持中小微企业；农村金融机构做足做实普惠金融，服务乡村振兴战略；外资银行紧抓银行业对外开放机遇；民营银行坚持差异化定位、特色化经营；金融资产管理公司深耕主业、积极进取。与此同时，银行业高质量发展成效初显，服务实体能动性、依法经营的自觉性和风险防控的主动性不断增强。

2019 年，银行业总体经营环境依然存在诸多不确定性因素。世界经济增长整体趋缓，中国经济初显企稳，但仍存在下行压力，结构性矛盾较为突出。银行业经营业绩预计将保持总体平稳，风险抵补能力持续增强。银行业将顺应国家战略推进、经济高质量发展、利率市场化改革深化的趋势，在业务结构、区域网点结构、人员结构、盈利结构等方面持续优化，进一步实现与实体经济的良性互动。银行业将以服务金融供给侧结构性改革为主线，打好防控金融风险攻坚战，全面推进银行业改革开放，努力推动行业向高质量发展转变。

二、资产扩张有所企稳，资产结构不断优化

2018 年，商业银行以服务实体经济为主线，不断加大信贷投放力度，资产增速有所企稳。积极创新服务产品和模式，资产结构不断优化，资产质量趋于稳定，不但守住了未发生系统性金融风险的底线，还较好地服务了实体经济、实现了自身的稳健发展。资

产增速有所企稳。在监管部门的政策引导下，商业银行逐步调整经营模式，加大了信贷等资产的投放力度，资产规模增速开始企稳。截至 2018 年底，银行业金融机构本外币资产规模为 268 万亿元，同比增长 6.27%。资产结构逐步优化。监管部门一方面引导商业银行加大对实体经济的信贷支持，另一方面出台针对性政策修复市场信心，信贷资产规模不断增长，表外融资开始修复。截至 2018 年底，商业银行各项贷款 142 万亿元，同比增长 12.85%，高于同期资产增速 6.58 个百分点，银行业服务实体经济的能力进一步增强。非信贷资产有所收缩，不同银行、不同业务差异明显。截至 2018 年末，主要上市银行非信贷资产规模同比减少 7.80%，占比为 30.31%，同比下降 4.7 个百分点。其中，股份制商业银行非信贷资产规模及占比降幅较大，大型商业银行及城商行基本稳定。主要业务类别中，买入返售资产降幅较大，存放同业及拆出资金相对稳定。

2019 年，随着实体经济金融需求的增加及可投资领域的拓展，商业银行服务实体经济力度将会进一步增强，资产规模增速有望小幅提升、资产结构有望进一步优化。

三、负债增长持续放缓，非存款负债业务进一步规范

2018 年，银行业负债规模扩张持续放缓。截至 2018 年末，商业银行总负债为 193.49 万亿元，同比增长 6.28%，较 2017 年下降 1.7 个百分点，增速连续两年下滑。存款业务发展出现结构性分化。截至 2018 年末，金融机构本外币对公存款总额 107.72 万亿元，同比增长 5.73%，增速比 2017 年下降 3.65 个百分点，企业存款增速继续下降；而住户存款余额为 72.44 万亿元，同比增长 11.11%，较 2017 年提高 3.62 个百分点，居民存款增速回升。非存款负债业务进一步规范，发展进入调整期。受各家银行不同流动性状况、流动性管理能力和流动性管理策略的影响，2018 年末，32 家上市银行同业和其他机构存放资金为 13.57 万亿元，同比减少 1.54%，同业存单市场发行规模增速大幅放缓，非存款负债成本有所下降。

2019 年，商业银行负债业务仍将面临资金来源竞争加剧、存款利率定价更加灵活等挑战，商业银行将多措并举持续推进经营转型，加强金融产品创新，提升金融服务水平，提高资金获取能力，合理运用多元化负债工具，推动负债业务稳健发展。存款业务要加大客户拓展力度，加强产品创新，提高精细化管理水平；非存款负债业务要灵活运用各类工具，优化非存款负债结构，加强专业人才队伍建设，增强市场研判力，主动防范化解非存款负债风险。

四、中间业务发展平稳，新型业务收入有所下降

2018 年，银行业中间业务发展整体较为平稳，传统中间业务增速有所放缓，但仍然延续以往态势，占据了中间业务主导地位。不同类型商业银行在分项业务上展现出不同的发展优势，呈现出明显的机构分化特征。国有大型商业银行支付结算类业务优势明

显，股份制商业银行在银行卡类业务方面优势明显。整体来看，银行卡类业务在传统中间业务中仍然保持领先地位，占比高达 58.28%，且以 21.81% 的增速保持较快增长；支付结算类业务保持平稳增长；代理委托类业务明显收缩，降幅为 7.72%，是唯一出现收入下滑的分项业务；担保承诺类业务收入增速缓慢，仅为 3.01%。

新型中间业务收入稳中有降。2018 年，新型中间业务收入 2349.43 亿元，同比减少543.68 亿元，较 2017 年下降 18.79%。投行业务除部分国有大型商业银行、城商行继续保持稳中有进外，其余大部分股份制商业银行均有所减少。托管业务受市场竞争日趋激烈影响，收入整体有所下降。2018 年，理财收入继续收缩，同比减少 28.8%。

五、信用风险保持稳定，市场与流动性风险总体可控

2018 年末，商业银行不良贷款余额 20254 亿元，不良贷款率 1.83%，较 2017 年末上升 0.09 个百分点，不良贷款水平与国际同业相比仍处于相对低位。商业银行加权平均资本充足率为 14.20%，较 2017 年末提高 0.55 个百分点，资本充足水平持续向好；拨备覆盖率为 186.31%，较 2017 年末上升 4.89 个百分点，风险抵补能力持续增强。2018 年第一至第四季度，商业银行流动性比例分别为 51.39%、52.42%、52.94% 和55.31%，整体较 2017 年有所提高，商业银行流动性水平整体稳健。商业银行继续强化全面风险管理理念，积极完善风险管理体系，不断加强各类重点领域风险防控，提升风险管理精细化水平，持续推进全面风险管理转型，全面风险管理能力不断提升。

2019 年，银行业平稳健康发展的基础依然较为牢固，商业银行资产质量将继续保持稳定态势。央行将继续实施稳健的货币政策，市场流动性将延续合理充裕状态，商业银行市场与流动性风险总体可控。商业银行将持续强化全面风险管理，确保安全稳健运行。

六、加快改革转型，充分激发经营活力

面对经营环境的深刻变化，银行业金融机构进一步深化体制机制改革，充分激发经营活力，持续提升核心竞争力，不断提升服务实体经济质效。

一是积极应对利率并轨带来的挑战，综合运用各种手段为利率市场化的平稳推进做好准备。利率双轨并存对商业银行及货币政策转型等都带来一系列挑战。未来，有必要通过大力发展衍生品市场，拓展金融市场广度和深度，为利率并轨改革奠定基础。二是积极审慎地发展小型银行，"门当户对"地支持小微、民营企业的发展。小型银行的决策流程和业务流程相对较短，操作程序简便易行，效率优势、成本优势比大中型银行更为明显，也更能有针对性地、灵活地为小微企业提供金融产品和服务。由于小型金融机构资本小，实力弱，风控能力相对较低，小型银行的发展必须建立在严格监管和合理规范的基础之上，以切实服务好中小微企业，避免发生金融风险。三是持续拓展金融科技

应用的广度和深度。金融科技助推支付从单一业务属性向链接场景、构建生态的综合金融服务平台转型，助推传统零售向新零售转型，助推普惠金融业务向数字普惠金融业务发展，助推公司业务向线上交易银行转型升级。金融科技赋予同业业务新的战略内涵。四是银行业对外开放政策不断落地，为外资银行"引进来"、中资银行"走出去"创造了更多的机遇和发展空间。中资银行将进一步把握机遇和挑战，加快自身转型发展。

七、深化金融服务实体经济，夯实高质量发展基础

2018 年，银行业在服务实体经济、防控金融风险、深化金融改革等方面取得了显著成果。面对经济转型升级过程中部分民营企业出现经营困难的情况，银行业积极贯彻落实习近平总书记民营企业座谈会讲话精神，加大信贷投放力度、降低融资成本、优化融资渠道与业务流程、发展普惠金融，出台多项有针对性的举措，着力解决民营企业融资难融资贵问题，取得了积极成效。

继京津冀一体化、长江经济带等国家战略后，长三角区域一体化、粤港澳大湾区也上升为国家战略。银行业通过建立区域联动机制、加强信贷资源倾斜、实施区域差异化战略、优化金融产品创新，大力支持长三角区域一体化和粤港澳大湾区发展。科创板开通为银行业大力开展科创金融提供了切入点，银行业通过创新产品服务体系、优化专业流程、加强内外部合作，提高综合金融服务能力，加大力度支持科技创新企业发展。为进一步夯实发展基础，银行业积极布局理财子公司，实现风险隔离和打破刚兑，以合法和规范的形式支持实体经济，理财子公司模式成为银行业资管业务的新模式。商业银行开展资本工具创新来多渠道补充资本金，增强金融服务实体经济和防风险的能力。2018年，银行业广泛使用二级资本工具，其占资本净额比例达到 14.0%。广大未上市城商行和农商行获得外源资本补充，未来其他一级资本和二级资本工具将成为提升资本充足率的重要"抓手"。

Summary

Since 2018, China's banking industry has been generally stable and the development trend has been good. Commercial banks have further complemented their shortcomings, focusing on the main line of serving the real economy, insisted on returning to the basics, continuously strengthened the innovation capability of assets and liabilities, strove to improve comprehensive risk management, actively promoted reform and transformation, and continued to lay a solid foundation for high – quality development.

I. The development of the banking industry has been stable while the uncertainty of internal and external environment has increased

In 2018, the operating environment of the banking industry was complicated, the pace of global economic recovery slowed down, and China's economic operation was generally stable. The banking industry adhered to the structural reform of the supply side, improved quality and efficiency, maintained overall sound operation, and was gradually moving from high – speed development to high – quality one. In 2018, China's commercial banks realized a net profit of 1,830.2 billion yuan, a year – on – year increase of 4.7%, showing a stable profitability; the provision coverage ratio was 186.31%, an increase of 4.89 percentage points year – on – year, meaning the risk – reward ability was significantly enhanced. All kinds of banking institutions were operating steadily while policy banks and development financial institutions actively played a policy – orienting and counter – cyclical adjustment role, actively serving the country's strategic development; large commercial banks and joint – stock commercial banks adhered to the supply – side structural reforms, and continued to optimize business structure, enhanced efficiency by financial technology; urban commercial banks focused on regional strategies, increased efforts to support small and medium – sized enterprises; rural financial institutions has tried their best to do inclusive finance practically, responding to the rural revitalization strategy; foreign banks was seizing the opportunity of opening up in the banking industry; private banks has adhered to differentiated positioning and specialized operations; financial asset management companies were deeply and aggressively involved in the main business. At the same time, the high – quality development of the banking industry has begun to show its effects. The initiative of

1

serving entity, the consciousness of legal operation and the initiative of risk prevention and control have been continuously enhanced.

In 2019, there are still many uncertainties in the overall operating environment of the banking industry. The overall economic growth of the world has slowed down, and the Chinese economy has initially stabilized, but there are still downward pressures, and structural contradictions are more prominent. The banking industry's operating results are expected to remain generally stable and the risk－rewarding capacity will continue to increase. The banking industry will continue to optimize business structure, regional network structure, personnel structure and profit structure in line with the trend of national strategy direction, high－quality economic development and deepened interest rate marketization reform, and further realize positive interaction with the real economy. The banking industry will focus on serving the structural reform of financial supply side, fight to prevent and control the financial risks, comprehensively promote the reform and opening up of the banking industry, and strive to promote the transformation of the industry to high－quality development.

Ⅱ. Asset expansion has stabilized and asset structure has been continuously optimized

In 2018, commercial banks focused on serving the real economy, and continued to increase credit supply while asset growth has stabilized. They actively innovated service products and models, continuously optimized asset structure, and stabilized asset quality, not only maintained the bottom line of avoiding the systemic financial risks, but also better served the real economy and achieved its own stable development. Asset growth has stabilized. Under the policy guidance of regulators, commercial banks gradually adjusted their business models, increased the supply of credit and other assets, and their asset growth rate began to stabilize. At the end of 2018, the size of domestic and foreign currency assets of banking financial institutions was 268 trillion yuan, a year－on－year increase of 6.27%. The asset structure has been gradually optimized. On the one hand, the regulatory authorities guided commercial banks to increase credit support for the real economy, and on the other hand, they introduced targeted policies to repair market confidence. As a result, the scale of credit assets continued to grow, and off－balance sheet financing began to be repaired. By the end of 2018, commercial banks had supplied 142 trillion yuan of loans, a year－on－year increase of 12.85%, higher than the growth rate of assets by 6.58 percentage points over the same period. The banking industry's ability to serve the real economy was further enhanced. Non－credit assets have contracted, and there are significant differences between different banks and different businesses. As of the end of 2018, the size of non-credit assets of major listed banks decreased by 7.80% year-on-year, accounting for 30.31% of all assets, down 4.7 percentage points year-on-year. Among them, the scale and proportion of non-credit assets decreased significantly in joint-stock commercial banks, while they were basically stable in large commercial banks and city commercial banks. Among the main business categories, the assets hold for buy-resale decreased significantly, and the deposits in other banks and loans to other banks were relatively stable.

In 2019, with the increase in the financial needs of the real economy and the expansion of the investable field, the commercial banking service to the real economy will be further strengthened, the asset growth rate is expected to increase slightly, and the asset structure is expected to be further optimized.

III. The growth of liabilities continued to slow down, and the non-deposit liability business was further regulated

In 2018, the expansion of the banking industry's debt continued to slow down. As of the end of 2018, the total liabilities of commercial banks were 193.49 trillion yuan, a year-on-year increase of 6.28%, a decrease of 1.7 percentage points from growth of 2017, and the growth rate declined for two consecutive years. The development of deposit business has undergone structural differentiation. As of the end of 2018, the total amount of local and foreign currency corporate deposits of financial institutions was 107.72 trillion yuan, a year-on-year increase of 5.73%. The growth rate was 3.65 percentage points lower than that of 2017. The growth rate of corporate deposits continued to decline. The balance of household deposits was 72.44 trillion yuan, a year-on-year increase of 11.11%, which was 3.62 percentage points higher than that in 2017 - the growth rate of household deposits rebounded. The non-deposit liability business was further regulated and its development entered an adjustment period. Affected by different liquidity conditions, liquidity management capabilities and liquidity management strategies of various banks, at the end of 2018, deposited funds from other banks and other institutions in 32 listed banks was 13.57 trillion yuan, a year-on-year decrease of 1.54%. The rate of the issuance of inter-bank deposit certificates has slowed sharply and the cost of non-deposit liabilities has declined.

In 2019, commercial banks' debt business will still face challenges such as increased competition from funding sources and more flexible pricing of deposit interest rates. Commercial banks will take multiple measures to continue to promote business transformation, strengthen financial product innovation, improve financial services, improve capital acquisition, use diversified debt instruments properly to promote the steady development of the debt business. For the deposit business, they shall increase customer development, strengthen product innovation, and improve the level of refined management; for non-deposit liability business, they shall use various tools flexibly, optimize the structure of non-deposit liabilities, strengthen the construction of professional talent teams, enhance market research, and actively prevent and resolve non-deposit liability risk.

IV. The development of intermediary business is stable, and the revenue of new business has declined

In 2018, the overall development of intermediary business in the banking industry was relatively stable, and the growth rate of traditional intermediary business has slowed down, but it still continued the past trend and dominated the intermediary business. Different types of commercial banks showed different development advantages in the sub-business, showing obvious characteristics of institutional differentiation. For state-owned large commercial banks, the advantages in payment settlement business of was obvious, while the obvious advantages of joint-stock commercial banks was in bank card business. Overall, the bank card business still maintained a leading position in the traditional intermediary business, accounting for up to 58.28% of all the business, and maintained a rapid growth, with a growth rate of 21.81%; payment settlement business maintained steady growth; agency commissioned business contracted significantly, decreasing by 7.72%, which was the only sub-business with a decline in revenue; the growth rate of guarantee commitment business, only 3.01%, was slow.

The revenue of the new intermediary business has declined but generally stabilized. In 2018, the revenue from the new intermediary business was 234.943 billion yuan, a year-on-year decrease of 54.368 billion yuan, or a decrease rate of 18.79%. For the investment banking business, some state-owned large commercial banks and city commercial banks have continued to maintain stability, but the majority of the other joint-stock commercial banks saw the revenue to decrease. The custody business was affected by the increasingly fierce market competition, and the overall income declined. In 2018, wealth management revenue continued to shrink, down 28.8% year-on-year.

V. Credit risk remained stable, and market and liquidity risks are generally controllable

At the end of 2018, the balance of non-performing loan in commercial banks was 2.054 trillion yuan, and the non-performing loan ratio was 1.83%, up by 0.09 percentage points from the end of 2017. The level of non-performing loans was still relatively low compared with international peers. The weighted average capital adequacy ratio of commercial banks was 14. 20% , which was 0. 55 percentage points higher than that at the end of 2017. The capital adequacy level continued to improve; the provision coverage ratio was 186. 31% , an increase of 4. 89 percentage points from the end of 2017, and the risk offset capability continued to increase. In the first four quarters of 2018, the liquidity ratio of commercial banks was 51. 39% , 52. 42% , 52. 94% and 55. 31% , respectively, which was higher than that in 2017 in a whole, showing the liquidity level of commercial banks was generally stable. Commercial banks continued to strengthen the concept of comprehensive risk management, actively improved the risk management system, continuously strengthened risk prevention and control in various key areas, improved the level of risk management refinement, continued to promote comprehensive risk management transformation, and continuously improved overall risk management capabilities.

In 2019, the foundation for the stable and healthy development of the banking industry is still relatively solid, and the asset quality of commercial banks will continue to maintain a stable state. The central bank will continue to implement a prudent monetary policy, market liquidity will continue to be reasonably abundant, and the commercial banks' market and liquidity risks will be generally controllable. Commercial banks will continue to strengthen comprehensive risk management to ensure safe and stable operation.

VI. Accelerate reform and transformation, fully stimulate business vitality

Faced with profound changes in the business environment, banking financial institutions have further deepened structural and institutional reforms, fully stimulated operational vigor, continued to enhance core competitiveness, and continuously improved the quality of service entities.

First, actively responds to the challenges brought about by the integration of interest rates, and comprehensively use various means to prepare for the steady advancement of interest rate marketization. The coexistence of interest rates has brought a series of challenges to commercial banks and monetary policy transformation. In the future, it is necessary to lay a foundation for the reform of interest rate integration by vigorously developing the derivatives market and expanding the breadth and depth of the financial market. The second is to actively and prudently develop small banks, and support the development of small and micro enterprises and private enterprises. The decision – making process and business process of small banks are relatively short, the operation procedures are simple and easy, the efficiency advantage and cost advantage are more obvious than that of large and medium – sized banks, and the financial products and services for small and micro enterprises are more targeted and flexible. Due to the small capital, weak strength and relatively low risk control capability of small financial institutions, the development of small banks must be based on strict supervision and reasonable regulation to effectively serve small and medium – sized enterprises and avoid financial risks. The third is to continuously expand the breadth and depth of financial technology applications. Financial technology help to boost the transformation of payment business from a single business to an integrated financial service platform which links scenario and builds an ecological environment; boost the transformation of traditional retail to new retail; boost the development of inclusive financial services to digital inclusive financial services, and boost the corporate business to transform and update into online trading banking business. Financial technology gives new strategic connotations to interbank business. Fourth, the opening up policy of the banking industry was introduced continuously, creating more opportunities and development space for foreign banks to come in and Chinese banks to go global. Chinese banks will further seize opportunities and challenges and accelerate their own transformation and development.

VII. Deepen the financial services to the real economy and consolidate the foundation for high quality development

In 2018, the banking industry achieved remarkable results in serving the real economy, preventing and controlling financial risks, and deepening financial reforms. In the face of the difficulties in operation of some private enterprises during the process of economic transformation and upgrading, the banking industry actively implemented the requirements of the speech of the General Secretary Xi Jinping at a private enterprise symposium. They increased credit, reduced financing costs, optimized financing channels and business processes, developed inclusive finance, and issued a number of targeted measures to address the problem of difficult and costly financing for private enterprises. They achieved positive results in these areas.

After the national strategy of Beijing – Tianjin – Hebei Integration and the Yangtze River Economic Belt were launched, the regional integration of the YRD and the GBA have also risen to national strategies. The banking industry has vigorously supported the regional integration of the YRD and the development of the GBA through the establishment of regional linkage mechanisms, the strengthening of credit resources, the implementation of regional differentiation strategies, and the optimization of financial product innovation. The launch of Science, Technology and Innovation Board provides an entry point for the banking industry to vigorously develop STI finance. The banking industry enhances its comprehensive financial services capabilities through innovative product service systems, optimizes professional processes, strengthens internal and external cooperation, and intensifies efforts to support the development of STI enterprises. In order to further consolidate the foundation of development, the banking industry actively arranged wealth management subsidiaries to achieve risk isolation and give up the guarantee on principals and interests, to support the real economy in a legal and standardized form. The financial subsidiary model has become a new model of the asset management business in banking industry. Commercial banks carry out capital instrument innovation to supplement capital through multiple channels, and enhance the ability of financial services to the real economy and prevent risks. In 2018, the banking industry widely used Tier 2 capital instruments, which accounted for 14.0% of the net capital. The vast number of unlisted city commercial banks and rural commercial banks have been supplemented by external − sourced capital. In the future, other Tier 1 capital and Tier 2 capital instruments will become important tools to improve capital adequacy ratio.

目录

一、总体运行篇

四、中间业务篇

五、风险管理篇

六、改革转型篇

七、专题研究篇

一、总体运行篇

2018 年，全球经济复苏步伐放缓，国际经济发展的不确定性上升，中国经济运行总体平稳。银行业坚持供给侧结构性改革，提质增效保持整体稳健经营，逐步迈向高质量发展，服务实体的能动性、依法经营的自觉性和风险防控的主动性不断增强。银行业资产负债规模平稳增长，商业银行净息差持续上行，资产质量较为稳定，拨备覆盖率大幅提升，风险抵补能力显著增强，各类型机构稳健运行。2019 年，银行业总体经营环境良好，但外部不确定性因素明显增多。在金融供给侧结构性改革引领下，监管将继续引导银行业高质量发展和提升服务实体经济能力，进一步支持实体经济特别是民营和小微企业发展，坚持防风险与稳增长相结合。银行业规模增速有望企稳，净利息收入总体稳定，净手续费收入修复改善，但在潜在风险因素以及"以丰补歉"的监管思路下，全年利润释放可能受到一定制约，银行业经营业绩可能稳中趋缓。

第一章
运行环境稳中有变

2018 年以来，全球经济增长放缓，国际经济金融形势复杂多变，不确定性因素明显增多。中国经济运行总体平稳，但经济仍存在下行压力，结构性矛盾仍较突出，货币政策在稳健基调下保持松紧适度，适时适度实施逆周期调节，监管将继续引导银行业高质量发展和提升服务实体经济能力。

一、全球经济下行压力显现

2018 年，全球经济增长有所放缓，经济增速小幅降至 3.6%，国际贸易和投资活动继续萎缩。2019 年以来，受贸易保护主义、地缘政治风险等因素影响，全球经济下行风险加大，主要经济体增长放缓。

1. 美国经济数据喜忧参半，货币政策保持观望

2018 年，美国 GDP 增速为 2.9%，创 2015 年以来最高纪录。2019 年第一季度，美国 GDP 环比折年率为 3.1%，为近年来最高水平。其中，净出口、库存和地方政府投资是主要拉动因素。但净出口增长主要是受衰退型顺差拉动，出口和库存波动较大，且工业生产正在减速；同时，美国国内消费呈下降态势，扣除贸易、库存和政府支出，美国第一季度 GDP 增速仅为 1.3%，为 2013 年第二季度以来最低水平。美国经济景气度实际下降，第一季度较高经济增速难以持续。

2019 年以来，美联储对于收紧货币政策进程的态度出现明显转变，"耐心"成为美联储委员在公开场合谈话最常提及的词语之一。2019 年 3 月的美联储议息会议宣布维持 2.25%~2.5% 的基准利率不变，全面下调了增长预期。5 月的议息会议宣布维持利率目标不变，且继续保持"耐心"。总体来看，美联储的货币政策取向整体将保持观望态势，直至经济数据给出更明确的方向为止。

2. 欧洲经济持续疲弱，货币政策趋向放松

2018 年欧元区 GDP 增长 1.8%，低于预期，且呈逐季下滑态势。2019 年第一季度，欧元区 GDP 增长 1.2%，受内部政治风险上升、外部贸易摩擦加剧等因素影响，欧元区经济继续低位徘徊。在春季经济预测报告中，欧盟委员会再次下调了 2019 年与 2020 年欧元区和欧盟的经济增长预期。

受经济下行压力加大影响，欧央行货币政策趋于宽松。2019 年 3 月的利率决议中，欧央行大幅下调欧元区经济增速和通胀预期，决定维持三大关键利率不变，并修改前瞻

3

性指引，进一步放松货币政策，将加息的最早时间推迟至 2019 年底。在时隔三年之后，再次启动向银行提供低息贷款——"定向长期再融资操作（Targeted Longer – Term Refinancing Operations，TLTRO – III）"，实施的计划时间为 2019 年 9 月至 2021 年 3 月，目的是加强信贷刺激措施。欧央行表示债券再投资将一直持续到首次加息后很长一段时间，以维持有利的流动性条件和货币宽松环境。

3. 新兴经济体增长放缓，宏观政策普遍宽松

2018 年主要新兴市场国家中，印度、俄罗斯、巴西的 GDP 增速分别为 7.4%、2.3%、1.1%。2019 年第一季度，印度、俄罗斯、巴西的 GDP 同比增速普遍放缓。通胀方面，2019 年年初以来，主要新兴市场国家通胀呈逐月上涨态势，但除俄罗斯外，各国整体通胀水平均低于去年第四季度。在美联储货币政策保持观望背景下，新兴市场经济体货币政策运作空间加大，少数经济体下调基准利率。财政政策方面，在债务风险和经济下行双重压力下，新兴经济体宽松空间或将受限。

4. 贸易保护主义泛起和地缘政治风险加剧

当前及未来一段时间，全球经济仍可能面临贸易保护主义及地缘政治风险加剧的态势。一方面，贸易保护主义进一步加剧。2019 年 5 月初，美国突然升级加征关税措施，导致中美贸易摩擦进一步升级。同时，欧美之间、欧日之间的摩擦仍在加剧。目前 WTO 运行机制受损，由单边主义行为和双边贸易协定组成的"无贸易体系"，很可能导致对第三方的歧视性行为，贸易规则大幅增加，全球货物流动的阻力将越来越大。另一方面，地缘政治风险升温。英国脱欧仍进展缓慢，不确定性依然较大；伊朗、委内瑞拉的政治困局仍未解开，形势依然复杂；泰国、印度、阿根廷将举行大选，欧洲将举行议会选举等。地缘政治风险可能会在某些时点升温，甚至引发市场波动。

二、中国经济运行总体平稳

2018 年，中国 GDP 同比增长 6.6%，经济运行总体平稳，质量效益稳步提升。2019 年以来，中国经济开局良好，新旧动能转换步伐加快，经济增长保持韧性，但外部经济环境总体趋紧，经济仍存在下行压力，结构性矛盾仍比较突出。

1. 经济增长初显企稳迹象，运行基础仍需巩固

2019 年第一季度，中国 GDP 同比增长 6.4%，经济实现良好开局。第一季度经济企稳，主要由于金融环境修复和财政发力，短期政策刺激发挥效用：一是房地产开发投资继续反弹，第一季度增速为 11.8%，进而带动相关工业品生产和消费品销售；二是基建投资回升至 4.4%，继续发挥托底作用；三是进出口增速虽然均低于去年同期，但顺差规模扩大，净出口对经济增长的贡献率为 22.8%，创近 10 年最高水平。但一些不利因素仍值得关注，稳健运行基础仍需巩固：一是制造业投资仍在回落过程中，由于工业企业利润已开始负增长，工业产能利用率仍在下降，制造业企业扩大投资的意愿尚未回升；二是社会消费品零售3月虽然出现反弹，但主要受价格驱动，实际增速仍在回落。

2. 工业和投资开局良好，消费延续升级态势

2019年第一季度，规模以上工业增加值累计同比增长6.5%，略低于2018年同期，但较2018年全年的6.2%有所回升。制造业PMI扩张速度有所回升并重返扩张区间，与工业增加值相互印证。2019年第一季度制造业PMI先降后升，自2018年12月连续3个月运行在收缩区间后，于3月反弹至50.5%，重返50%的荣枯线上方。

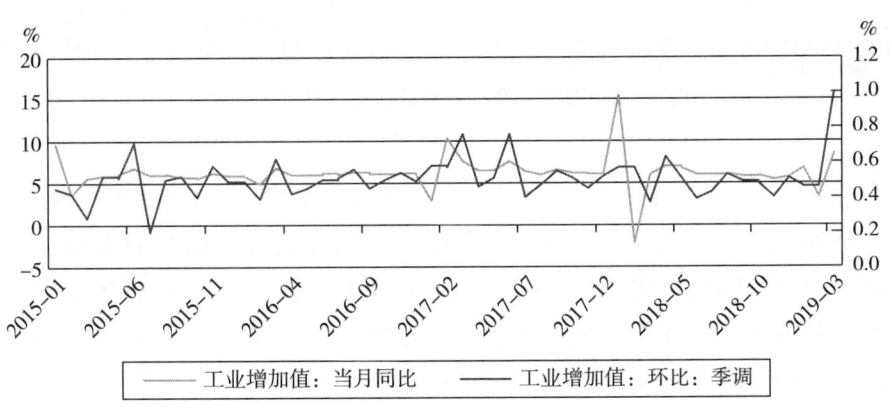

数据来源：国家统计局。

图1-1　工业增加值当月同比与环比增速

2019年1—3月，全国固定资产投资同比增长6.3%，增速比1—2月提高0.2个百分点，比2018年同期低1.2个百分点。3月固定资产投资稳步回暖主要由房地产开发投资高位增长支撑，同时基建投资继续复苏也贡献了积极力量。总体来看，第一季度投资延续2018年第四季度以来的回暖态势。年初财政政策更为积极与信用环境趋于宽松对稳投资发挥了有效作用。不过，1—3月民间投资同比增长6.4%，增速比1—2月回落1.1个百分点，主要受制造业投资回落拖累，投资内生动力尚需要增强。从投资的三大支柱来看，第一季度基建投资连续小幅回升，制造业投资连续回落，地产投资则继续走高。未来积极财政政策继续发力将支撑基建投资稳健复苏，制造业投资将继续受制于主动去库存和盈利承压延续震荡下行，房地产开发投资在销售改善传导下有望保持较强韧性，投资总体将延续向好增长的态势。

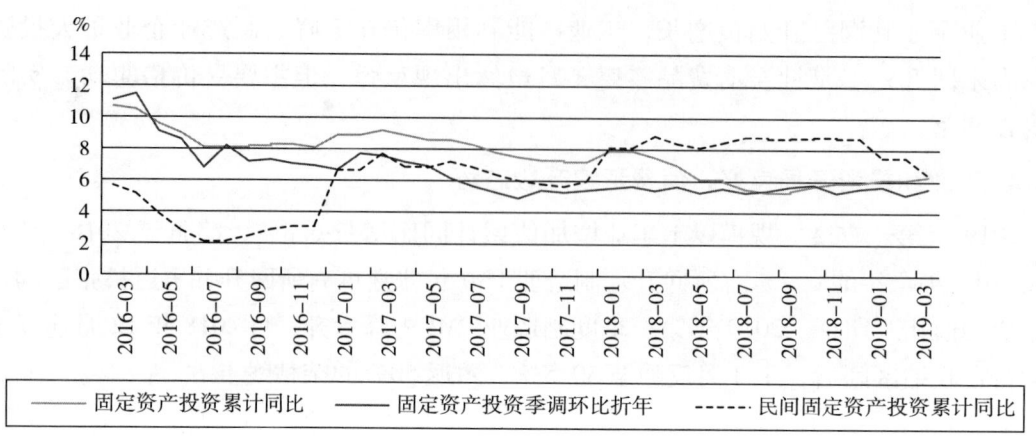

数据来源：国家统计局。

图 1－2　固定资产投资累计同比、环比折年率

2019 年 1—3 月，社会消费品零售总额同比名义增长 8.3%，较 2018 年全年回落 0.7 个百分点，主要原因在于汽车类、石油及制品类、居住类相关商品消费增速下滑。但我国正在由商品消费逐渐向服务消费转变，消费升级有所加快：一是消费支出结构不断升级，第一季度服务消费占全部居民最终消费支出的比重是 47.7%，较上年同期提高 1.4 个百分点；二是网络消费增速始终高于整体消费增速，乡村市场零售占比稳步提高，消费升级态势延续。未来多重因素会对消费形成有力支撑：一是大规模减税降费将增加居民可支配收入，二是汽车消费拖累减弱，三是房地产相关消费有望企稳，四是消费者信心增强。

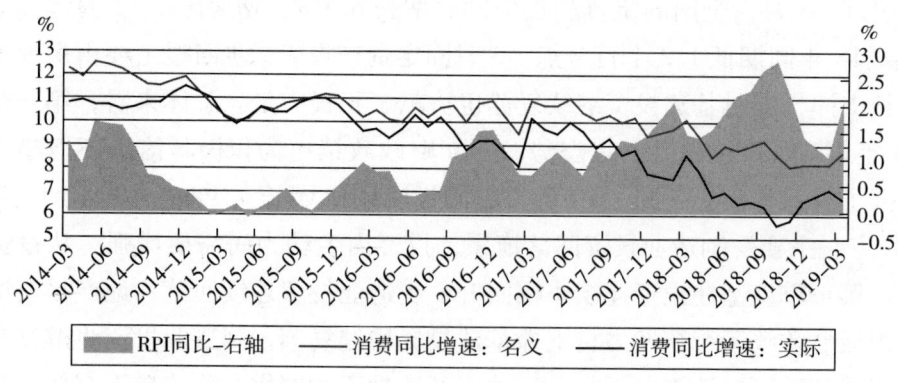

数据来源：国家统计局。

图 1－3　名义消费与实际消费同比增速

2019 年第一季度，我国外贸进出口总值 1.03 万亿美元，下降 1.5%。其中，出口 5517.6 亿美元，增长 1.4%；进口 4754.5 亿美元，下降 4.8%；贸易顺差 763.1 亿美元，扩大 70.6%。从整体上看，第一季度进、出口同比增速均弱于 2018 年第四季度和 2018 年全年。受全球经济放缓、中美贸易摩擦升级等影响，出口形势不容乐观。

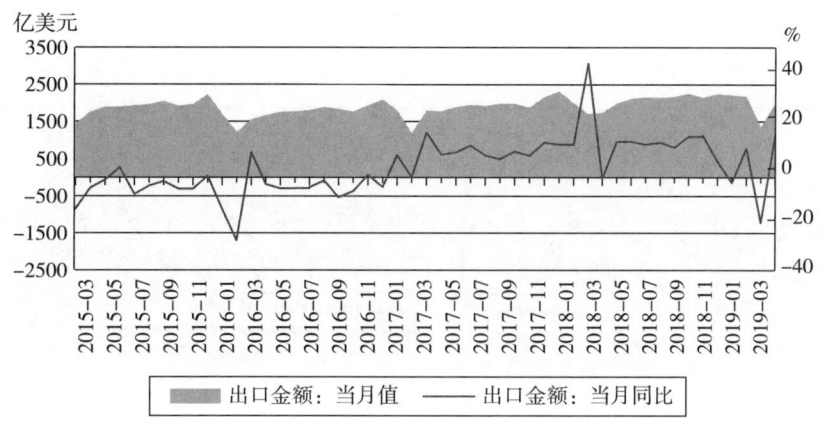

数据来源：国家统计局。

图 1-4　中国月度出口总额和同比增速

国内经济呈现企稳迹象则将对进口形成支撑，贸易顺差面临收窄压力。但同时，我国外贸发展呈现稳中提质态势，贸易伙伴多元化持续推进，进出口商品结构进一步优化，外贸内生增长保持较强活力。

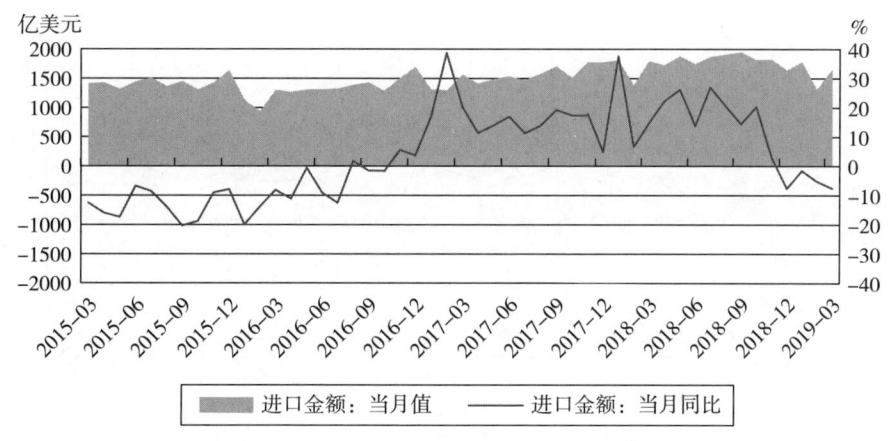

数据来源：国家统计局。

图 1-5　中国月度进口总额和同比增速

3. 通胀总体温和，未来有一定上行压力

2019 年第一季度 PPI 同比上涨 0.2%，CPI 同比上涨 1.8%，较 2018 年全年回落 0.3 个百分点。从整体看，当前通胀中枢保持温和，暂不会给货币政策带来压力。

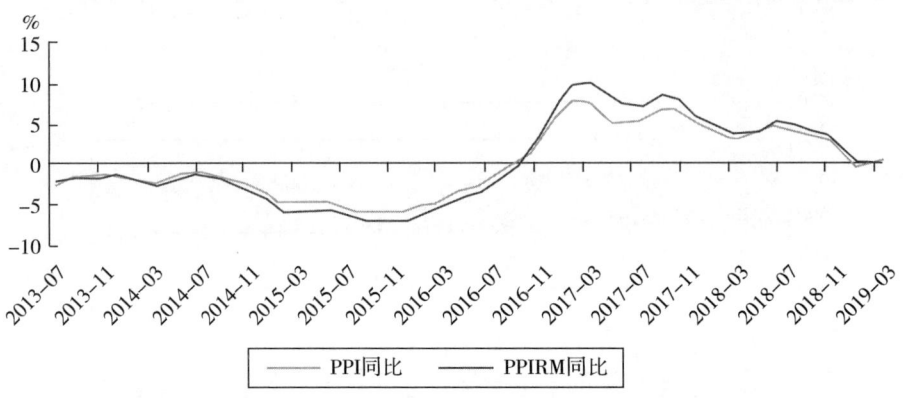

数据来源：国家统计局。

图 1-6 生产者购进和出厂指数

预计第二季度之后 CPI 有所上升。一是猪肉价格将逐步进入上涨周期。受非洲猪瘟影响，前期猪肉供给去产能化较为严重，随着生猪与能繁母猪存栏量出现连续环比下降，预计未来猪肉供给将会偏紧。二是上游能源价格上涨将逐步向下游传导。年初以来国际油价一改 2018 年第四季度的颓势转为上涨，涨幅超过 40%，成本提升将推动通胀压力。三是总需求有所恢复。第一季度各项宏观数据有所企稳，市场信心与预期有所恢复，将从需求端提升通胀预期。

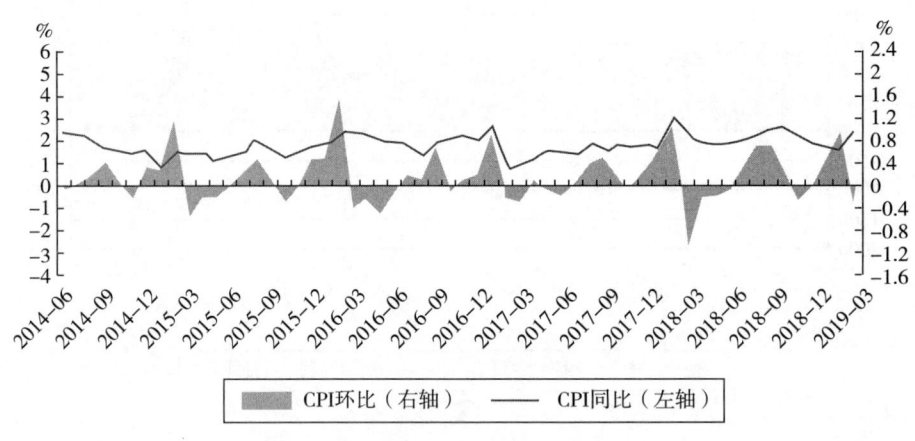

数据来源：国家统计局。

图 1-7 居民消费价格指数同比与环比

4. 财政运行总体良好，财政政策加力提效

2019 年第一季度，财政收入平稳，财政支出进度加快。1—3 月，全国一般公共预算收入同比增长 6.2%，较去年同期大幅下降 7.4 个百分点，保持在合理区间。1—3 月，全国一般公共预算支出同比增长 15.0%，较去年同期提高 4.1 个百分点。财政支出为年初预算数的 24.9%，较去年同期高 0.6 个百分点。财政政策方面，2019 年两万亿元减税降费措施的落地途径和实施细节已经基本明确：一是深化增值税改革；二是推出四项减税措施，支持改善民生和打好"三大攻坚战"；三是降低社保费率；四是降低涉企收费；五是加快发行和用好地方政府债券。预计将对促进居民消费、减轻企业负担、激发市场活力、改善市场预期、促进"六稳"产生支撑作用。2019 年第一季度，新增地方政府债券累计发行 11846.93 亿元，占提前下达部分的 85.2%，发行进度大幅提前，对当前稳投资、促消费发挥了积极作用。

三、货币政策保持稳健中性

2018 年以来，货币政策基调稳健，保持松紧适度，增强前瞻性、灵活性、针对性；强化逆周期调节，同时把握好宏观调控的度，保持货币供给与经济平稳增长及物价稳定的要求相匹配。强调既要防止流动性过紧引发风险，也要防止大水漫灌带来泡沫风险，为实体经济高质量发展提供适宜的货币金融环境。

1. 2018 年货币政策维持稳健

2018 年以来，在中美贸易摩擦升温和经济下行压力明显增大的背景下，中央政治局会议从顶层设计层面提出"六稳"作为短期任务要求，货币政策基调逐渐由"稳健中性"转为"稳健"。具体来看，央行于 2018 年 1 月、4 月、7 月、10 月接连降准或定向降准，进一步向银行间市场投放流动性。同时，货币政策基调也从 2017 年第四季度的"保持货币政策的稳健中性，管住货币供给总闸门"转变为 2018 年第四季度的"稳健的货币政策保持松紧适度，强化逆周期调节，把握好宏观调控的度，在多目标中实现综合平衡"，"增强前瞻性、灵活性、针对性"。全年实施 4 次定向降准，并从以下四个方面全方位支持实体经济流动性：一是扩大 MLF 等工具担保品范围，二是增加再贷款再贴现额度，三是创设定向中期借贷便利（TMLF），四是在 MPA 考核中增加小微企业和民营企业融资指标等。

2. 2019 年以来货币政策继续保持稳健

2019 年以来，央行坚持金融服务实体经济的根本要求，深化金融供给侧结构性改革，继续实施稳健的货币政策，适时适度逆周期调节，疏通货币政策传导，着力解决融资难、融资贵问题，为供给侧结构性改革和高质量发展营造适宜的货币金融环境。具体包括三方面重点领域。一是通过降低存款准备金率、灵活开展公开市场操作等，保持流动性合理充裕，货币市场利率平稳运行，货币信贷和社会融资规模合理增长。二是在保持总量适度的同时，运用和创新结构性货币政策工具，加强宏观审慎管理，促进信贷结构优化，加大力度支持中小微企业和民营经济。三是继续深化利率市场化改革，完善人民币汇率形成机制改革。稳妥推进利率"两轨并一轨"，完善市场化的利率形成、调控和传导机制，更好地服务实体经济。2019 年以来的货币政策操作具有三方面特征：一是注重预期引导，提振各方信心；二是抓准关键环节，针对前期一度出现的社会信用收缩问题，发挥银行作为货币创造中枢的作用，着力缓解流动性、资本和利率约束，采用市场化的手段鼓励银行主动加大对实体经济的支持力度；三是加强政策协调，发挥好货币、财政、税收、产业、就业等政策的合力，切实防止处置风险的风险。

3. 货币政策将保持战略定力，注重预调微调

货币政策将继续密切关注国际国内经济金融形势变化，增强忧患意识，保持战略定力，坚持逆周期调节，进一步加强货币、财政与其他政策之间的协调，适时预调微调，注重在稳增长的基础上防风险。稳健的货币政策要松紧适度，把好货币供给总闸门，不搞"大水漫灌"。同时保持流动性合理充裕，广义货币 M_2 和社会融资规模增速要与国内生产总值名义增速相匹配。继续深化金融体制改革，健全货币政策和宏观审慎政策双支柱调控框架，稳妥推进利率等关键领域改革，进一步疏通货币政策传导渠道。按照深化金融供给侧结构性改革的要求，以金融体系结构调整优化为重点，优化融资结构和信贷结构，努力做到金融对民营企业的支持与民营企业对经济社会发展的贡献相适应。综合施策提升金融服务实体经济的质效，改进小微企业和"三农"金融服务，推动稳健货币政策、增强微观主体活力和发挥资本市场功能之间形成三角良性循环，促进国民经济整体良性循环。

四、监管更加注重统筹协调

2018 年以来，在防范化解金融风险安排下，监管部门加快落实银行业各项改革开放举措，着力提升金融服务实体经济质效，小微、民企融资扶持政策密集出台，加强薄弱环节监管制度建设，更加注重统筹协调。

1. 出台资管新规并推动平稳实施

2018 年 4 月，中国人民银行、中国银行保险监督管理委员会、中国证券监督管理委员会、国家外汇管理局联合发布了《关于规范金融机构资产管理业务的指导意见》，旨在促进资管业务回归本源、消除嵌套、限制杠杆、打破刚兑、防控风险。"资管新规"使得影子银行体系增长受到抑制，银行原有理财体系面临重构，然而在贸易摩擦冲击及经济下行压力加大等内外部因素叠加影响下，资本市场出现了一定波动。为指导金融机构更好地贯彻落实"资管新规"，确保其平稳有序实施，2018 年下半年"一行两会"相继发布相应配套细则及解释说明，进一步明确过渡期内的具体操作性问题，有效降低了市场不确定性，稳定了市场预期，确保了金融市场平稳运行。

2. 深化市场乱象整治，促进银行业回归本源

2018 年，在前期"三三四十"等一系列专项治理行动基础上，《关于进一步深化整治银行业市场乱象的通知》印发，在全国范围内进一步深化整治银行业市场乱象，切实巩固前期专项治理成果，着力引导银行业回归本源、专注主业、做精专业、合规经营、稳健发展。经过两年努力，各种金融乱象得到有效遏制，各种违法违规经营行为和非法金融活动得到有效治理，各种影子银行活动也得到有效监管，金融风险总体上得到有效控制，金融安全稳定得到有效维护，金融风险从发散状态转向收敛状态，基本遏制扭转了金融资金脱实向虚的局面。与此同时，整治金融乱象也使得银行业更加回归本源，专注主业，进一步提升了服务实体经济的质效。

鉴于当前金融业仍处于风险易发、多发期，一些重点领域重点机构的风险及顽疾仍然存在，2019 年 5 月，银保监会印发《关于开展"巩固治乱象成果　促进合规建设"工作的通知》，在坚持"防风险与稳增长相结合、削减违规存量问题与遏制违规增量问题相结合、强内控与严监管相结合、保持定力与把握力度相结合"四大原则基础上，下一阶段银保监会将在巩固乱象整治工作成果的基础上，着力推动股权与公司治理、宏观政策执行、信贷管理、影子银行和交叉金融业务风险、重点风险处置等重点领域问题整治，并开展强内控促合规建设。

3. 进一步完善流动性管理，强化银行经营稳健性

鉴于当前银行业资产负债结构日益复杂化、流动性风险更加突出的新特点，银保监会于 2018 年 5 月公布《商业银行流动性风险管理办法》，在原有的流动性覆盖率、流动性比例指标基础上，新增净稳定资金比例、优质流动性资产充足率和流动性匹配率三个量化指标。其中，净稳定资金比例衡量银行在中长期使用稳定资金发展业务的能力，优质流动性资产充足率衡量银行短期使用高流动性资产应对资金流失的能力，流动性匹配率则衡量银行期限错配程度。2019 年 3 月，为进一步强化市场约束，提高商业银行流动性风险管理水平，银保监会出台《商业银行净稳定资金比例信息披露办法》，对于核准实施资本计量高级方法的银行，要求其按照模板披露净稳定资金比例各项目折算前和折算后的金额；对于非高级法银行，对净稳定资金比例及其分子、分母期末时点数值提出强制披露要求。一系列流动性新规充分体现了补短板、去通道、去同业空转、回归信贷主业、鼓励稳健经营的监管思路，有助于促进银行业转型发展，促使银行业回归服务实体经济的本源定位。

4. 加大民企扶持力度，缓解小微融资难题

民营企业扶持政策主要聚焦于五个方面：一是"稳"。即稳定融资、稳定信心、稳定预期。二是"改"。改革完善金融机构监管考核和激励约束机制，优化尽职免责和容错纠错机制。三是"拓"。拓宽民营企业融资渠道，充分调动信贷、债券、股权、理财、信托、保险等各类金融资源。四是"腾"。加大不良资产处置，盘活信贷存量，推进市场化法制化债转股，建立联合授信机制，腾出更多资金支持民营企业。五是"降"。多措并举降低民营企业融资成本，督促金融机构减免服务收费、优化服务流程、差异化制定贷款利率下降目标。

小微企业融资方面，监管部门多措并举确保融资规模增加和成本下降：一是灵活运用货币政策工具，扩大再贷款、再贴现等工具规模，建立对中小银行实行较低存款准备金率的政策框架，推广债券融资支持工具。二是推动银行健全"敢贷、愿贷、能贷"的考核激励机制，支持单独制定普惠型小微企业信贷计划。三是加大财政支持力度，并通过政府性融资担保降低企业融资费用。四是引导银行提高信用贷款比重，降低对抵押担保的过度依赖。

第二章

经营态势总体良好

2018 年，银行业经营态势总体稳健，资产负债规模稳步增长，净息差持续回升，资产质量总体稳定。2019 年，银行业仍将保持稳健的发展势头，但受内外部多重因素叠加影响，盈利增速可能稳中趋缓。

一、2018 年银行业经营态势向好

1. 资产和负债规模平稳增长，增速下滑幅度有所收窄

2018 年末，银行业金融机构总资产、总负债规模分别达到 268.2 万亿元和 246.6 万亿元，同比分别增长 6.27% 和 5.89%。商业银行总资产、负债规模分别为 210 万亿元和 193.5 万亿元，较 2017 年末增长 6.7% 和 6.28%，增速继续下滑，但下滑幅度有所收窄。

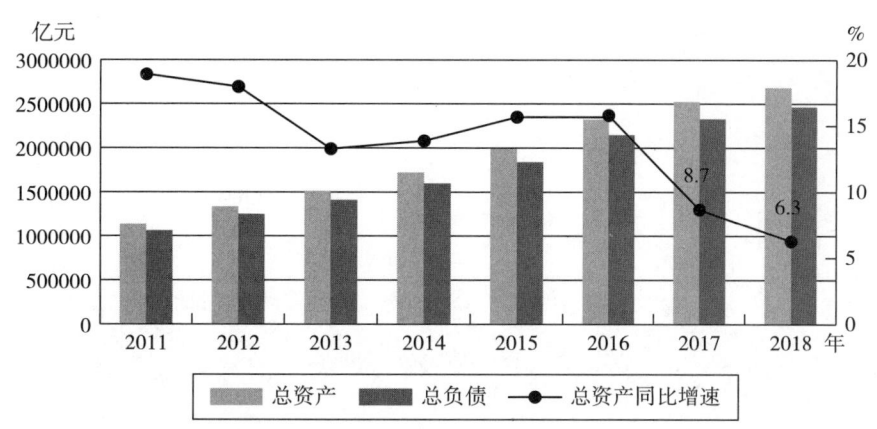

数据来源：中国银保监会。

图 2-1 银行业金融机构总资产、总负债及总资产增速

2. 净利润增速小幅回落，资产利润率略有下降

2018 年，商业银行累计实现净利润 18302 亿元，同比增长 4.72%，增速较 2017 年下降 1.3 个百分点。从业绩分解来看，净息差提升是业绩增长的主要原因，规模增长对利润增长也起到一定推动作用，拨备计提力度加大是拖累业绩增速的主要原因。

13

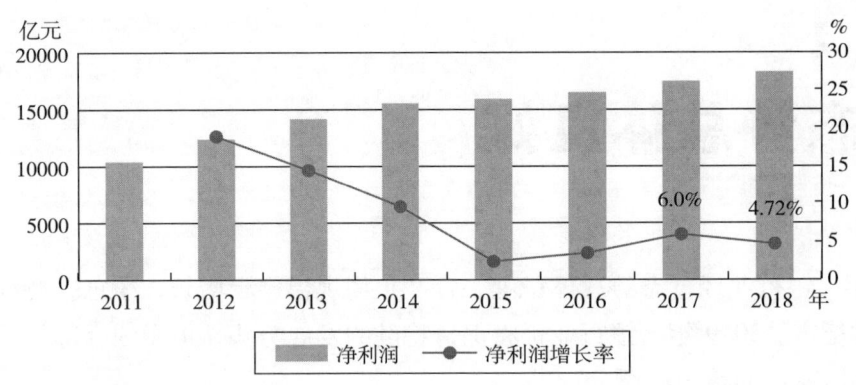

数据来源：中国银保监会。

图 2-2　商业银行净利润及增速

3. 净息差持续回升，非利息收入占比进一步下滑

2018 年末，商业银行净息差为 2.18%，较上年末上升 0.08 个百分点，部分股份制商业银行及中小银行改善幅度较大。

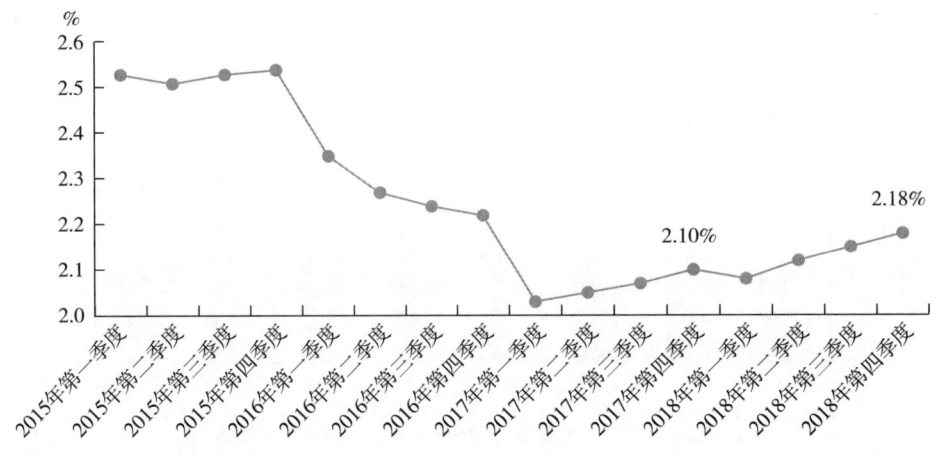

数据来源：中国银保监会。

图 2-3　商业银行净息差走势

2018 年，商业银行非利息收入占比为 22.11%，较 2017 年下降 0.54 个百分点，降幅较上年有所收窄。非利息收入占比有所下降，一方面是由于监管层对同业业务、理财业务的规范管理仍在持续，对非利息收入的增长形成一定制约；另一方面是由于商业银行调整资产负债结构，提高服务实体经济的能力和水平，存贷款占比有所回升，加上净息差持续上行，都有利于利息收入的增长，从而造成非利息收入占比下降。

14

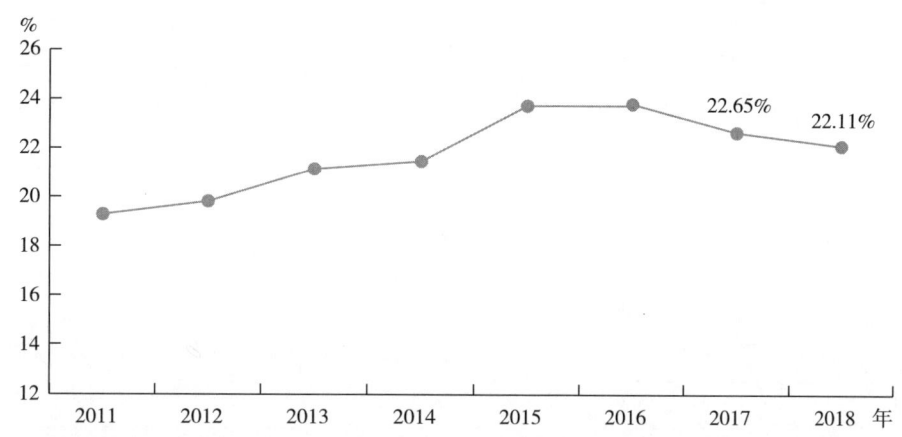

数据来源：中国银保监会。

图2-4 商业银行非利息收入占比走势

2018年，商业银行成本收入比为30.84%，较上年末下降0.74个百分点。整体而言，较之国际同业，我国银行成本收入比已经较低，进一步下降的空间有限。

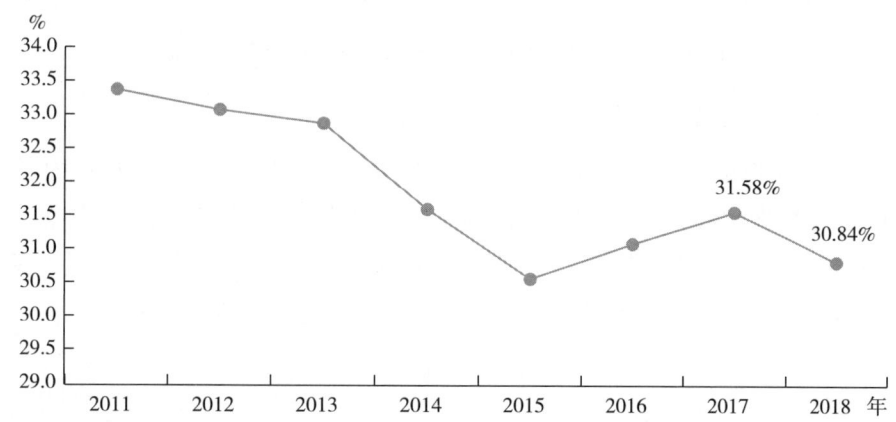

数据来源：中国银保监会。

图2-5 商业银行成本收入比走势

4. 资产质量整体稳定，不良贷款认定趋严

2018年末，商业银行不良贷款率1.83%，较2017年末上升0.09个百分点；商业银行潜在不良率（不良贷款占比＋关注类贷款占比）为4.96%，较上年末下降0.27个百分点，连续九个季度下降。同时，商业银行关注类贷款占比有所下降，次级类贷款占比有所上升，从侧面印证商业银行不良认定趋严是不良率上升的主要原因之一。

2018年以来，伴随不良认定趋严，不少银行将90天以上逾期贷款纳入不良，一些前期资产质量分类真实性不足的中小银行因此承压，导致商业银行整体不良贷款率异常"反弹"；同时，伴随外部环境变化、经济下行压力加大和股市震荡承压，以民企为主体

15

的信用债和股权质押风险开始暴露，加大了商业银行的风险敞口。同时，商业银行在不断优化资产结构、加快过剩产能和"僵尸企业"退出的基础上，通过加大不良认定、核销和处置力度，平滑利润、缓释风险、轻装上阵，不良贷款偏离度进一步下降，资产质量总体较好。

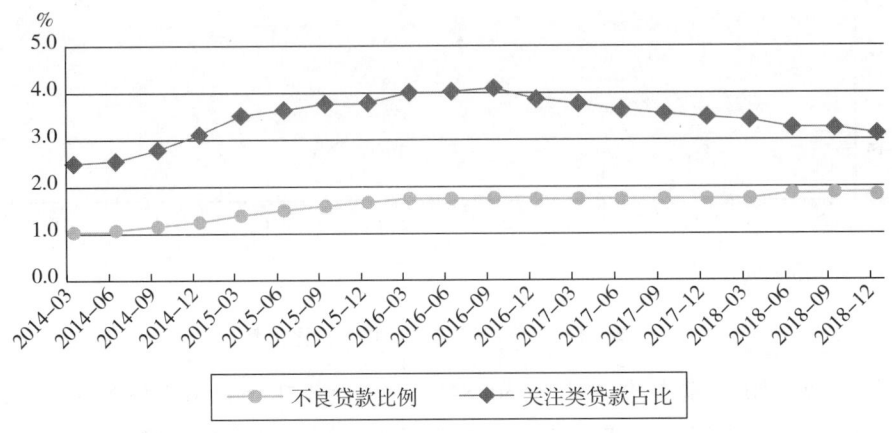

数据来源：中国银保监会。

图 2-6　商业银行不良贷款占比和关注类贷款占比

5. 拨备覆盖率大幅提升，风险抵补能力明显增强

2018 年末，商业银行拨备覆盖率为 186.31%，较 2017 年末上升 4.89 个百分点。2018 年，基于监管强化和自身加强逆周期调节，商业银行不断加大拨备计提力度，平滑利润、缓释风险。整体而言，近年来商业银行拨备覆盖率持续上行，显著高于 120% ~ 150% 的监管要求，虽对利润增速形成一定拖累，但风险抵补能力不断增强。

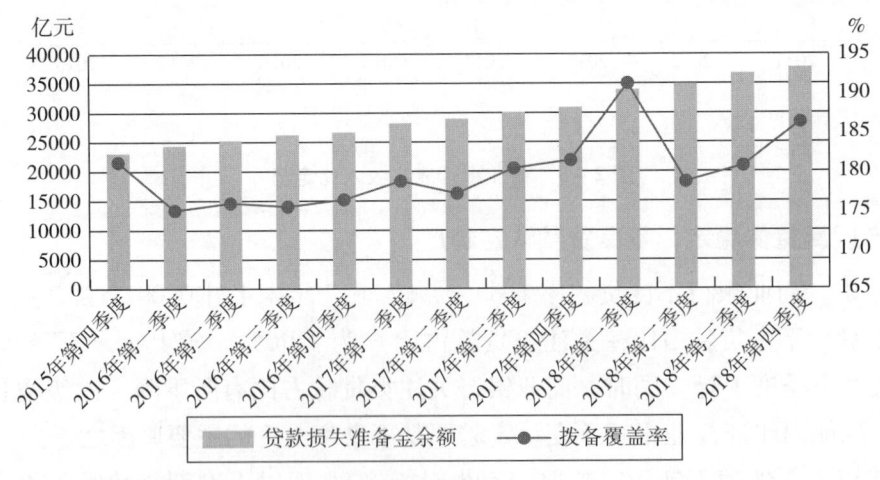

数据来源：中国银保监会。

图 2-7　商业银行拨备覆盖率和贷款损失准备金余额

二、2019 年银行业将保持平稳运行

2019 年以来，我国经济开局良好，新旧动能加快转换，结构升级持续推进。但伴随外部环境变化，不确定性因素依然较多。同时，金融供给侧结构性改革将不断深化，金融监管协同有序推进。银行业资产结构将继续优化，并强调进一步有效支持实体经济特别是民营和小微企业发展。银行业规模增速有望筑底企稳，净利息收入总体相对稳定，净手续费收入修复改善，但在潜在风险因素以及"以丰补歉"的思路下，全年利润释放预计受到制约，银行业经营业绩或稳中趋缓。

1. 规模增速有望筑底企稳，风险偏好依然较低

2019 年，在银行加大表内信贷投放力度，表外业务监管要求适度放宽的背景下，银行业资产规模增速有望筑底企稳，保持在 7%～8% 的稳定水平。首先，货币政策取向强调稳健的货币政策要松紧适度，广义货币 M_2 和社会融资规模增速有望企稳回升，带动银行业资产规模增速有所恢复。其次，2018 年下半年以来，政策从"去杠杆"转向"稳杠杆"，2019 年第一季度再次提出"结构性去杠杆"，"相机抉择、预调微调"将是主基调。最后，中国经济运行总体平稳，也将支持银行业进一步向好发展。

2019 年，信贷投向将依然偏好低风险领域。一是居民杠杆仍有提升空间，基于资本、流动性和息差管理压力，信用卡和住房按揭贷款有望持续保持较好增长态势；二是在基建投资托底实体经济的大环境下，地方政府平台、PPP 等融资约束将有所放宽，商业银行对该领域信贷资源配置力度有望加大；三是在国家政策导向指引下，商业银行对于国家重点支持领域和薄弱环节支持力度加大，小微、民企、绿色、普惠等领域信贷增速有望进一步提升。

2. 存款增长压力缓解，流动性管理难度犹存

2019 年，商业银行存款增长压力将出现边际缓解，但核心存款增长压力犹存，流动性管理约束仍在。主要由于：一是宏观上"稳增长"营造良好金融环境，宏观杠杆率有望保持稳定；二是影子银行收缩力度将放缓，由此减少对于存款增长的负贡献，利于货币创造过程；三是内外部经济环境的复杂多变，企业部门现金流压力难有显著改善，核心存款增长存在一定压力，商业银行存款增长或仍将依靠结构性存款等拉动，主动负债占比可能继续提升。

3. 监管政策引领，民企小微信贷将多增

2018 年下半年以来，"有效缓解实体经济特别是民营和小微企业融资难融资贵问题"成为各项扶持政策的重心。为切实缓解民企、小微企业的融资压力，央行提出将从债券、信贷、股权等角度入手加强引导，且在 MPA 考核中新增临时性专项指标，专门用于考察小微企业贷款情况，对小微企业融资达到一定标准的银行享受优惠存款准备金

率；银保监会也在原有小微贷款"三个不低于"的基础上，提出针对民营企业融资"一二五"的方向性目标，引导 2019 年实现国有大型商业银行小微企业贷款余额同比增长 30% 以上、小微企业信贷综合融资成本降低 1 个百分点的目标。在一揽子民企纾困扶持计划和对金融机构正向激励、限额考核的政策下，2019 年，民营企业和小微企业的融资环境将有望获得改善，金融资源在这些领域的可得性将增加。

4. 净息差或见顶回落，净手续费收入有望进一步改善

2019 年，商业银行净息差进一步改善空间较小，或将见顶回落。从资产端来看，宽货币环境将逐步传导至信贷市场，叠加降低实体企业融资成本，以及实体经济有效需求不足，贷款利率上行态势将边际趋缓，资产端收益率或将小幅下行。从负债端来看，存款竞争压力依然较大，商业银行一般存款仍将很大程度上依赖结构性存款增长，存款综合成本率仍将承压。此外，在当前"总量稳定 + 结构宽松"的货币环境下，资金市场过度宽松的态势不可持续，资金价格或有所上行，银行存款端的变化对于综合负债成本的边际变化可能起决定性作用。

伴随资管新规、理财新规及理财子公司管理办法的陆续落地，预计 2019 年商业银行净手续费收入将出现积极变化。一方面，2018 年商业银行净手续费收入增长的主要贡献因子是信用卡业务，未来预计多数银行仍将发力信用卡业务。另一方面，随着资管新规及细则的进一步落地，加上大部分上市银行公告成立理财子公司开展理财业务，预计理财业务收入在 2018 年大幅下降的低基数前提下，2019 年有望出现明显修复。2019 年整体净手续费收入增长有望边际向好。

5. 资产质量后续可能承压，不同机构继续分化

2018 年以来，在监管鼓励加强不良贷款确认的影响下，不良贷款生成率有所抬升，尤其是城商行和农商行的不良贷款加速暴露。但不良生成率总体处于可控区间，且随着部分银行逾期 90 天以上贷款已基本纳入不良贷款，资产质量的隐性包袱也大为减轻。2019 年，在不良存量压力边际缓解的情况下，面对不确定的内外部经济环境、高质量的发展需求、更严格的资产分类新规等监管要求，银行业面临的风险压力不减，整体资产质量后续可能承压。一方面，全球主要经济体经济同步放缓以及贸易摩擦"再起"，给我国经济带来挑战和不确定性，经济增长动能可能回落，外贸相关行业和企业信用风险、流动性风险或有所提升。另一方面，在监管指引下，今年银行可能逐步加大对小微企业贷款的投放，不良率和不良生成率可能随之上行。此外，值得关注的是，银行的不良认定将迎来更严格的标尺，银保监会 2019 年 4 月底发布的《商业银行金融资产风险分类暂行办法（征求意见稿）》，拓宽了风险分类的金融资产范围，将风险分类对象由信贷资产拓宽至所有承担信用风险的表内外资产，且要求逾期 90 天以上债权即使抵押担保充足也归为不良；另一个需要关注的领域在于，2018 年 12 月，十一部委联合发布《关于进一步做好"僵尸企业"及去产能企业债务处置工作的通知》后，"僵尸企业"

处置进程偏慢，若后续政策推动"僵尸企业"加快出清，会进一步明确债务损失分担机制，不排除对银行业形成一定信贷损失。

同时，不同银行间的资产质量分化将持续存在。首先，虽然宽货币正在向宽信用转化，但是信用分层现象依然存在，国有企业以及高评级企业的信用可获得性依然显著好于民营企业和低评级企业，导致以前类客户为主的大中型银行的资产质量仍将好于中小银行。其次，目前以上市银行为代表的大中型银行的逾期 90 天以上贷款已基本纳入不良贷款，而城商行、农商行的不良认定仍在持续中，将带动其不良率的提升。最后，受地区经济表现差异影响，东北、华北、西南区域信用风险事件偏多，传统行业居多，该区域的银行业资产质量风险较大，而长三角、珠三角地区经济活力相对较好，资产质量明显优异。

6. 多因素叠加下，盈利增速将稳中趋缓

2019 年，影响商业银行经营业绩的因素喜忧参半。首先，资产规模筑底企稳，净息差再度承压，净利息收入增长或有所放缓；其次，商业银行资产质量压力虽边际有所缓解，但仍面临一定压力；再次，商业银行受政策"逆周期"调节的影响将更显著，伴随资产质量分类更趋严格，商业银行风险管控力度加大，"以丰补歉"的思路将制约全年利润释放；最后，在理财手续费收入预计企稳回升、信用卡业务持续发力的背景下，非利息收入将对银行业绩形成一定程度的支撑，结构性宽松的货币政策也将为银行经营提供一定的缓冲垫。综合考量，预计 2019 年银行业整体盈利增速将稳中趋缓。

第三章
各类机构平稳运行

2018 年，银行业结构持续优化。大型商业银行及股份制商业银行市场份额有所下降，城市商业银行市场份额小幅上升。银行业按照"服务实体经济、防控金融风险、深化金融改革"的总体要求，持续提升服务实体经济能力和水平，坚决打好防控金融风险攻坚战，在推进供给侧结构性改革、服务经济高质量发展、促进经济社会改革发展的进程中夯基固本，各类机构实现了平稳健康发展。

一、政策性银行与开发性金融机构积极服务国家战略

2018 年，政策性银行与开发性金融机构致力于服务国家战略，发挥政策导向作用，弥补市场失灵，在产业结构调整、资源配置、区域协调发展、逆周期调节等方面发挥了积极作用。

中国进出口银行积极发挥政策性金融作用，大力支持我国对外经贸投资发展与国际经济合作。进出口银行坚持稳中求进工作总基调，全力服务国家发展和实体经济。助力"一带一路"建设，促进互利共赢发展，首届"一带一路"国际合作高峰论坛中，进出口银行达成的 33 项成果均已完成，对"一带一路"项目贷款余额突破一万亿元，覆盖经贸合作、基础设施互联互通、产业投资、能源资源合作等领域。持续加大对实体经济的支持力度，聚焦外贸提质增效、制造业高质量发展、民营和小微企业等重点领域和薄弱环节，制造业贷款占境内贷款达到 45% 左右，为经济发展不断注入新动力。积极践行绿色发展理念，构建了以绿色信贷为主体，绿色基金、绿色咨询、绿色债券为补充的多元化金融服务体系，助力生态文明建设和污染防治攻坚战，2018 年末，绿色信贷余额超过 2500 亿元。

中国农业发展银行多措并举服务国家粮食安全，聚焦精准助力脱贫攻坚。农发行全年累计发放贷款 1.8 万亿元，年末贷款余额 5.14 万亿元，增长 9.7%。其中，累计发放粮棉油收购贷款 2457 亿元，精准扶贫贷款 3893 亿元，农村基础设施贷款 7874 亿元，农业现代化贷款年末余额超过 2000 亿元。同时，风险防控水平显著提升，体制机制改革全面深化，科技支撑能力持续增强，全面从严治党深入推进，高质量发展实现良好开局。不良贷款率 0.8%，拨备覆盖率和拨贷比高于监管要求；坚持让利于农，贷款平均利率低于同业 123 个基点。

国家开发银行立足于开发性金融机构定位，在服务国家战略中展现新担当、新作为。国家开发银行全年发放新型城镇化贷款 2175 亿元，向长江经济带、京津冀、粤港

澳大湾区等重点区域发放贷款1.3万亿元，高质量落实"一带一路"2500亿元等值人民币专项贷款。发挥支持薄弱环节发展的关键作用，全年发放棚户区改造贷款6980亿元，累计帮助超过2300万户居民改善居住条件。支持养老、教育、医疗等民生领域发展，促进提升公共服务保障能力。发挥逆周期调节的金融先导作用，以中长期投融资配合宏观经济政策实施，全年向实体经济提供融资超过3万亿元。

二、大型商业银行着力提升服务实体经济质效

2018年，大型商业银行坚持稳中求进的工作总基调，砥砺奋进、扎实工作，以服务供给侧结构性改革为主线，着力做好服务实体经济、防范化解风险、深化改革创新各项工作，实现了规模、质量、效益的稳步提升。

规模稳健增长，盈利状况稳定。截至2018年末，大型商业银行总资产98.35万亿元，比上年同期增长5.97%；总负债90.38万亿元，同比增长5.63%。净息差2.14%，较上年扩大了0.07个百分点，资产利润率小幅下滑至1.0%，盈利状况总体平稳。

不良贷款率有所下降，风险控制良好。2018年，大型商业银行持续落实国家打赢防范化解重大风险攻坚战的决策部署，树立底线思维，持续强化风险管理三道防线，加大风险化解工作力度，着力完善风险内控制度，深入落实银行业市场乱象整治要求，不良贷款率步入下降通道，拨备覆盖率显著提升。截至2018年末，大型商业银行不良贷款余额为7744亿元，不良贷款率为1.41%，比上年末降低0.12%；拨备覆盖率220.08%，较上年末上升39.63%。

深化供给侧结构性改革，专注服务实体经济。大型商业银行带头落实"三去一降一补"，产能过剩行业贷款余额持续下降。积极践行"绿水青山就是金山银山"的发展理念，绿色信贷占比稳步提升。积极稳妥推进"去杠杆"，持续推进市场化债转股，帮助前景良好但暂时困难的企业渡过难关。积极为实体经济提供源头活水，优化信贷结构，新增贷款重点支持基础设施建设补短板和战略性新兴产业发展。坚持房子是用来住的、不是用来炒的定位，认真执行住房金融政策，严格执行差异化信贷政策。

扶持小微、民营企业，提高服务质效。大型商业银行坚决落实民营企业座谈会精神，加强投、贷、债联动，严控贷款定价和服务收费，积极缓解小微企业、民营企业融资难、融资贵问题。截至2018年末，大型商业银行发放小微企业贷款7.10万亿元。全力做好精准扶贫工作，深入贯彻落实党中央、国务院关于打赢脱贫攻坚战的决策部署，持续加大金融资源投入，扶贫贷款快速增长。

响应国家战略，推动对外开放。大型商业银行密切对接国家重大战略项目，持续完善全球化的网点、客户、产品体系，积极服务"一带一路"战略和中国企业"走出去"。与此同时，境外机构和子公司资产占比、利润占比显著提升，对整体发展的战略支撑作用越发明显。

三、股份制商业银行实现创新稳健发展

2018 年，股份制商业银行积极顺应监管趋势和市场变化，切实提高服务实体经济能力，突出金融科技战略布局，呈现出业务结构优、资产质量佳、盈利能力好的稳健发展态势。

深化资产结构改革，规模效益稳健增长。持续优化资产结构，实现业务质量与效益规模均衡发展。截至 2018 年末，股份制商业银行资产和负债总额增速分别为 4.58% 和 4.03%。其中，贷款和垫款本金总额在总资产中占比 54.57%，比上年末上升 4.48 个百分点。资产质量总体保持稳定，不良贷款余额 4388 亿元，同比上升 13.94%，但不良贷款率为 1.71%，低于行业 0.12 个百分点，与 2017 年底持平。盈利能力逐步改善。2018 年，股份制商业银行实现净利润 3881 亿元，较年初上升了 0.51 个百分点。

强化实体经济服务，支持国家重点战略。聚焦高端制造业、新型基础设施等重点领域实体产业，全力支持"一带一路"、长三角一体化、京津冀协同、粤港澳大湾区建设，战略性持续加大对实体经济的支持与投入，切实优化信贷政策，合理配置信贷资源，推动产品模式创新，支持国家产业结构优化升级。

打造综合金融服务，深耕细作生态共享。深化经营结构改革，做强、做精零售金融、公司金融、金融市场业务，持续发力小微金融、绿色金融、供应链金融、财富管理等特色及细分领域，为不同客群提供契合内在需求的"标准化＋定制化"的金融服务和产品，有效满足客户不断升级的金融服务需求。拓展金融"服务圈"，整合银行、证券、保险等多项金融服务资源，进一步加深协同联动和资源共享模式，为客户提供综合化、一体化、多样化和个性化的服务。

金融科技增效赋能，场景应用创新融合。持续加大金融科技投入，增强科技与业务的深度融合，推动向"轻资本、高效率"转型。一方面，设立金融科技子公司或独立事业部，借助独立化、专业化的运行与管理优势，推动实现人工智能、云计算、大数据、区块链等前沿技术的研发和场景应用落地；另一方面，通过设立直销银行、联合共建、场景合作等方式强化融合，聚焦特色场景，形成开放式的互联网金融综合服务发展格局。

四、城市商业银行聚焦区域战略重点

响应国家区域战略，服务民企小微成长。城商行在监管部门和各级政府的引领下，助力区域发展建设，主动服务雄安新区、京津冀一体化、粤港澳大湾区、长江经济带和自贸区建设等国家重大发展战略，积极支持地方经济建设，全面扶助产业转型，不断提升服务实体经济的能力。通过深耕所在区域，降低融资准入门槛，积极进行产品创新，在对中小民企信贷资源的配置上有所倾斜，切实提高中小企业贷款的可获得性，有效降

低民营企业的融资成本，着力解决中小民企的"融资难、融资贵"问题，助推实体经济发展。截至 2018 年末，城商行用于小微企业的贷款占全部银行金融机构的比重达到 18.70%。

发展质效稳步提升，资产质量有效改善。2018 年，城商行贯彻落实宏观政策，遵循监管要求，专注主营业务，规范同业业务，盈利基础不断夯实；城商行通过强化资本约束机制，优化资产负债结构，控制错配水平，加强流动性监测，稳定资金来源，不断完善风险治理体系，风险防控能力不断增强，发展质效稳步提升。部分城商行完成了 A 股或 H 股上市，通过上市实现了补充资本、优化资本结构。截至 2018 年末，城商行的总资产达到 34.35 万亿元，较年初增长 8.27%，高出银行业金融机构总资产增速 4.7 个百分点，净利润总额 2461 亿元，资本充足率 12.80%，较年初提升 0.04 个百分点。

积极推进数字化转型，金融科技能力进一步提升。城商行坚持以金融科技带动传统业务转型升级，以金融科技强化风险管控，优化运营管理，创新业务模式，重新定义银行服务，全面提升客户体验，推动金融供给侧结构性改革，提升金融供给的质效。通过金融科技破解业务难题，既满足本行业务发展需求，又依托先进的科技能力向其他金融机构和业务伙伴输出科技金融产品。

五、农村金融机构做足做实普惠金融

2018 年，农村金融机构坚持服务"三农"宗旨，做足做实普惠金融，重点加大对民营企业和小微企业的信贷支持，实施金融服务乡村振兴工程，推动城乡金融服务均等化，让农业更强、农村更美、农民更富。

资产负债规模继续保持增长，增速略有放缓。2018 年末，农村金融机构资产总额 34.58 万亿元、负债总额 31.88 万亿元，较年初分别增长 5.36% 和 4.89%，增速较上年分别下降 4.42、4.75 个百分点。农村商业银行 2018 年第四季度资产利润率为 0.84%，仅次于大型商业银行，盈利能力保持稳健。

资产质量有所下降，防风险压力上升。在内外部多重因素影响下，农村金融机构不良贷款率有所反弹。其中，农村商业银行 2018 年第四季度不良贷款率为 3.96%，比上年同期提高 0.8 个百分点，不良贷款处置压力加大；资本充足率为 13.20%，比上年同期下降 0.1 个百分点，资本较为充足；拨备覆盖率为 132.54%，比上年同期下降 31.77 个百分点。

深化普惠金融，助推乡村振兴。农村商业银行 2018 年末小微企业贷款余额 6.96 万亿元，较上年末增长 16%。加大美丽乡村建设、精准扶贫等重点领域的支持力度，不断拓展普惠金融服务的广度和深度。依托点多面广、人缘、地缘等优势，提升基础金融服务覆盖面，打造综合化特色化乡村振兴金融服务体系。

治理能力不断提升，内部机制不断完善。省农信联社积极探索改革路径，进一步理顺管理体制，突出专业化服务功能。农村商业银行注重将加强党的领导融入公司治理全过程，建立符合小法人特点和支农支小服务导向的公司治理架构和治理机制。

六、外资银行紧抓银行业对外开放机遇

2018 年以来，银行业对外开放政策陆续落地，如取消外资金融机构对中资银行和金融资产管理公司的外资持股比例限制，允许外国银行在中国境内同时设有子行和分行，放宽外资机构和业务准入，简化外资银行业务审批流程等，为外资银行在华经营创造了更多的机遇和发展空间。

外资银行经营整体稳健。2018 年末，外资法人银行合计 41 家，盈利能力保持平稳，全年实现净利润合计 248 亿元，净息差 1.86%，资产利润率达 0.75%，较 2017 年提升了 29 个基点。同时，不良贷款较上年实现了"双降"。截至 2018 年底，外资银行不良贷款余额 90 亿元，较 2017 年末下降 13%；不良贷款率 0.69%，较 2017 年末下降 24 个基点，持续低于商业银行整体水平。风险抵补能力保持在较好水平，拨备覆盖率 311.49%，较 2017 年末提升了 61.25 个百分点，显著高于商业银行平均水平；资本充足率 18.40%，较 2017 年末的 18.58% 略有下降，但整体水平仍较高。

外资银行积极响应银行业对外开放。外资银行紧抓中国银行业对外开放的新机遇，通过新设分支机构、升级分行至子行、提高合资银行中的持股比例等方式进一步夯实在华布局。外资及港澳台法人银行数量由 39 家增加至 41 家，新增 3 家外国及港澳台分行。

七、民营银行差异化定位、特色化经营，实现创新式发展

2018 年，民营银行快速稳健发展。充分利用差异化定位、特色化经营模式进行创新探索，持续推动普惠金融发展，为整个金融体系注入了生机与活力。

规模效益持续稳健增长。截至 2018 年末，17 家民营银行总资产 6373.6 亿元，较上年 3381.4 亿元同比增长 88.49%；净利润规模达 45 亿元；净息差 3.49%，高于其他分类银行业金融机构；不良贷款余额为 16 亿元，不良贷款率为 0.53%，与 2017 年底不良贷款率持平，低于银行业平均水平。

差异化定位聚焦特色领域。根据《关于民营银行监管的指导意见》，民营银行应坚持明确服务实体经济，有别于传统银行差异化发展、特色经营的发展定位。17 家民营银行的业务定位多聚焦于小微企业、"三农"、自贸区和科创企业等金融需求，通过向具有自身特色和优势的客户群体提供有针对性、便利的金融服务，实现差异化精准定位，已逐步探索形成了鲜明的业务发展特色。

金融科技助力提速增效。民营银行依托大数据、云计算、人工智能（AI）等技术实

现银行产品、业务、运营、风控等模式的全面创新，大幅度丰富信息获取的充分性，提高贷款审查审批的时效性，增强风险判断的科学性，并扩大金融服务的覆盖面，提升银行体系的服务效率，高效满足"长尾客群"的资金需求。在金融科技的助力之下，民营银行降低了银行作业成本和客户融资成本，还有效减少了贷款客户申请和银行审核的时间，达到"秒申秒贷、实时放款"的客户体验。

八、金融资产管理公司深耕主业

2018年，金融资产管理公司依靠自身独特定位，充分发挥专业优势，在盘活存量、优化增量方面积极作为，深入落实党中央关于深化金融供给侧结构性改革的要求，助力打赢防范化解金融风险攻坚战。

四大资产管理公司深耕主业。2018年，中国华融步入转型回归之路，不良资产主业在集团总收入中的占比由2017年的53.8%提高至60.4%。积极延伸主业价值链，大力推进问题企业重组、上市公司纾困等业务，深入落实非主业、低效资产瘦身和机构优化工作，致力于构建"大不良"的经营格局。尽管受到突发事件的影响，华融集团资产规模大幅缩减，业绩出现明显下滑，但其总资产规模在2018年末仍保持着1.71万亿元的行业领先地位。中国信达围绕不良资产主业开展特殊机遇投资业务，探索不良资产细分市场的产品创新，成功落地多个市场化债转股项目。截至2018年末，中国信达总资产近1.5万亿元，其中，不良资产经营业务总资产6430.4亿元，比上年同期增长8.4%。中国东方以回归不良主业为核心，深化改革转型，创新发展模式，拓展不良资产业务向纵深前行，同时注重增进协同效应，积极参与纾解上市公司股票质押风险和实体企业危机救助，并于2018年圆满完成引进战略投资者工作，朝着领先的综合金融服务集团目标砥砺奋进。截至2018年底，中国东方总资产超过万亿元，全年实现不良资产业务新增投放1538亿元。中国长城资本实力进一步增强。围绕"回归主业、化解风险"的中心任务，聚焦不良资产主业，成功实施市场化债转股项目，顺利化解首例央企私募债违约风险事件，全年收购金融不良资产1792亿元，同比增长逾20%。

地方及民营资产管理公司积极进取。2018年，在经济下行压力加大、不良资产市场供给逐渐增多、处置难度有所提升的背景下，地方及民营资产管理公司逆周期调节的重要作用得以彰显。凭借特有的优势，地方资产管理公司全年累计收购不良资产逾4000亿元，同时积极延伸不良资产产业链；民营资产管理公司在不良资产二级市场活跃度较高，是四大金融资产管理公司及地方资产管理公司的有益补充。

2019年是新中国成立70周年，也是四大金融资产管理公司成立20周年。金融资产管理公司将坚守战略定位不放松，认真贯彻落实深化金融供给侧结构性改革的方针政策，深耕不良主业，专注实体经济，加大防控金融风险力度，充分发挥行业优势，全力推动经济高质量发展。

专栏 3-1 农商行上市的机遇和挑战

随着农信社改制为农商行进程的快速推进,在国家大力发展直接融资市场的背景下,近年来出现了农商行上市热。不过,作为以服务"三农"为宗旨的地方金融机构,农商行需要客观看待上市问题,始终坚持"为农民、农业和农村经济发展服务"的初心和使命。

一、农商行上市概况

2003 年 6 月,国务院启动新一轮农村信用社改革。2011 年 8 月,银监会提出五年规划,鼓励农信社改制组建为农商行。2014 年 12 月,银监会办公厅发布《关于推进农村商业银行组建工作的通知》(银监办发〔2014〕286 号),大力推动农信社改制工作。截至 2018 年末,全国累计组建 1427 家农商行,约占农合机构法人总数的 62.89%。2015 年 6 月,随着证监会发布《中小商业银行发行上市的发行监管问答》,农商行上市开始"提速"。截至 2019 年 3 月末,沪深港三大交易所上市农商行达 10 家,部分农商行成功在新三板挂牌。目前处于 IPO 正常排队的 11 家银行中有 6 家农商行,另有约 20 家农商行正在筹备登陆资本市场。

目前,已上市农商行主要呈现四大特征。一是资产规模以小型为主,5000 亿元以上的仅有重庆农商行、广州农商行 2 家。二是上市选择 A 股或者 H 股主板居多,规模相对小一点的选择登陆新三板。三是营业收入、净利润等主要指标继续稳步增长,资产质量保持总体稳定。四是基本上都开展跨区域经营,设立了异地分支行,偏离了"社区性地方金融机构"定位。

二、农商行上市带来的机遇

对于服务"三农"的社区性地方金融机构而言,上市对农商行的意义主要体现在以下三方面。

首先,丰富资本补充工具。2019 年 2 月,国务院总理李克强召开国务院常务会议,决定支持商业银行多渠道补充资本金,进一步疏通货币传导机制,促进加强对民营、小微企业等的金融支持。农信机构是支持民营、小微企业融资的重要力量。但在表外业务回表、不良贷款处置压力攀升等背景下,部分农商行资本金日趋短缺。上市则丰富了农商行的资本补充工具,相对于内源性资本补充,更加快捷高效。不过,对于大部分农商行而言,如果扎根本土,坚持服务"三农",同时防控好风险,那么通过上市补充资本的需求总体不高。

其次,提高法人治理水平。产权清晰、公司治理健全、信息披露规范是对上市企业的基本要求。农商行由农信社改制组建而来,部分存在独立董事未尽责、信息发布不规范等法人治理问题。通过上市,可以引入证监会、交易所、投资者等更多监督主体，推动农商行持续提升法人治理能力和水平。但上市并不是解决农商行法人治理问题的前置条件，也不能从根本上解决这一问题，关键是要坚持党管金融原则，根据农商行自身政策定位和市场定位的独特性，把加强党的领导和建设融入法人治理的全过程。

最后，提升品牌公众认可度。农商行上市，往往受到社会各界特别是公众投资者和媒体的高度关注。成功上市可以进一步提升社会对农商行的认知度和认可度，提高其无形资产。这将有利于增强农商行对人才的吸引力，间接带动业务发展。不过，上市只是农商行品牌价值的显化，农商行品牌认可度和美誉度的提升关键还是要靠坚持做全方位的普惠金融，扎扎实实地服务"三农"、小微企业和地方经济社会发展，积极承担社会责任。

三、农商行上市面临的挑战

农商行肩负着服务"三农"的特殊使命，同时防控金融风险的压力加大，因此上市对农商行而言也存在诸多挑战。

首先，坚守政策定位和市场定位的挑战。服务"三农"是国发〔2003〕15号文件的明确要求。《关于推进农村商业银行坚守定位　强化治理　提升金融服务能力的意见》（银保监办发〔2019〕5号）要求"农商行严格审慎开展综合化和跨区域经营，原则上机构不出县（区）、业务不跨县（区）。"因此，农商行必须立足县域，深耕本土，服务"三农"。但"三农"金融业务风险高、盈利低，县域金融受当地经济影响较大。上市后，在资本逐利的驱动下，股东可能会加大农商行"脱实向虚""离农脱农"、跨区域等的倾向，进而加大对其坚守定位的挑战。在这方面，即使农商行上市了，也必须始终加强上级党委领导，比如充分发挥省联社党委领导核心作用，把好正确方向。

其次，持续稳健经营的挑战。农商行因农而生、为农而兴，必须以服务"三农"为己任，意味着农商行必须着眼长远，不计较一时一地的得失，持续做足做实农村金融服务。同时，农商行还承担着大量的政策性业务，服务"三农"本身风险也较高。这都是与资本市场要求给予股东最大化股本回报相冲突的。在目前的资本市场制度体系下，投资者更加注重短期利益，则进一步加剧了农商行服务与风险、盈利的冲突。因此，农商行上市加大了其正确处理好服务、风险、盈利三者关系的难度，可能会影响其持续稳健经营。

再次，法人治理机制完善的挑战。上市后，农商行法人治理将采取市场化运作，股份面向社会公众公开发行且自由买卖，股权变更更为频繁，股东资质前置性审查难以有效落实，股东管理难度加大。上市可能引来各类资本的博弈和较量，需要关注并防范股价大幅波动，及其对农商行发展的影响，尤其需要防止外部人野蛮

"入侵"。同时，非直辖市农商行上市后，在缺乏省联社对辖内行社股权纽带的情况下，如何平衡好省联社行业管理职能与资本市场法人治理规则之间关系的难题也亟待解决。

最后，适应更严格监管要求的挑战。强监管、严问责是金融业的"新常态"。上市后，人民银行、银保监会、证监会等金融监管部门对农商行有更严格的监管要求，特别是在资本管理、法人治理、信息披露等方面。但作为小法人机构，无论是相应的人才储备，还是相应的制度体系，短期内往往都难以有效适应这些新要求。农商行如果准备不充分就贸然上市，那么上市后一旦发生违规行为，就可能面临较重的处罚，情节严重的可能引发声誉风险，甚至影响其稳健经营。

对农商行而言，上市带来的机遇与挑战并存，机遇不少，但挑战更多。值得注意的是，我国银行体系历来不缺大银行，缺的是定位清晰、特色鲜明、有生命力和竞争力的中小银行，尤其是能够真正立足社区、服务"三农"和小微的小银行，而农商行就是这类银行的主要代表。因此，综合来看，对于农商行上市，适宜采取审慎的立场。

积极推动银行业高质量发展

在经济增速放缓和金融强监管约束下，银行业依靠规模扩张的粗放型发展模式将难以为继。而金融科技的发展带来了银行业的深度创新和变革，数字化技术打破了时空、数量和成本制约，提高了金融服务实体经济的覆盖范围、效率和精确度。商业银行将深入推进改革创新，努力向高质量发展转型。

一、银行业高质量发展意义重大

银行业高质量发展是应对内外部环境变化的必然选择。党的十九大以后，我国经济由高速增长阶段转向高质量发展阶段。党中央审时度势，坚定不移打好"三大攻坚战"、贯彻新发展理念、深化供给侧结构性改革，以内部之稳应对外部之变，稳步走好高质量发展之路。坚决贯彻落实党中央的各项经济工作部署，不但是当下中国经济攻坚克难、转型升级的必由之路，更是银行业突破自身发展瓶颈、实现自我革新、迎来战略重塑的必然选择。银行业高质量发展正是在观大势、辨趋势、认形势基础上提出的，是指引银行业应对变化、直面挑战、跨越关口的正确选择和迫切要求。

银行业高质量发展是可持续发展的必然选择。过去十年，银行业搭上了中国经济高速增长的顺风车，规模和效益迅速扩张，商业银行的盈利能力和经营效率在 2012 年左右达到阶段性的顶峰，然后一路下滑；过去五年，部分银行逐利短平快业务，影子银行规模膨胀，同业业务出现异化，投行业务成为通道套利，泛资管业务野蛮生长，整体经营战略偏离正常发展轨道；部分银行机构趋易避难，忽视了基础的夯实，专业能力建设滞后，在传统动能增长乏力的形势下，管理短板开始暴露。如何避免盲目地拥抱变化，又能踏准趋势红利，需要回归本源，以提升服务实体经济的效率和能力为核心，善于运用金融科技，推动发展模式的高质量转变。

二、准确把握银行业高质量发展的内涵与特点

银行业高质量发展的内涵可以概括为：在服务实体经济的前提下，主动摒弃高消耗、低效率、单纯追求速度与规模的发展理念，在保持合理规模和适当增速的基础上，以提升效率和质量为核心，实现速度、规模、结构、效益、质量的协调发展。根据当前我国银行业发展现状，商业银行高质量发展应涵盖以下特征。

内涵式发展。银行业高质量发展应摒弃以规模、速度论英雄的发展理念，向以内在需求为动力的发展模式转变，通过科学安排、合理布局银行内生因素和内部资源，以自

身机制建设和内部管理结构优化，促进商业银行经营和管理质量提高，增强商业银行综合竞争实力。

精细化管理。随着管理半径的扩大、管理频率的增加和管理内容的丰富，传统管理模式已经不能适应银行业高质量发展的需要。商业银行高质量发展要从粗放式管理向精细化管理转变，增强问题意识，强化问题导向，补齐短板，着力在解决问题中完善新体制新机制，优化资源配置，实现内部赋能。

高质量服务。服务是银行业的天然属性，也是增加客户粘性的最重要手段。银行业高质量发展必须以提升客户服务体验为手段，以打造服务品牌为目标，摒弃逐利短平快业务的发展策略，夯实业务基础，培养专业化能力，满足客户多元化的金融和非金融需求。

科技引领。金融科技革新银行业传统服务模式和管理模式，提升了客户服务效率，让客户触达有了新路径、金融服务有了新体验。银行业高质量发展应充分运用金融科技的力量，从效率方面加速变革，从客户服务、业务创新、风险管控等维度，重塑发展动力，通过实时、便捷、高效的服务，为客户提供全渠道体验，提高资源利用效率。

有效风控。银行业高质量发展要求风险管理与时俱进，要加强与发展战略对接，将风险识别、计量、监测、评估等活动贯穿于银行经营的全过程，提升业务整体运作质量，要加大对关键岗位的内控合规管理力度，树立内控合规文化。

三、银行业高质量发展成效初显

近年来，中国银行业全面调整经营策略，加快转型升级，银行业高质量发展成效初显，服务实体能动性、依法经营的自觉性和风险防控的主动性不断增强。

1. 有效服务实体，服务质量稳步提升

扎实推进创新驱动核心战略。大力发展科技金融，加大对核心技术开发研究、产业转型升级、战略性新兴产业的金融支持，助力构建创新引领、协同发展的现代化经济体系。在战略性新兴产业集聚、中国制造 2025、军民融合产业发展等重点工程持续推进的背景下，银行业加大在各类创新型现代产业、科创企业、科技走廊、特色小镇、国企并购创新企业等方面的资产投放，培育壮大经济发展新动能。

积极对接国家战略和产业政策。随着产业、企业、城市、人才开放进程的不断提速，招商引资丰富了市场主体，传统产业不断改造升级，现代生态农业产业化、现代服务业、文化旅游融合发展，铁路、公路、航道、电网、信息网络、物流通道建设项目全面开花，银行业推出一系列服务举措，助力"一带一路"建设、京津冀协同发展、长江经济带发展、雄安新区建设和粤港澳大湾区建设，全方位支持对内对外开放，拓展开放的高度、广度和深度。

持续落实生态文明建设千年大计。银行业大力发展绿色金融，助力建设绿色美好家

园。支持构建绿色生态网络、培育发展绿色经济，加快建成生态文明建设；支持污水、垃圾、大气治理等重点领域防治项目等。围绕清洁能源、节能环保、绿色建筑建材等重点领域，大力扶持传统产业节能低碳环保改造和新能源装备制造企业，满足其改造升级、并购投资等方面的金融需求。

准确把握协调发展内在要求。大力发展普惠金融，进一步完善区域协调发展战略，抢抓城乡客户和优质小微企业，助推建成城乡融合发展格局。银行业金融机构聚焦乡村振兴战略、县域经济发展、城乡居民消费理财等，不断促进新型城镇化、农业现代化同步发展、城乡居民持续增收。

牢牢把握满足人民美好生活向往奋斗目标。银行大力支持脱贫攻坚、教育现代化等民生工程，促进社会的公平和谐。共享发展注重机会公平，促进社会和谐，让人民群众物质更富足、精神更富有、生活更幸福。银行业机构围绕教育、医疗、公共文化、住房租赁、扶贫等基本民生需求领域，以综合金融服务支持优质民企和经营性事业单位的金融需求。

2. 依法合规经营，内控质量不断强化

推进合规文化建设，切实加强合规政策培训工作，开展形式多样、内容丰富的合规培训，对监管政策法规进行讲解，提高培训效率和覆盖率；针对新出台的监管政策，高级管理人员带头学习，及时传导到每一个基层网点、每一位基层员工；组织风险合规知识竞赛，掀起"学合规、讲合规、重合规"的热潮，银行业营造了浓厚的合规氛围。

改进合规绩效考评，银行业不断完善绩效考评体系和机制，加大对风险管理类和合规经营类指标权重；向下级机构分解任务时，充分考虑其经营管理能力、金融服务水平和合规管理能力，纠正"重规模扩张、轻合规管理"的行为。

开展合规风险排查，各银行机构定期组织对各项业务开展全面排查，逐户、逐笔分析业务经营合规性、风险管理可靠性、客户和交易对手风险变化性等因素，找出违规点和风险点，采取控制措施加以整改。

3. 有效防范金融风险，风控质量持续向好

银行经营的核心是控制风险，面对错综复杂的经济金融形势，银行业发展坚持底线思维、分类施策、稳妥推进、标本兼治，注重摸清风险底数、健全风险管理机制，坚守高质量发展底线。

摸清风险底数。各银行坚持突出重点、全面检测、及早预警思路，明确统一认定标准，定期对不良贷款风险、流动性风险、交叉性金融风险、房地产领域风险、地方政府债务风险等进行检测；加大风险排查和压力测试力度，有针对性地制定制度和办法，将逾期 90 天以上贷款分步或全部计入不良，资产质量显著好转。2016 年 32 家上市商业银行不良认定偏离度为 0.96，2018 年偏离度降至 0.78，随着监管形势趋严，商业银行不良认定标准越来越严格。从各类型银行看，2018 年大型商业银行、股份制商业银行、城市商业银行和农商行不良认定偏离度分别为 0.72、0.92、0.88、0.71，均较 2016 年有不同程度的降低，大型商业银行、股份制商业银行、部分城商行和农商行先后将逾期 90 天以上贷款全部纳入不良。

转变风控模式。银行业积极应对资产质量管控压力，提升主动经营风险能力，32 家上市商业银行 RAROC[①] 由 2016 年的 11.55% 上升至 2018 年的 13.04%；受银行利息净收入回升，预期损失下降影响，风险调整后收益较 2016 年提升 33.3 个百分点，风险和收益的平衡能力有所增强。主要原因如下：一是向事前风险管理转变，加强行业风险的前瞻性研究，构建良好的风险文化，引导一线业务人员加强事前尽调，推进风险排查、合规检查的常态化，提升考核机制中风险的权重，推动全员重视事前风险防控。二是向主动风险管理转变，树立经济利润而非会计利润为核心的管理模式，业务创利充分考虑对拨备、风险资本的扣除，也根据业务发展、流动性及风险状况的变化，灵活调整风险偏好，提升主动经营风险能力。三是向全面风险管理转变，从客户、行业、产品等维度完善风险限额管理，加强集团客户涵盖信贷、非信贷全口径的风险统一管理，防范大额授信、过度授信风险，向全风险、全机构、全流程的全面风险管理模式转变。

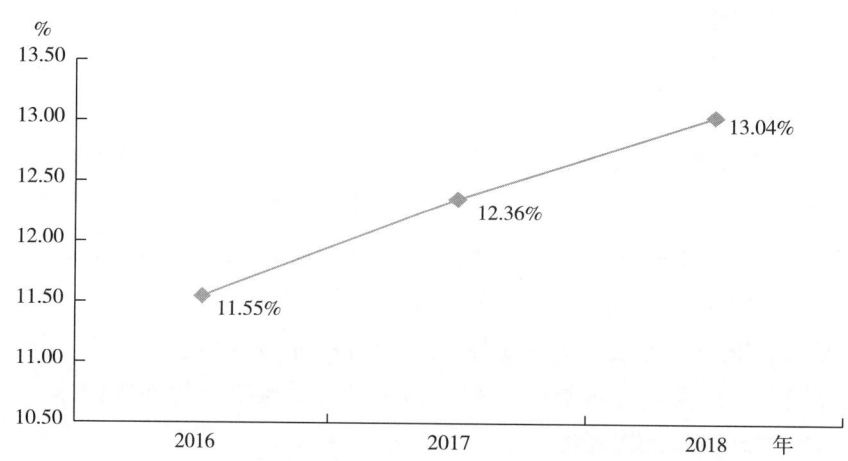

数据来源：中国银行业发展报告课题组根据公开信息整理。

图 4 - 1 2016—2018 年 32 家上市商业银行 RAROC 平均值

此外，银行业金融机构加强资产质量迁徙趋势分析，增加利润留存，及时足额计提资产减值准备，增强风险缓释能力，针对信用风险计提的减值准备较为充足，风险抵补能力较强。银行业金融机构通过上市融资、增资扩股、发行新型资本工具等措施，多渠道补充资本，资本充足率稳中有升。

---

① 适当变换 RAROC 计量模型，以"逾期 90 天以上贷款×120%"代替"预期损失"，以"风险加权资产×10.5%"代替"经济资本"，计算各家商业银行 RAROC 管理水平。

四、进一步深化银行业高质量发展

1. 坚持服务实体，抓住银行经营本质

服务实体是银行业实现高质量发展的前提和基础。一是发挥自身优势，实现差异化和特色化经营。解决金融供给和需求错配、竞争激烈和服务短缺并存的问题，识别、培育、提升核心竞争力，聚焦特定区域、行业、客户、产品，精耕细作，构建国有、民营、外资和大、中、小型银行协同发展的新格局。二是加强对民生领域、重点产业和薄弱环节的支持。围绕教育、医疗、公共文化、住房租赁、扶贫等民生需求领域，以综合金融服务带动资产投放；重点加大对基建、军工、核心技术研发、绿色经济等重点产业服务；支持消费升级、"三农"、小微等领域，抢抓乡村振兴战略等机遇，大力发展普惠金融，助推建成城乡融合发展格局。三是坚持以客户为中心。现阶段，产业结构加速调整，居民消费方式和观念产生巨大变化，银行业应加强金融服务场景化、平台化发展，以定制化便捷化的服务，逐步完善全渠道体验。

2. 坚持效益优先，把握质量增长主线

商业银行高质量发展不能简单追求规模最大化，应以促进银行价值可持续增长为目标，探索出一条速度、规模、结构、效益、质量兼顾之路。一是向"轻银行"转变。资本已成为银行发展中所面临的最为突出的约束条件，以"轻"资本、"轻"资产、"轻"负债、"轻"收入结构、"轻"运营为特点的"轻银行"将是银行业高质量发展的首选。二是提升服务水平。高质量发展银行要向多元中介转型，通过"高频"的产品、"主动"的服务、"高体验"的渠道等方面，提升基础服务能力和水平，转变单一盈利模式，通过优化利润结构稳住发展主线。三是加强成本管理力度。"开源"的同时做好"节流"，要摒弃盲目增设分支机构和营业网点的方式促进银行发展，按网点、业务以及客户来实施综合的成本管理，将有限的费用资源更多利用与拓展维护，提高资金利用率。

3. 坚持管理提升，优化完善体制机制

扎实的基础管理工作是银行业高质量发展的重要保障。一是完善公司治理结构，夯实高质量发展的"地基"。各商业银行应尊重市场，关注利益相关者的权益，同各"利益相关方"实施积极的"共同治理"，既要防一股独大滋生关联套利，又要防中小股东"免费搭车"，同时要警惕国际投机资本对金融机构的侵吞，切实保障存款人权益。二是以全面风险管理为手段，坚守高质量发展"底线"。加强风险管理与发展战略对接，构建全风险类别、全集团、全流程的风险管理新模式，充分利用大数据技术实现全流程监测，推进前、中、后台间互联互通。三是以人为核心强化基础管理工作，抓住高质量发展的"生命线"。从严从紧内控合规管理、内部监督和审计监督，约束员工，通过内控合规文化建设，引导合规意识和行为；发挥纪检、审计、内部巡查等监督执纪的合力，

真正起到警示教育作用；优化薪酬费用管理体系，激励员工，激发动力，增强活力，实现共同发展。

4. 坚持科技引领，推动银行效率变革

高质量发展要求商业银行从效率方面加速变革。银行业应充分运用金融科技的力量，从战略高度推进智慧金融的创新发展，重塑发展模式，按照"终端移动化、流程线上化、服务智能化"的思路，形成全渠道的客户服务能力。一是前端推进数字化服务，顺应客户行为习惯变化趋势，实现线下业务线上化，以移动银行建设为契机，与客户建立在线的营销、交易、服务触点或界面，释放网点产能，提高资源利用效率，提升客户服务体验。二是中端加强数字化运营，将智能科技融入客户服务中，建立客户统一信息视图，真正了解客户，制定不同层级客户服务标准和流程，创新数字化驱动产品；强化风控的数据化决策，设计差异化的授信和风险管理标准。三是后端完善数字化管理，运用数字化技术，改造业务后台操作流程，对流程进行精简、再造、转移，不断提高流程处理效率；加强资产负债、财务、人力资源等管理领域的信息化建设，实现可视化管理，提升内部管理效能。

二、资产业务篇

2018 年，商业银行以服务实体经济为主线，稳步加大信贷投放力度，努力降低实体经济融资成本。积极创新服务产品和模式，加大对民营企业、小微企业的支持力度，资产结构不断优化，绿色信贷规模迅速增长，非信贷资产业务规模及占比大幅下降，资产质量基本稳定。在守住不发生系统性金融风险的同时，进一步增强了服务实体经济质效，实现了自身稳健发展。展望 2019 年，随着实体经济金融需求的增加及可投资领域的拓展，商业银行资产规模增速有望继续提升，资产结构进一步优化，并继续推进各类资产业务转型创新。

第五章

公司贷款业务转型提质

2018 年，银行业金融机构深入贯彻供给侧结构性改革，信贷投放规模稳步增加，公司贷款结构持续优化，企业融资成本有所下降，支持实体经济力度不断增强。公司贷款业务转型更加注重提质增效，通过统筹好存量与增量、信贷与非信贷、表内与表外、境内与境外，提高资产配置效率，积极践行金融供给侧结构性改革。创新金融服务，加大对民营企业、小微企业的支持力度；强化联动，增强公司金融服务多样性；平台化运营，打造场景化服务能力；重视资产流转，提高公司业务效能。

一、公司贷款业务助力经济高质量发展

1. 对公贷款增速加快，支持实体经济力度不断加大

2018 年，为深入贯彻供给侧结构性改革、提升实体经济服务质效，金融机构信贷投放力度有所加大，实体经济支持力度不断增强。截至 2018 年末，金融机构本外币贷款余额 141.75 万亿元，同比增长 12.9%。其中，本外币非金融企业及机关团体贷款余额 89.03 万亿元，较 2017 年末增长 9.89%，同比增速高出 1.1 个百分点；全年增加贷款 8.01 万亿元，同比多增 1.46 万亿元。

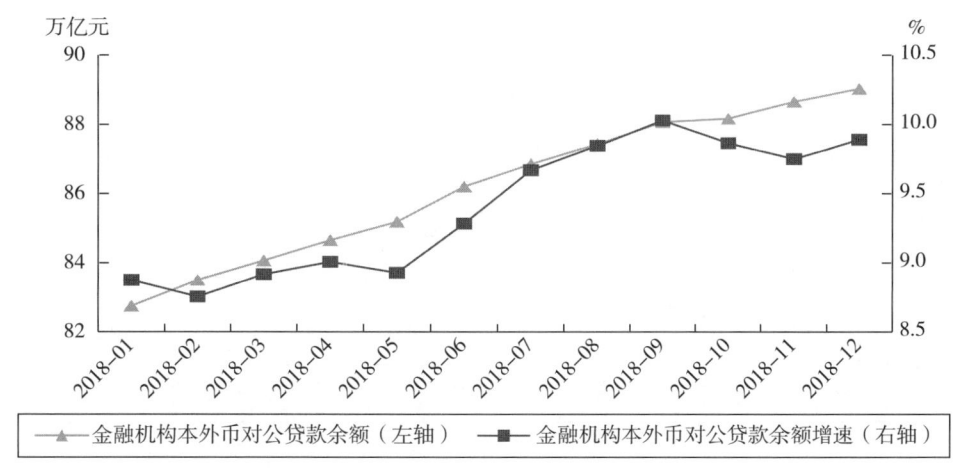

数据来源：中国人民银行，Wind。

图 5－1　2018 年金融机构本外币对公贷款余额及增速

值得关注的是，2018 年票据融资增长 48.59%，远超一般贷款增速的 7.66%。票据市场的火热与经济下行压力密切相关，一方面，企业中长期项目投资意愿减弱，倾向于通过低成本的票据融资满足流动性需要；另一方面，银行风险偏好下降，增加票据贴现有助于调节信贷额度，并满足监管考核要求。

表 5 - 1　金融机构非金融企业及机关团体贷款结构　　单位：万亿元，%

	2018 年	2017 年	增速（同比）
非金融企业及机关团体贷款	89.03	81.02	9.89
其中：一般贷款	80.8	75.05	7.66
票据融资	5.78	3.89	48.59
融资租赁	2.26	1.93	17.10
各项垫款	0.19	0.15	26.67

数据来源：中国人民银行。

2. 中长期贷款比重不断攀升，信贷期限结构持续优化

从期限上看，2018 年末，金融机构本外币对公短期贷款余额 29.47 万亿元，同比增长 1.09%；对公中长期贷款余额 51.33 万亿元，同比增长 11.85%，增速高于短期贷款增速。在一般贷款中，中长期贷款余额比重达到 63.53%，同比增长 3.88%；年内新增中长期贷款比重较上年提高 14.61 个百分点，达到 94.48%。央行 MLF 操作的适时开展，推动了信贷期限结构的持续优化，弥补了银行体系中长期流动性缺口，更多的中长期信贷匹配了企业生产经营周期，满足了企业中长期建设资金需求，有力地支撑了实体经济的转型升级。

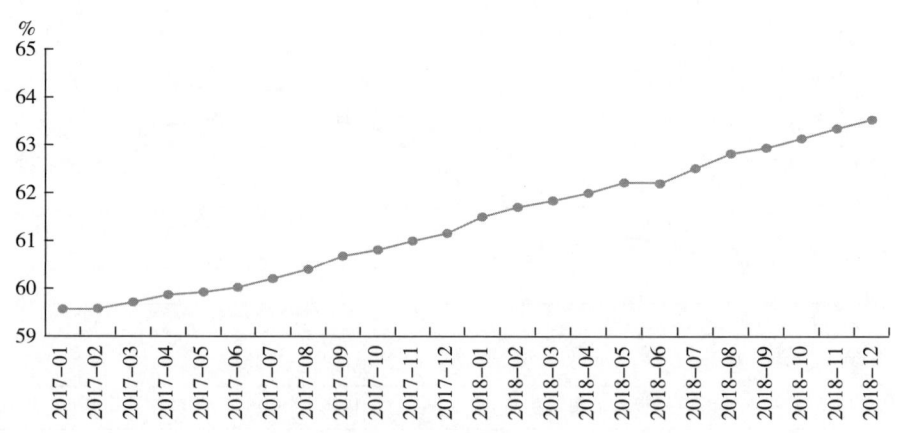

数据来源：中国人民银行。

图 5 - 2　金融机构本外币对公中长期贷款比重

3. 沿海地区信贷总量充裕，部分中西部地区增速后来居上

从区域上看，在公布本外币对公贷款余额数的 27 个省级行政区中，2018 年底，广东的数据最高，达到 7.93 万亿元，西藏的数据最低，为 0.40 万亿元。信贷资金主要集聚于东部沿海地区，并在区域间形成东—中—西方向逐级递减的层级梯度；但对公贷款增速在区域间的分布相对分散，一些对公贷款余额总量较低的中西部地区，增速反而高于余额总量较高的沿海地区，例如，2018 年增速前三位的贵州（17.62%）、江西（17.37%）、湖北（15.09%）都是中西部省区，增速明显要高于北京（2.50%）、上海（9.71%）、江苏（10.69%）等沿海地区。中西部欠发达地区信贷投放的加大，有助于加快当地金融发展，进而带动经济增长提速，实现区域协调发展。

4. 贷款行业结构微调，制造业信贷投放趋缓

从已披露的大型商业银行和股份制商业银行年报来看，2018 年，商业银行公司贷款主要集中在制造业，交通运输、仓储和邮政业，电力、热力、燃气及水生产和供应业，租赁和商务服务业，批发和零售业，水利、环境和公共设施管理业，房地产业等行业。与 2017 年相比，行业信贷结构的变化主要体现在两个方面：一是制造业贷款占比普遍下降，但下降幅度并不大。随着供给侧结构性改革的深入推进，经济结构优化升级加快，商业银行制造业信贷投放更加有针对性地聚焦于高新行业，在传统行业、产能过剩行业领域逐步收缩，资产结构进一步优化。从整体看，制造业信贷规模增速趋缓，行业占比有所下滑；二是房地产业贷款占比普遍上升，但上升幅度并不大。可能源于 2018 年商品房新开工增速的强劲，以及银行推进棚户区改造、租赁住房贷款业务等原因。

5. 对重点领域、薄弱环节支持力度进一步加大

在加大民营小微企业支持力度的政策指引下，普惠口径小微贷款投放持续攀升。截

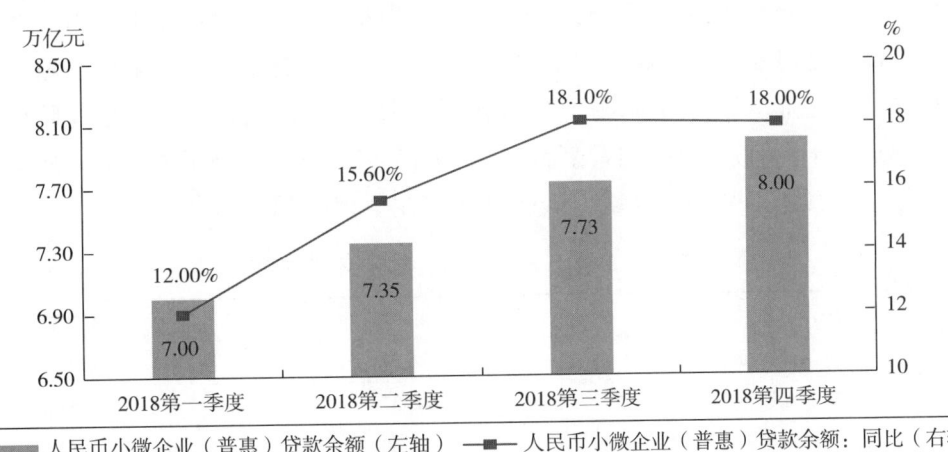

数据来源：中国人民银行，Wind。

图 5−3　普惠口径人民币小微企业贷款余额及增速

至 2018 年末，普惠口径小微贷款余额 8 万亿元，全年新增 1.22 万亿元，较上年末多增 6143 亿元，同比增速 18%，比上年末提高 8.2 个百分点。民营企业及个人本外币贷款余额占非金融部门贷款余额的 61.6%，较上年末提高 0.7 个百分点。民营企业贷款余额 42.9 万亿元，占国有企业、民营企业贷款余额之和的比重为 47.4%，与国有企业贷款余额 47.7 万亿元、52.6% 的占比大体相当。2018 年末，农户生产经营贷款余额 5.06 万亿元，同比增长 7.6%，增速比上年末高 1.1 个百分点，全年增加 3583 亿元，同比多增 710 亿元。

6. 坚持绿色发展理念，绿色信贷规模快速增长

近年来，随着绿色金融理念落地生根，绿色信贷规模迅速增长，越来越多的资金流向了绿色产业和绿色项目。2018 年末，本外币绿色贷款余额 8.23 万亿元，全年增加 1.13 万亿元，占同期新增对公贷款的 14.2%；余额同比增长 16%，高于同期对公贷款增速 6.1 个百分点。绿色金融的加速推进，有助于实现经济效益与社会效益的双丰收，为高质量发展阶段铺设出一条"点绿成金"的可持续道路。

分用途看，2018 年末，绿色交通运输项目与可再生能源及清洁能源项目贷款余额分别为 3.83 万亿元和 2.07 万亿元，全年新增分别为 5858 亿元和 2337 亿元，同比增速分别为 18.1% 和 12.7%。分行业看，交通运输、仓储和邮政业与电力、热力、燃气及水生产和供应业绿色贷款余额分别为 3.66 万亿元、2.61 万亿元，全年新增分别为 5954 亿元、2892 亿元；同比增长分别为 19.4%、12.5%。

7. 公司贷款资产质量承压，但总体可控

2018 年，在宏观经济下行压力加大、企业债务违约事件频发的背景下，前三季度银行业不良率连续上升，但后期受关注贷款率整体下降，上述趋势得到遏制，表现为第四季度银行业不良率环比下降，不良压力好于市场预期。从上市银行年报来看，各家银行公司贷款不良率升降不一，但整体呈高位企稳状态，不良贷款增加较多的行业仍集中于制造业和批发零售业。鉴于目前国内外经济形势不甚明朗，结合前期积累风险或将逐步暴露、小微贷款不良容忍度预期提高等因素，2019 年，银行业公司贷款资产质量可能还会面临一定压力，特别是部分区域、行业可能存在"黑天鹅"事件。

表 5 – 2   部分上市银行公司类贷款不良贷款率   单位：%

银行名称	2018 年	2017 年
中国工商银行	2.07	1.97
中国农业银行	2.37	2.54
中国建设银行	2.60	2.58
招商银行	2.13	2.50
中信银行	2.61	2.27
浦发银行	2.21	2.98

银行名称	2018 年	2017 年
民生银行	1.54	1.52
光大银行	1.96	1.93
平安银行	2.68	2.22
上海银行	1.50	1.48
杭州银行	1.84	1.49
郑州银行	2.94	1.75
青岛农商银行	1.40	1.39
青岛银行	2.12	1.92

注：本表统计 A 股上市银行中披露相关数据的银行。

数据来源：上市银行年报。

二、公司贷款业务转型注重提质增效

1. 回归本源，加大对民营经济支持力度

2018 年，部分民营企业经营风险上升，小微企业融资难、融资贵问题更为突出。面对实体经济出现的新挑战、新特点，监管部门支持民营、小微经济发展的相关政策密集出台。商业银行积极行动，持续扩大小微、民营企业等重点领域和薄弱环节信贷投放。

2018 年第三季度开始，主要商业银行纷纷出台针对性支持政策，明显加大对民营企业的支持力度。一是加强资源投放倾斜力度，通过增加信贷投放，综合运用表内外融资、债券承销、资产证券化等多种渠道，实现民营企业贷款增速和增量稳步提升。二是加强创新产品与服务模式，优先满足数字经济、智能制造、绿色制造、新兴动能等重点领域融资需求。三是加强服务针对性，通过信用风险缓释工具、担保增信等多种方式，为流动性遇到暂时困难的民营企业提供支持。四是加强考核激励机制，通过优化绩效考核、差别化信贷政策、提高考核权重、给予专项激励等方式引导信贷资源优先配置到重点薄弱领域。五是完善尽职免责机制，规定授信业务岗位职责要求，明确和细化尽职免责条款、程序和管理要求，打消各级客户经理、审查审批人员对办理民营企业和小微企业授信业务的顾虑。

2. 强化联动，增强公司金融服务多样性

随着企业需求向多元化、个性化、专业化方向发展，传统的公司贷款工具已无法完全满足企业的金融需求。2018 年，商业银行公司贷款业务与其他业务的联动不断加强，为客户提供组合化的产品和服务。

一是公小联动，解决小微企业融资中的痛点和难点。2018 年，商业银行通过公小联动支持小微企业的趋势非常明显。商业银行以客户需求为立足点，通过大公司业务板块

融合发展的策略，助力小微企业发展，将公司业务中已经成熟的金融科技应用到小微企业业务中，构建数字化、标准化、流程化中小业务模式，聚焦民企和中小企业的融资特点，持续提升业务自助性和操作标准化水平，有效提升线上模式对公司贷款的覆盖度。

二是投贷联动，同时满足企业的直接和间接融资需求。2018 年，商业银行积极开展投贷联动的方式为企业提供融资服务。各家银行纷纷加强业务联动，为客户提供"一站式"综合金融服务。有些银行还积极融合多方力量综合服务科技型成长企业，为企业提供多样化投贷联动服务。

三是跨界联动，为企业提供综合化金融服务。随着产业边界越来越模糊，企业整合产业上下游及合作伙伴，打造新型生态圈的需求越来越强烈，商业银行需要为企业构建经营场景闭环，重塑价值链，构筑多方共赢可持续发展的环形市场。在这个过程中，商业银行需要借助外部机构的技术和资源，商业银行开始探索跨界与金融科技公司、政府部门等合作联动，充当连接、整合的角色，通过优势互补跨界开展公司业务。

未来，商业银行公司业务与其他业务的联动将越来越紧密，公司贷款已不是一项割裂的业务和产品，银行的公司金融服务也将因此获得新的生命力，在服务实体经济的过程中发挥更重要的作用。

3. 平台化运营，打造场景化服务能力

伴随数字经济的深入推进和信息技术的加速迭代，商业银行也在进行数字化转型，金融科技与银行业的深度融合已经成为不可逆转的趋势。其中，应用互联网技术构建平台化经营模式已经成为商业银行推进数字化转型，提升公司贷款业务服务水平的重要方向。从商业银行实践来看，目前存在以下三种主流平台化运营模式。一是基于供应链金融的平台化服务模式，为企业搭建囊括业务流、信息流、资金流、物流的财资管理开放应用平台。二是基于与互联网公司合作的平台化服务模式。众多互联网平台基于不同的线上场景（如医疗健康、车位买卖、房屋租赁等），拥有大量细分市场高粘性客群，银行通过与这些大大小小的互联网平台联动合作，开展了差异化的平台化服务。三是基于API（Application Progamming Interface，应用程序编程接口）拓展的平台化服务模式。相比于传统的手机银行、网上银行等客户接触渠道，API 能将银行服务嵌入到各个合作伙伴的平台和业务流程中，实现银行服务和客户应用场景的无缝对接。

随着金融科技的进一步发展和银行客户金融需求的多元化发展，通过平台化运营将是商业银行对公资产业务转型的重要方向。一是进一步推动银行内外部数据融合和使用。二是进一步推动场景嵌入。三是进一步打造智能银行。银行业务的智能化程度将会越来越高，平台化服务将在其中起到放大器作用。

4. 重视资产流转，提高公司业务效能

2018 年，商业银行积极加速资产流转，为公司贷款业务创造更多的增长空间。

一是发展交易银行。国际经验表明，交易银行是商业银行实现从资产持有型银行向

资产交易型银行转型的必由之路。据统计，全球领先银行的公司银行业务综合风险加权资产回报率为2.3%，净资产回报率为8%。其中，交易银行业务风险加权资产回报率平均为5.3%，净资产回报率超过15%，传统信贷业务则只有2.5%和8%。交易银行具有"轻资本、高流转、弱周期"等显著特点，有利于商业银行的长期可持续发展。

二是设立金融资产投资公司。2018年6月，银保监会发布《金融资产投资公司管理办法（试行）》，鼓励商业银行通过金融资产投资公司开展市场化债转股业务。目前，大型商业银行已经成立了金融资产投资公司，其他银行也正在计划设立。商业银行通过出让未核销的贷款，为资产端腾出信贷额度增长空间，从而能够促进公司贷款业务的进一步发展。

三是推动资产证券化。目前各家银行都在积极通过信贷资产证券化加速资产流转，腾挪出表内空间。2018年，资产证券化市场规模继续保持快速增长，其中信贷ABS发行9318.35亿元，同比增长56%，存量达到15208.11亿元，同比增长67%。公司信贷类资产支持证券（CLO）发行980.56亿元。2018年不良贷款资产证券化发行规模为158.81亿元，发行数量为34单，均高于2017年的水平。资产证券化对加快商业银行公司贷款额度的循环利用起到了重要的作用。

未来，商业银行将会更加重视资产流转在提高公司业务效能方面的作用，通过升级交易银行、设立金融资产投资公司、加快推进资产证券化等方式，不断优化公司业务结构，平衡存量和增量的关系，实现公司业务的高质量发展。

专栏5-1　银行业践行普惠金融

党中央、国务院高度重视普惠金融发展，2018年，银保监会将发展普惠金融作为服务实体经济、推动供给侧结构性改革、落实新时代发展理念和"乡村振兴战略"的重要途径，进一步做好顶层设计，建立推进普惠金融发展工作协调机制，协同各部门、各地出台了一系列措施，引导督促各机构推动普惠金融发展。银行业认真领会各项政策精神，积极主动地投入到普惠金融发展的全过程之中，围绕小微企业、"三农"、扶贫等普惠金融服务重点，做了许多卓有成效的实际工作，普惠金融呈现出蓬勃向上的良好态势。

一、大型商业银行发挥"头雁"作用，进一步提升普惠金融服务能力

普惠金融事业部运行机制日益完善。2017年，银保监会发布《大中型商业银行设立普惠金融事业部实施方案》以来，大型商业银行纷纷设立普惠金融事业部。2018年，大型商业银行在支持小微方面力度空前，完成了"两增两控"目标，较好地发挥了"头雁"作用，普惠型小微企业贷款余额和覆盖面大幅提升。截至2018年末，大型商业银行普惠金融小微贷款余额约2.3万亿元。

日趋完善的普惠金融服务体系提升了银行业普惠金融服务能力，给小微企业带来实实在在的好处。银保监会要求商业银行实行内部的价格成本核算，把信贷资金更多地向小微企业倾斜；鼓励有条件的银行业金融机构在市场上发行专项金融债，扩大为小微企业提供服务的资金来源；鼓励大型商业银行和政策性银行更多地向中小金融机构提供长期稳定低成本的资金；要求最大程度地减少和取消所有贷款利率以外的各种收费，多种措施并举以推动降低小微企业融资成本。大型商业银行的资金成本、经营成本较低，在小微企业利率定价中具有比较优势。截至 2018 年 12 月末，大型商业银行第四季度新发放普惠型小微企业贷款比第一季度利率降低了 1 个多百分点。

为提高小微企业贷款可得性，降低融资成本，2018 年，我国成立了专门的融资担保基金。7 月底，国家融资担保基金有限责任公司正式成立。相比以往的担保公司，新成立的担保基金覆盖范围和规模将不断扩大，更有利于降低小微企业融资成本，从而从根本上提高普惠金融服务能力。

二、持续优化普惠金融供给体系，实现"真普惠"和"大普惠"

2018 年，人民银行、银保监会等五部委出台政策，加大金融机构小微企业财税优惠政策支持力度；要求各商业银行完善、落实尽职免责制度；在计算资本充足率时，对小微企业贷款给予低于大中型企业贷款的风险权重；增加小微企业不良贷款容忍度等，为金融机构服务小微企业发展提供了良好的政策支持，普惠金融供给体系进一步优化。

除大型商业银行以外，其他各类商业银行也在不断加大服务小微企业、"三农"、扶贫的力度，而且也在和工商税务、扶贫等相关部门以及保险机构加强合作、加强产品和服务的融合，促进普惠金融发展。股份制商业银行共设立 5147 个小微支行、社区支行。大多数银行设立了小微业务专门部门或专营机构。截至 2018 年末，全国小微企业贷款余额 33.49 万亿元，占各项贷款余额的 23.81%。2018 年末，本外币涉农贷款余额 32.68 万亿元，同比增长 5.6%，全年增加 2.23 万亿元。2018 年，通过"银税互动"信贷产品发放的小微企业贷款余额 2799.89 亿元。信用保险和贷款保证保险累计帮助 62.25 万家小微企业获得银行贷款 867.73 亿元。据国务院扶贫办统计，2015 年以来已经为 1300 万贫困户累计发放扶贫小额信贷 5200 亿元，这些贷款是以邮储银行、农村商业银行和农信社为主力发放的。

农村商业银行、农信社、村镇银行覆盖面增大，扎根农村、贴近农业、服务农民，普惠金融服务能力增强。农村商业银行从 2017 年末的 1262 家增加至 2018 年末的 1427 家，村镇银行从 2017 年末的 1562 家增加至 2018 年末的 1616 家。增加的农村商业银行有一部分是从农信社改制而来，它们改善了治理结构，提高了抗风险能力，开展业务的资质逐渐增多，更有利于发挥其在开展普惠金融中的作用。2018 年，我国完善村镇银行准入政策，开展投资管理型村镇银行和"多县一行"制村镇银行试点。2019 年 4 月，常熟银行获批筹建首家投资管理型村镇银行。投资管理型村镇银行可以在全国范围内开展村镇银行兼并收购，从而突破异地业务限制，更好地服务实体经济、支持小微企业发展。

我国近年来加快金融体系改革，设立民营银行和直销银行开展普惠金融服务。自从 2014 年试点开始，开业的民营银行已经达到 18 家。2018 年，这些新生力量的品牌影响力不断提升，在利用金融科技和平台服务能力方面持续创新，他们的成长模式为银行的普惠金融服务提供了新的标杆。

三、用好数字普惠金融的各类新兴工具，进一步打通"最后一公里"

在发展普惠金融和解决小微企业融资难的过程中，最突出的困难和挑战是信息不充分、不对称问题。数字普惠金融技术在这方面可以发挥重要作用，已经广泛应用于互联网支付、网络借贷、数字保险、财富管理等。金融科技正在经历着从 2.0 时代向"智能化"3.0 时代转变，要利用更多的金融科技手段，包括人工智能、云计算、大数据、区块链等，来收集各类信息，进行综合判断，提高对小微企业、"三农"贷款的风险评估和审批效率。同时，加强和相关部门的信息共享，包括各级地方政府、小微企业相关主管部门，包括工商、税务甚至公安、司法等方面的相关信息，以利于及时、高效地提供相应的金融服务和支持。

数字普惠金融技术以数字化、平台化、移动化为基本特征，不仅有效降低获客成本、风险甄别成本和经营成本，还为解决信息不对称提供了新的途径。中国建设银行打破信息壁垒，将内外部海量信息数字化、规划化、关联化，运用大数据分析为客户精准画像创造条件。值得一提的是，银行和第三方金融科技公司的合作，也正在如火如荼地进行。未来，中国银行业将通过打造包括征信、风控、信贷、支付、理财等在内的互联网金融生态闭环，进一步提升数字普惠金融服务能力。

专栏 5 - 2　绿色金融与银行业发展

2018 年，银行业绿色金融快速发展。绿色金融制度建设加快，绿色信贷制度、绿色债券制度、绿色标准以及绿色金融激励约束政策不断完善。银行业绿色金融市场持续扩大，绿色信贷超过 9 万亿元，走向规模化；银行发行的绿色债券仍在整个中国绿色债券市场占据主导位置。银行业金融机构绿色金融实践加强，各类银行绿色金融实践深化。

一、绿色金融制度建设加快

2018 年是十九大后的开局之年，也是"十三五"规划的关键年。在 2018 年 5

月召开的全国生态环境保护大会上，确立了我国新时代生态文明建设思想，在该思想的指导下，我国绿色发展不断深化，污染防治攻坚战全面部署，生态文明体制机制更加完善，绿色金融体系也在制度创新的引领下不断向前推进。绿色信贷制度越来越完备。一方面，银保监会出台了以《绿色信贷指引》为核心、绿色信贷统计制度和评价制度为基石的较为完整的绿色信贷政策框架体系，同时中国银行业协会公布了《中国银行业绿色银行评价实施方案（试行）》，明确了评价指标设计、评价工作的组织流程及评价结果的合理运用，并在 2018 年开展了首次年度绿色银行评价工作。另一方面，2018 年人民银行为了配合绿色信贷宏观审慎考核，印发《关于建立绿色贷款专项统计制度的通知》和《银行业存款类金融机构绿色信贷业绩评价》。

绿色债券制度体系不断发展。我国建立了包括绿色金融债、绿色企业债、绿色公司债、非金融企业债务融资工具以及绿色认证、信息披露、存续期管理等相对完善的绿色债券政策体系，并一跃成为全球最大的绿色债券发行国之一。

多方推进绿色金融信息披露。上市公司环境信息披露方面，七部委《关于构建绿色金融体系的指导意见》的分工方案已经明确，要建立强制性上市公司披露环境信息的制度。上市公司环境信息披露工作实施方案分为三步走，到 2020 年 12 月前强制要求所有上市公司进行环境信息披露；金融机构环境信息披露标准方面，国有银行和大中商业银行会按照《绿色信贷指引》的要求在其年报和社会责任报告中披露当年绿色信贷及实现的环境效益；绿金委牵头中英金融机构开展环境信息披露试点和研究工作。

绿色金融标准体系建设取得重大突破。绿色金融标准既可以防范在绿色金融发展过程中出现"洗绿"风险，也为绿色金融的扶持政策的出台和实施提供坚实的基础和依据。2019 年 3 月，七部委联合印发《绿色产业指导目录（2019 年版）》，该《目录》首次从产业的角度全面地界定了全产业链的绿色标准与范围，是我国绿色金融标准建设工作中取得的一项重大突破，绿色信贷标准和绿色债券标准都将其作为基础在进行修订过程中。

绿色金融激励约束政策加快出台。全国层面，将绿色信贷纳入 MPA 考核以及绿色信贷与绿色债券纳入货币政策操作的合格担保品范围，并研究降低绿色资产风险权重。在地方层面，部分地方也出台绿色金融激励措施。目前除了 5 省 8 市在积极建设国家级绿色金融改革试验区外，全国还有 20 多个地方出台了地方绿色金融发展规划和实施意见，对绿色债券、绿色信贷等制定了很多激励性的措施，如对绿色信贷、绿色债券贴息、担保和补贴等。如四川省针对省地方法人银行业金融机构发行绿色金融债券，最高补贴 500 万元；江苏省对绿色债券给予 30% 的贴息。

二、银行业绿色金融市场持续扩大

1. 绿色信贷走向规模化发展

绿色信贷规模稳定增长。截至 2018 年末，我国绿色信贷余额已超过 9 万亿元，自 2013 年以来，绿色信贷年均增长率超过 13%，绿色信贷余额占全部信贷比重大体保持在 9% 左右。绿色信贷资产质量保持较低的不良率，多年保持了较好的资产质量。

2. 银行绿色债券占据市场主导

从全球视角来看，根据气候债券倡议组织的统计数据，2018 年中国绿色债券发行量占全球市场份额的 18%，是全球绿色债券市场的第二大发行来源。其中，兴业银行 2018 年在国内发行了 600 亿元的绿色金融债，并在国际同时发行了境外绿色债券，成为全球第二大发行人，也是中国最大的发行人，累计发行额达到 1192 亿元人民币。

从国内来看，2018 年我国国内绿色债券发行量小幅增长。根据 Wind 统计，2018 年国内绿色债券共发行 128 只，发行总额为 2203.53 亿元，其中金融债 38 只，发行额 1289.2 亿元；企业债 21 只，发行额 213.7 亿元；公司债 33 只，发行额 376.49 亿元；中期票据 18 只，发行额 182.8 亿元。

从我国绿色债券存量结构来看，绿色金融债占据主导地位。根据 Wind 数据，截至 2018 年末，国内绿色债券余额为 6553.43 亿元，其中绿色金融债券余额为 4338.4 亿元，占比约为 66%，绿色债券数量合计 297 只，其中绿色金融债 101 只，占比约为 34%。

从发行主体性质来看，我国绿色金融债的发行主体以商业银行为主，其中发行数量以城市商业银行为主导，发行总额以股份制商业银行为主导。根据 Wind 绿色债券概念板块统计，按发行主体类型对绿色金融债进行分类，从发行数量来看，城市商业银行合计发行 63 只，占比 60%；农商行 13 只，占比 12%；政策性银行 12 只，占比 11%。从发行总额来看，股份制商业银行 1600 亿元，占比 39%；城市商业银行 1395 亿元，占比 34%；国有商业银行 500 亿元，占比约为 12%；政策性银行 480 亿元，占比约为 12%。

三、银行业积极加强绿色金融实践

从绿色信贷融资余额来看，截至 2018 年末，国家开发银行、工商银行、建设银行、农业银行和兴业银行的绿色信贷余额排名前 5 位，信贷规模共计超过 5 万亿元。

我国各类银行绿色金融逐渐深化，各类银行中都不乏在绿色金融方面积极探索的成功实践。大型银行（包括开发性银行和政策性银行）由于其所处的特殊战略地位，注重包括绿色发展、精准扶贫、污染防治、"三农"、小微等在内的平衡发展，这些银行均按照监管要求，建立了绿色信贷管理办法和绿色信贷的管理委员会，将绿色信贷作为重要的工作之一。中型股份制商业银行主要依托与国际机构（如世界银行、国际金融公司、法国开发署等）、政府部门的合作发展绿色金融，建立绿色金融品牌。小型区域性城商行和农商行则主要与外部机构和当地政府紧密合作，寻求绿色金融与普惠金融的协同发展。

第六章

个人贷款业务发展势头良好

当前，消费需求的升级蕴含着大量的金融需求，带动了个人贷款业务的增长。商业银行自身也在积极向零售业务转型，个人贷款业务在商业银行信贷业务中的占比持续提升，个人贷款质量进一步改善。随着个人业务同质化竞争的加剧，商业银行需积极探索新的业务模式和运营模式，推动个人贷款业务加快转型。

一、个人贷款业务较快增长

2018 年，金融机构对住户部门①发放的贷款规模日益增长，服务产品不断增多，有效满足了住户部门的金融需求。具体来看，2018 年个人贷款业务日渐成为商业银行零售转型的发力重点，个人贷款规模及占比稳步提升，个人住房贷款增速及占比双双回落，消费贷款成为商业银行零售转型的抓手，信用卡业务仍是各家商业银行零售业务的重点产品。主要特点如下：

1. 个人贷款规模及占比稳步提升

截至 2018 年底，金融机构共对住户部门发放贷款 47.90 万亿元，同比增长 18.22%，增速高于同期贷款增速 5.37 个百分点；同时，住户部门贷款在资产业务中的比重不断提升，截至 2018 年底，住户部门贷款规模占境内贷款总额的比重为 33.79%，高于去年同期 1.53 个百分点；此外，住户部门新增贷款 7.38 万亿元，同比多增 2383 亿元。可以看出，在商业银行转型中，个人贷款仍是商业银行信贷业务的发力重点，个人贷款占比在不断提升。但从增速看，2018 年银行业金融机构对住户部门发放贷款同比增长 18.22%，增速较 2017 年末低 3.18 个百分点，增速连续两年下滑，从侧面反映出金融机构更加注重住户部门贷款质量，不再单纯追求速度的提升。

2. 个人住房按揭贷款增速及占比双双回落

在"房子是用来住的，不是用来炒的"定位下，我国房地产市场进入了相对平稳的发展阶段。各金融机构结合当地实际，积极调整住房政策，重点支持居民购买自住房需求，个人住房贷款增速及占比双双回落。截至 2018 年末，个人住房贷款余额为 25.8 万亿元，同比增长 17.8%，增速比 2017 年末低 4.4 个百分点；个人住房贷款全年新增 3.9

---

① 住户部门由住户和为其服务的非营利机构组成的部门构成，但住户部门占绝大比重。因此，一般情况下，可以将住户部门等同于个人。但是在引用相关数据时，为了严谨性，仍使用央行统一口径，即"住户部门"，下同。

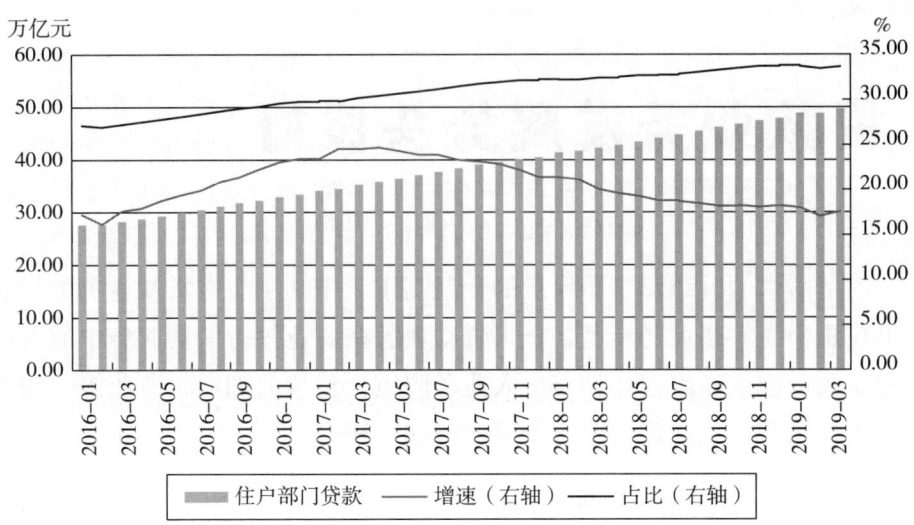

数据来源：Wind。

图 6 - 1　金融机构对住户部门发放的境内贷款余额

万亿元，与 2017 年持平；新增个人住房贷款金额占住户部门新增人民币贷款总量的比重为 52.88%，较 2017 年末下滑 1.71 个百分点。可以看出，随着房地产市场进入平稳发展阶段，个人住房按揭贷款也在逐步回归理性，增速与占比双双回落。

表 6 - 1　个人住房贷款余额及增速　　　　　　　单位：万亿元，%

时间	项目			
	个人住房贷款余额	同比增速	个人住房贷款新增额	占住户部门人民币贷款增量的比重
2016 - 03	14.10	26.50	1.00	79.69
2016 - 06	15.40	32.20	2.30	77.79
2016 - 09	16.80	34.90	3.70	78.18
2016 - 12	18.00	38.10	4.90	77.25
2017 - 03	19.10	35.60	1.10	59.23
2017 - 06	20.10	30.80	2.10	55.48
2017 - 09	21.10	26.20	3.10	53.97
2017 - 12	21.90	22.20	3.90	54.58
2018 - 03	22.90	20.00	1.00	56.71
2018 - 06	23.80	18.60	1.90	52.60
2018 - 09	24.97	17.90	3.07	53.89
2018 - 12	25.80	17.80	3.90	52.88

数据来源：Wind。

　　商业银行在发力个人住房贷款的同时，也在积极创新服务模式，不仅促使了房地产回归居住本源，还为其赢得了新的消费金融和新服务业态群体。展望 2019 年，在中央

"房住不炒"的定位下，住建部将"稳地价、稳房价、稳预期"列入了2019年十项重点任务之首，预计，房地产市场的平稳健康发展仍将是2019年的主基调。在此背景下，商业银行也要结合房地产市场走势，进一步优化房贷结构，如进一步加大对首套刚需、改善需求的支持力度，同时，围绕住房租赁市场，积极创新业务模式，加大对租房市场的支持力度，助力房地产长效机制的建立。

3. 消费贷款成为商业银行零售转型的抓手

根据人民银行统计口径，个人住房按揭贷款属于住户部门消费性贷款的子项，且一般为中长期贷款，因此在个人住房按揭贷款增速回落的影响下，消费性贷款及中长期贷款增速均在下滑。需要注意的是，短期消费性贷款增速仍保持较快增长。

消费性贷款仍是住户部门贷款的主力。从占比看，2018年末，住户部门消费性贷款余额为37.80万亿元，占住户部门贷款的比重为78.92%，占比较2017年提升1.1个百分点；从增速看，2018年末，住户部门消费性贷款同比增长19.89%，增速较2017年末低5.91个百分点，同期，住户部门经营性贷款同比增长12.34%，低于消费性贷款增速。可以看出，商业银行在向零售转型的过程中纷纷把消费贷款业务作为突破口和发力点。

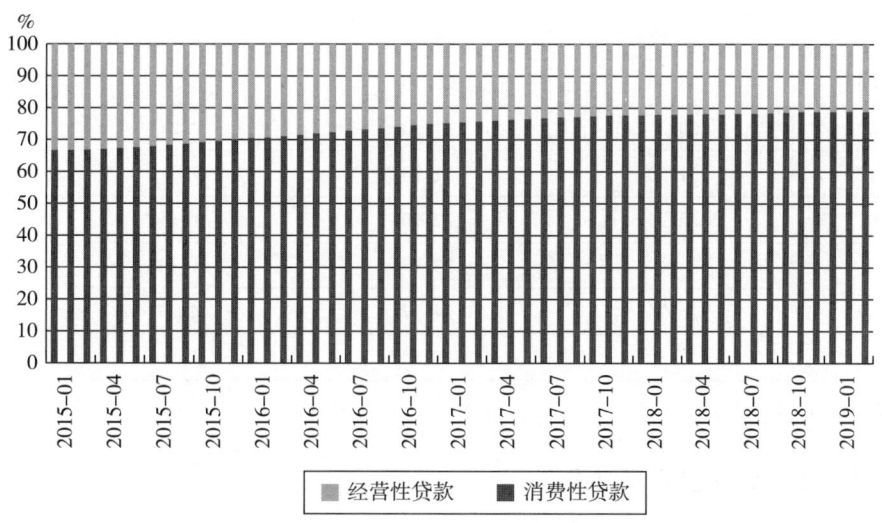

数据来源：Wind。

图6-2 消费性贷款在住户部门中的占比

需要注意的是，不管是剔除个人住房按揭贷款后的消费性贷款还是短期消费信贷数据，虽然与2017年相比已有明显回落，但仍保持了较高增速。从剔除个人住房按揭贷款后的消费信贷数据看，2018年末，剔除个人住房按揭贷款后的消费性贷款余额为12万亿元，同比增长24.61%，增速较2017年末降低11.82个百分点。从短期贷款数据看，2018 年末，住户部门短期消费贷款余额为 8.81 万亿元，同比增长 29.30%，增速较 2017 年末回落 8.58 个百分点；短期贷款新增 2.0 万亿元，较 2017 年增加 0.2 万亿元。从侧面可以看出，在国家对房地产加强调控的背景下，2017 年异常高速增长的短期消费贷款在逐步回落，个人消费信贷业务中违规流入房地产领域的资金或在逐步退出。

进入 2019 年，随着楼市"小阳春"的开启，个人短期贷款增速再次引起市场关注。央行数据显示，3 月住户部门新增短期贷款为 4288 亿元，创下了历史新高。究其原因，一方面或与中小银行纷纷向零售转型、发力消费信贷业务有关；另一方面，也不排除部分消费信贷资金违规进入楼市和资本市场，需加以关注。

表6-2 剔除个人住房贷款后消费贷款余额　　　　单位：万亿元，%

时间	指标名称			
	消费性贷款余额	个人住房贷款余额	剔除个人住房贷款后消费贷款余额	同比增速
2016－03	20.08	14.10	5.98	22.98
2016－06	21.71	15.40	6.31	19.50
2016－09	23.40	16.80	6.6	18.46
2016－12	25.06	18.00	7.06	20.42
2017－03	26.69	19.10	7.59	26.90
2017－06	28.46	20.10	8.36	32.48
2017－09	30.21	21.10	9.11	38.03
2017－12	31.53	21.90	9.63	36.41
2018－03	32.95	22.90	10.05	32.41
2018－06	34.47	23.80	10.67	27.63
2018－09	36.24	24.97	11.27	23.71
2018－12	37.80	25.80	12.00	24.61

数据来源：Wind。

4. 信用卡业务实现量质双提升

2018 年，在居民消费升级的背景下，信用卡业务仍是各大银行零售业务的重点，信用卡发卡量和信贷总额均保持较快增长。数据显示，截至 2018 年底，信用卡和借贷合一卡累计发行 6.86 亿张，同比增长 16.67%，较同期借记卡增速高 3.47 个百分点，发卡量仍保持较高速增长；信用卡期末信贷总额为 15.40 万亿元，同比增长 23.40%，增速较 2017 年底下降 13.14 个百分点；信用卡应偿还信贷总额为 6.85 万亿元，同比增长 23.20%，增速较 2017 年末降低 13.75 个百分点。此外，信用卡资产质量进一步提升，截至 2018 年底，信用卡逾期半年未偿还信贷总额占比为 1.16%，较 2017 年底进一步下滑 0.1 个百分点。

表6-3 信用卡业务实现量、质双提升　　　　单位：万张，亿元，%

时间	指标名称					
	发卡量	期末信贷总额	期末应偿信贷总额	期末应偿信贷总额同比	逾期半年未偿信贷总额	逾期半年未偿信贷总额占比
2017-03	49000.00	98500.00	42700.00	35.56	604.70	1.50
2017-06	52000.00	108400.00	46900.00	31.37	650.69	1.47
2017-09	55200.00	119100.00	51700.00	36.77	662.71	1.36
2017-12	58800.00	124800.00	55600.00	36.95	663.11	1.26
2018-03	61200.00	131400.00	58000.00	35.83	711.48	1.23
2018-06	63800.00	139800.00	62600.00	33.48	756.67	1.21
2018-09	65900.00	146900.00	66100.00	27.85	880.98	1.34
2018-12	68600.00	154000.00	68500.00	23.20	788.61	1.16

数据来源：Wind。

5. 个人贷款不良率进一步降低，风险控制较好

随着宏观经济的稳中向好，个人资产质量稳步提升。据22家[1]披露相关数据的上市银行显示，2018年个人贷款及垫款不良率进一步降低，仅为0.64%，较2017年进一步降低了0.21个百分点，低于同期公司贷款及垫款不良率0.96个百分点。个人贷款资产质量较高，也是各家银行先后转型零售业务的重要原因之一。

表6-4 上市银行不良贷款情况　　　　单位：%

年份	指标名称	
	个人贷款及垫款不良率	企业贷款及垫款不良率
2016	1.0382	2.2327
2017	0.8552	2.0322
2018	0.6366	1.6028

数据来源：上市银行年报。

二、零售业务转变发展模式

近年来，在金融脱媒、利率市场化和互联网金融的影响下，商业银行纷纷向零售银行转型，零售银行业务逐渐成为银行创收的"发动机"。从近期公布的上市银行年报中可以看出，早期发力零售业务的商业银行，如今零售转型成效日益凸显。

展望2019年，央行提出要稳妥推进利率"两轨并一轨"，完善市场化的利率形成、

---

[1] 22家披露相关数据的银行为：工商银行、农业银行、建设银行、中信银行、民生银行、招商银行、光大银行、浙商银行、上海银行、甘肃银行、锦州银行、广州农商银行、天津银行、重庆银行、盛京银行、重庆农村商业银行、徽商银行、青岛银行、九台农商银行、哈尔滨银行、郑州银行、中国邮政储蓄银行。

调控和传导机制。在此背景下，商业银行过去以服务大客户为主的服务模式将进一步受到挑战，亟须进一步拓展零售银行业务。对于尚处在零售转型的银行来说，在吸取成功银行先进经验的基础上，也需要结合监管趋势、零售业务特点及自身禀赋做好定位和转型，推动零售业务的健康发展。

1. 组织架构向子公司转型

随着金融科技的发展、个人征信体系的完善以及居民消费需求的增长，消费金融业务进入了蓬勃发展期。为进一步拓展传统信贷难以覆盖的长尾客群，丰富消费场景，商业银行不断谋求组织架构转型，如设立消费金融子公司，深耕个人消费金融业务。数据显示，截至 2018 年底，我国共有 23 家消费金融公司，其中商业银行入股或控股的消费金融公司有 20 家，占比接近 9 成。从上市银行所披露的年报可以看出，消费金融子公司对商业银行自身的利润贡献度不断增强。对于城商行等区域银行来说，设立消费金融公司有助于其打破地域限制，进而实现跨区经营，进一步增强了商业银行设立消费金融子公司的积极性。此外，随着监管政策的推进，信用卡等其他个人业务的子公司制运作模式或将成为商业银行组织架构向子公司转型的另一个重点方向。

2. 产品定位向差异化转型

梳理上市银行年报可以发现，信用卡和住房按揭贷款在各家银行都是零售业务增长的主力，但是各家银行的产品发展策略存在较大的不同。个人住房按揭贷款一直是我国消费金融的主要组成部分，但由于其期限长、资金需求量大等特点，大型商业银行通常将个人住房按揭贷款作为个人金融的核心业务。而对于股份制商业银行来说，其创新能力较强、体制相对灵活，其侧重围绕多样化的信用卡、便捷的个人消费信贷等产品拓展个人业务。"得零售者得天下"，但背后需要有竞争力的产品和敏捷的反应机制做支撑。未来不管零售业务如何转型，最终的落脚点永远是有特色的、具有竞争力的产品体系。因此，商业银行要结合自身的资源禀赋，围绕自身客户，做精、做专零售业务，打造特色产品体系。

3. 业务模式向开放化转型

近年来，开放银行模式在全球范围内逐步被采纳并迅速发展，其中美国、欧洲发展势头迅猛。澳大利亚、新加坡、日本、韩国也随之相继推出金融共享战略。国际上许多传统商业银行也在逐步意识到金融数据开放的机遇，并积极践行金融数字化，发展开放银行。开放化将成为商业银行业务模式转型的重要方向。对于不同的银行，其开放的模式或许存在不同。对于大型银行来说，其科技实力较强且客户基础好，这种情况下可以采取开放平台模式，将各类生态引入本行业务平台；对于中小银行来说，可以采取产品输出模式或者第三方平台接入的模式，将产品以 API 的形式嵌入到各个场景和生态中，达到获客和引流的目的；而对于小银行来说，可以采用微信银行等方式来推广产品。

4. 服务场景向生态化转型

消费场景是发展消费金融的基础。商业银行可通过与大型互联网公司合作或自建场景等方式切入客户生活应用场景，提供针对性的金融产品。如从未来消费增长较快的买车、购买奢侈品、海外旅游、保健医疗等消费场景切入，提供消费信贷、出国金融产品等。商业银行可依托自有 APP 自建平台生态，将金融服务转变为不同生活场景下的自带需求，从而以场景吸引客户，在场景内无声提供智能化金融服务，实现生态闭环。同时，银行业金融机构可依托乡村振兴战略，向农村地区延伸服务触角，构建农村消费金融场景。乡村振兴战略的实施打开了农村金融市场的发展空间，银行业金融机构可进一步开发农村金融业务场景，创新农村金融服务产品，延伸金融服务触角。

第七章

非信贷资产业务差异化发展

2018 年，在防风险、强监管的环境下，上市银行非信贷资产业务规模及占比大幅下降，各类机构和各项业务发展存在显著差异。2019 年，外部经济环境总体趋紧，经济仍存在下行压力，稳增长政策力度可能加大，非信贷资产业务有望恢复增长。

一、非信贷资产业务发展差别明显

1. 非信贷资产规模有所下降

截至 2018 年末，30 家沪深两市上市银行[①]非信贷资产规模为 483515.40 亿元，同比减少 7.80%，非信贷资产在总资产中的占比为 30.31%，同比降幅达 4.7 个百分点。分季度看，30 家上市银行非信贷资产规模在第一季度增长了 1.72%，第二季度小幅下降了 0.31%，第三季度上升了 2.25%，第四季度则大幅减少了 11.08%，主要是因为 2018 年银行业延续了严监管的态势，监管机构出台了一系列银行业市场监管政策，深入整治银行业市场乱象尤其是理财和同业等业务的违规现象，重罚违规银行，从大型商业银行、股份制商业银行到城市商业银行和农村商业银行，无一不被处罚，加上行业竞争日益剧烈，业务利润率降低，至第四季度，上市银行大幅缩减非信贷资产业务，使得非信贷资产规模同比大幅下滑。非信贷资产在总资产中的占比则逐季降低，至第四季度，降至各季最低值 30.31%。

表 7 - 1   上市银行非信贷资产规模及占比   单位：亿元，%

指标	2018 年 第一季度	2018 年 第二季度	2018 年 第三季度	2018 年 第四季度
非信贷资产规模	533451.82	531819.86	543782.13	483515.40
环比增长	1.72	-0.31	2.25	-11.08
非信贷资产占比	34.89	34.79	34.30	30.31

数据来源：Wind。

① 30 家沪深上市银行指 5 家大型商业银行：工商银行、农业银行、中国银行、建设银行和交通银行，8 家股份制商业银行：招商银行、浦发银行、兴业银行、中信银行、民生银行、平安银行、光大银行和华夏银行，17 家城市商业银行：北京银行、南京银行、宁波银行、上海银行、江阴银行、无锡银行、贵阳银行、张家港银行、江苏银行、杭州银行、常熟银行、吴江银行、郑州银行、青农商行、长沙银行、成都银行和紫金银行（不含青岛银行和西安银行，因其相关数据不全）。

2. 各类银行非信贷资产规模变化差异大

2018年，大型商业银行非信贷资产规模增减交错；股份制商业银行各季均为负增长，其中第四季度负增长了28.48%，表明股份制商业银行受强监管、严惩治政策的影响最大，大幅收缩理财、同业等非信贷资产业务；城市及农村商业银行除第一季度小幅减小外，其他各季均为小幅正增长。大型商业银行非信贷资产占比各季均保持在30%~32%，变化幅度小；股份制商业银行非信贷资产占比呈现逐季下降趋势，除第四季度外，其他各季均高于大型商业银行；城市及农村商业银行非信贷资产占比从第二季度开始，逐季小幅减少，但各季均不低于47%，显著高于大型商业银行和股份制商业银行。这主要是因为规模越小的银行，在客户获取、产品与服务提供以及品牌知名度等方面，与规模大的银行比处于劣势，在信贷业务领域无法跟规模大的银行竞争，因而就越有动力去发展非信贷资产业务。

表7-2 不同类型上市银行非信贷资产规模及占比　　单位：亿元，%

银行机构		2018年第一季度	2018年第二季度	2018年第三季度	2018年第四季度
大型商业银行	非信贷资产规模	319527.16	318485.70	334244.85	315384.02
	环比增长	4.20	-0.33	4.95	-5.64
	非信贷资产占比	31.82	31.72	31.96	30.23
股份制商业银行	非信贷资产规模	154059.38	153026.33	148424.72	106148.39
	环比增长	-2.28	-0.67	-3.01	-28.48
	非信贷资产占比	38.04	37.79	35.94	25.11
城市及农村商业银行	非信贷资产规模	59865.28	60307.83	61112.56	61982.99
	环比增长	-0.41	0.74	1.33	1.42
	非信贷资产占比	49.96	50.33	48.24	47.87

数据来源：Wind。

3. 上市银行买入返售及各项金融投资大幅减少

2018年，上市银行买入返售资产从第二季度开始逐季大幅减少，至第四季度，规模减少到各季最低水平22721.19亿元，在非信贷资产中的占比到第三季度降至各季最小值4.49%。拆出资金规模逐季增长，至第四季度末，达到各季最高水平42671.60亿元，在非信贷资产中的占比也达到各季最高值8.83%。存放同业和其他金融机构款项增减交错，在第一季度末增至各季最高值24393.00亿元，至第四季度末，在非信贷资产中的占比升至各季最大值4.70%。各项金融投资在前三个季度均小幅增长，到第四季度，则大幅减至395383.54亿元，为各季最低水平，使得其在非信贷资产中的占比也降至各季最低值 81. 77%。这主要是因为监管部门大力整顿银行业市场乱象在第四季度收到了明显的效果。

表 7 - 3　上市银行非信贷资产构成规模及占比　　　单位：亿元，%

银行机构		2018 年第一季度	2018 年第二季度	2018 年第三季度	2018 年第四季度
买入返售	规模	31054. 55	26014. 70	24417. 88	22721. 19
	环比增长	12. 67	- 16. 23	- 6. 14	- 6. 95
	占比	5. 82	4. 89	4. 49	4. 70
拆出资金	规模	34311. 80	37255. 25	40317. 59	42671. 60
	环比增长	1. 47	8. 58	8. 22	5. 84
	占比	6. 43	7. 01	7. 41	8. 83
存放同业和其他金融机构款项	规模	24393. 00	22440. 21	22783. 01	22739. 06
	环比增长	3. 52	- 8. 01	1. 53	- 0. 19
	占比	4. 57	4. 22	4. 19	4. 70
各项金融投资	规模	443692. 47	446109. 70	456263. 64	395383. 54
	环比增长	0. 96	0. 54	2. 28	- 13. 34
	占比	83. 17	83. 88	83. 91	81. 77

注：各项金融投资包括衍生金融资产、贵金属投资、以公允价值计量且其变动计入当期损益的金融资产，以及以摊余成本计量的金融资产、以公允价值计量且其变动计入其他综合收益的金融资产或者可供出售金融资产、持有至到期投资、应收款项类投资等。

数据来源：Wind。

4. 各类银行非信贷资产业务发展差别明显

2018 年，由于面临的内外部经营条件及追求的经营目标不同，不同类型上市银行在买入返售、拆出资金、存放同业和其他金融机构款项以及各项金融投资等非信贷资产业务领域的发展上，存在明显的差异。

买入返售领域，大型商业银行增速增减交错，至第四季度，规模降至 16871. 35 亿元，为各季最低水平。股份制商业银行在第一和第四季度大幅增长，而在第二和第三季度则大幅下跌，在第三季度降至各季最低水平 3317. 60 亿元。城市及农村商业银行除了在第二季度正增长外，其他各季均为负增长，至第四季度，降至各季最低值 1704. 81 亿元。在非信贷资产中的占比，除了在第三季度股份制商业银行处于各类上市银行各个季度最高水平外，大型商业银行各季均高于股份制商业银行以及城市和农村商业银行，股份制商业银行又高于城市和农村商业银行。

拆出资金领域，大型商业银行除了在第一季度是负增长外，其余各季均为正增长，至第四季度，规模达到 28260. 82 亿元，为各季最大值；在非信贷资产中的占比逐季提升，至第四季度，达到各季最高水平 8.96% 。股份制商业银行及城市和农村商业银行的规模和在非信贷资产中的占比，各季均为正增长，至第四季度，股份制商业银行的规模和占比分别达到各季最高水平 11869.78 亿元和 11.18% ，城市和农村商业银行的规模和占比也分别达到各季最大值 2541.00 亿元和 4.10% 。

存放同业和其他金融机构款项领域，大型商业银行在第二季度是负增长，规模为各季最低值 13929.77 亿元，其他季度均为正增长，在非信贷资产中的占比，在第二和第三季度均为 4.37% ，为各季最小值。股份制商业银行在第一和第四季度是负增长，在第二和第三季度则为正增长，在第三季度达到各季最高峰 5694.01 亿元，而在非信贷资产中的占比，则是逐季提升，至第四季度，升至 5.15% 。城市及农村商业银行的规模及在非信贷资产中的占比各季均为大幅负增长，至第四季度，分别减至各季最低水平 2187.33 亿元和 3.53% 。

在各项金融投资领域，大型商业银行在前三季度均为正增长，在第四季度出现负增长，使规模减至各季最低值 255170.40 亿元，在非信贷资产中的占比也降为各季最低水平 80.91% 。股份制商业银行的规模在各季均为负增长，其中第四季度负增长了 33.98% ，至第四季度，减至最小值 84663.30 亿元，从而使其在非信贷资产中的占比降至各季最低值 79.76% 。城市及农村商业银行的规模逐季增长，至第四季度，增至各季最高水平 55549.84 亿元，在非信贷资产中的占比也升至各季最大值 89.62% 。在各类上市银行中，大型商业银行各项金融投资规模各季均为最大，其次是股份制商业银行，城市及农村商业银行最小；城市及农村商业银行各项金融投资在非信贷资产中的占比各季均高于股份制商业银行，股份制商业银行又高于大型商业银行，除第四季度外。

表 7-4　不同类型上市银行非信贷资产构成规模及占比　　单位：亿元，%

银行机构			2018年第一季度	2018年第二季度	2018年第三季度	2018年第四季度
大型商业银行	买入返售	规模	21834.09	17749.81	19287.18	16871.35
		环比增长	15.43	-18.71	8.66	-12.53
		占比	6.83	5.57	5.77	5.35
	拆出资金	规模	23235.03	24520.61	26762.43	28260.82
		环比增长	-1.77	5.53	9.14	5.60
		占比	7.27	7.70	8.01	8.96
	存放同业和其他金融机构款项	规模	15872.14	13929.77	14601.87	15081.45
		环比增长	21.64	-12.24	4.82	3.28
		占比	4.97	4.37	4.37	4.78
	各项金融投资	规模	258585.90	262285.51	27359.34	255170.40
		环比增长	3.01	1.43	4.31	-6.73
		占比	80.93	82.35	81.85	80.91

续表

银行机构			2018 年 第一季度	2018 年 第二季度	2018 年 第三季度	2018 年 第四季度
股份制 商业 银行	买入返售	规模	7166.02	5970.33	3317.60	4145.03
		环比增长	11.85	-16.69	-44.43	24.94
		占比	4.65	3.90	20.24	3.90
	拆出资金	规模	8953.49	10539.28	11054.37	11869.78
		环比增长	11.23	17.71	4.89	7.38
		占比	5.81	6.89	7.45	11.18
	存放同业和 其他金融 机构款项	规模	5400.88	5694.01	5810.59	5470.28
		环比增长	-20.84	5.43	2.05	-5.86
		占比	3.51	3.72	3.91	5.15
	各项金融 投资	规模	132538.99	130822.71	128242.16	84663.30
		环比增长	-2.81	-1.29	-1.97	-33.98
		占比	86.03	85.49	86.40	79.76
城市及 农村 商业 银行	买入返售	规模	2054.44	2294.56	1813.10	1704.81
		环比增长	-8.37	11.69	-20.98	-5.97
		占比	3.43	3.80	2.97	2.75
	拆出资金	规模	2123.28	2195.36	2500.79	2541.00
		环比增长	0.54	3.39	13.91	1.61
		占比	3.55	3.64	4.09	4.10
	存放同业和 其他金融 机构款项	规模	3119.98	2816.43	2370.55	2187.33
		环比增长	-15.51	-9.73	-15.83	-7.73
		占比	5.21	4.67	3.88	3.53
	各项金融 投资	规模	52567.58	53001.48	54428.11	55549.84
		环比增长	0.96	0.83	2.69	2.06
		占比	87.81	87.88	89.06	89.62

数据来源：Wind。

二、非信贷资产业务有望保持平稳发展

2019 年，我国经济开局较好，企稳迹象初现，体现在工业生产有所加快、服务业出现较快增长、投资稳步回升等方面。经济的高质量发展，为商业银行非信贷资产业务发展创造了良好的宏观环境。预计 2019 年商业银行非信贷资产业务有望恢复增长。

直接融资领域仍有较大的发展空间。直接融资是助推资本形成、降低企业杠杆率的关键，监管部门把发展直接融资特别是股权融资放在突出位置，大力推进多层次、多元化、互补型股权融资渠道的形成，同时积极支持债券市场品种创新，发展可交换债、绿色债、项目收益债等品种，实现债券市场数量与质量的并重发展。因此，2019 年商业银

行资本市场业务孕育着较大机会。

资产证券化业务虽然经历了快速发展阶段，但相较于债券市场及存量资产情况，仍处于初级发展阶段。无论是去杠杆还是盘活存量资产，资产证券化都是一个重要的金融工具。随着从业人员专业化程度的提升、市场环境的改善以及资产种类的突破创新，作为标准化的、具备流动性的产品，商业银行资产证券化业务未来或将迎来大发展。

2019 年，受中美经贸争端和国际政局变化等因素的影响，资本市场、汇率市场和大宗商品市场存在较大的不确定性，市场主体的汇率、利率、信用和大宗商品等避险需求增加，为商业银行固定收益、货币及大宗商品业务发展带来良好机遇。

三、负债业务篇

　　受经济增速放缓、金融脱媒持续深化等因素影响，2018 年，银行业负债业务发展持续放缓。截至 2018 年末，商业银行总负债为 193.49 万亿元，同比增长 6.28%，较 2017 年下降 1.7 个百分点。存款业务总体平稳发展，增速略有下降；非存款负债业务进一步规范，同业和其他金融机构存放款项呈现小幅下降，同业存单市场发行规模增速大幅放缓，非存款负债成本有所下降。2019 年，银行业负债业务增速有望保持平稳增长，但负债业务仍将面临资金来源竞争加剧、存款利率定价更加灵活等挑战。商业银行要多措并举持续推进经营转型，加强金融产品创新，提升金融服务水平，提高资金获取能力，合理运用多元化负债工具，推动负债业务稳健发展。

第八章
存款业务保持平稳发展

2018 年，银行业存款规模平稳增长，增速有所下降。存款结构分化明显，企业存款增速继续下降；居民存款增速回升，外币存款同比下降。2019 年，银行业存款增速有望企稳回升，但存款增长的约束因素依然存在。商业银行将进一步实行更加灵活的差异化定价策略，加大客户拓展力度，加强存款产品创新，提高精细化管理水平，多措并举做好存款吸收和结构优化工作，促进存款业务稳健发展。

一、本外币各项存款增速稳中略降

1. 各项存款平稳增长，增速继续下降

2018 年 12 月末，金融机构本外币各项存款余额为 182.52 万亿元，比 2017 年末增加 13.24 万亿元，同比增长 7.82%，增速比 2017 年下降 1.05 个百分点，增速继续放缓。其中，人民币存款余额为 177.52 万亿元，比 2017 年末增加 13.42 万亿元，同比增长 8.18%。从各月份来看，全年本外币各项存款同比增速基本呈现缓慢下降趋势，12 月有所反弹。1 月存款增速最快，为 10.32%，11 月增速最慢，为 7.31%。

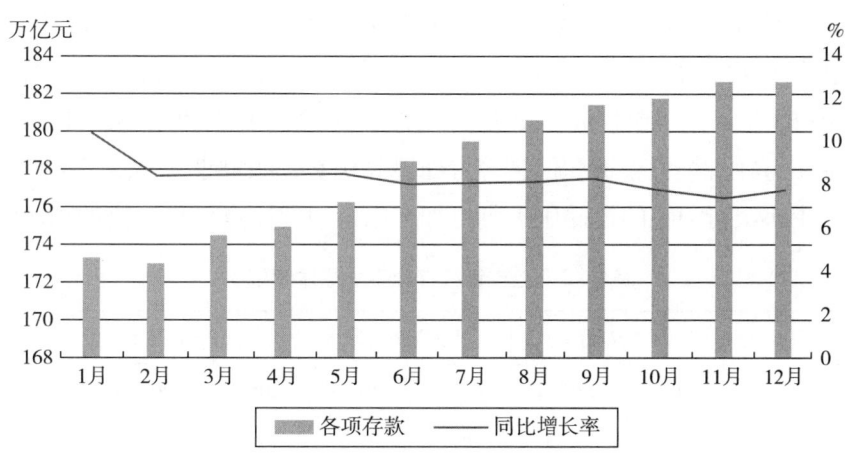

数据来源：中国人民银行。

图 8-1　2018 年金融机构本外币各项存款余额及同比增长情况

2. 住户存款占比提高，非金融企业存款占比下降

截至 2018 年末，金融机构本外币境内存款为 180.16 万亿元，占全部存款的 98.71%；

本外币境外存款 2.36 万亿元，占比为 1.29%。其中，住户存款 72.44 万亿元，占全部存款的 39.69%，较 2017 年末提高 1.17 个百分点；非金融企业存款 58.91 万亿元，占比 32.28%，较 2017 年末下降 1.49 个百分点；政府存款 32.63 万亿元，占比 17.88%，较 2017 年末下降 0.17 个百分点；非银行金融机构存款 16.17 万亿元，占比 8.86%，较 2017 年末提高 0.50 个百分点。从客户结构看，对公存款和住户存款均实现良好增长，住户存款同比增速更高，在全部存款中的占比较 2017 年提高。2018 年资本市场表现低迷，部分互联网金融平台风险暴露，居民避险情绪升温，因此住户存款增长较快。

表 8-1   2018 年金融机构本外币存款结构状况   单位：万亿元，%

		1 月	占比	12 月	占比	占比较 2017 年末变化
境内存款		171.04	98.71	180.16	98.71	0.00
其中	住户存款	66.07	38.13	72.44	39.69	1.17
	非金融企业存款	57.18	33.00	58.91	32.28	-1.49
	政府存款	31.96	18.45	32.63	17.88	-0.17
	非银行业金融机构存款	15.82	9.13	16.17	8.86	0.50
境外存款		2.23	1.29	2.36	1.29	0.00
各项存款		173.27	100.00	182.52	100.00	

数据来源：中国人民银行。

3. 存款成本略有上升

从行业结构来看，2018 年大型商业银行存款成本较低，与 2017 年相比基本保持平稳，股份制商业银行存款成本较高，与 2017 年相比上升明显，城商行存款成本高于前两者，与 2017 年相比略有上升。存款成本上升，反映出 2018 年银行业整体面临较大的揽储压力。大型商业银行在规模、渠道和信誉等方面更具优势，吸储能力强，在经营中能够较好地控制成本，中小银行面临的揽储压力则更加突出，因此愿意付出更高的成本吸收存款。

表 8-2   上市银行存款平均成本率情况   单位：%

银行	个人定期存款		个人活期存款		公司定期存款		公司活期存款	
	2017 年	2018 年	2017 年	2018 年	2017 年	2018 年	2017 年	2018 年
工商银行	2.44	2.43	0.39	0.38	2.24	2.30	0.67	0.70
建设银行	2.26	2.36	0.30	0.30	2.27	2.34	0.66	0.70
农业银行	2.47	2.47	0.41	0.51	2.44	2.56	0.64	0.71
中国银行	2.71	2.68	0.62	0.66	2.73	2.77	0.62	0.65
邮储银行	2.03	2.03	0.31	0.31	2.17	2.12	0.67	0.99
大型商业银行小计	2.38	2.39	0.41	0.43	2.37	2.42	0.65	0.75

银行	个人定期存款		个人活期存款		公司定期存款		公司活期存款	
	2017 年	2018 年	2017 年	2018 年	2017 年	2018 年	2017 年	2018 年
招商银行	2.06	2.69	0.37	0.33	2.46	2.75	0.73	0.81
浦发银行	2.71	3.61	0.29	0.29	2.41	2.77	0.76	0.90
中信银行	2.30	2.89	0.27	0.28	2.52	2.95	0.83	0.89
兴业银行	3.45	3.44	0.30	0.30	2.84	3.22	0.68	0.75
民生银行	2.26	2.76	0.39	0.47	2.51	3.12	0.90	0.97
平安银行	3.24	3.88	0.31	0.30	2.85	3.25	0.62	0.63
光大银行	2.76	3.26	0.41	0.41	2.71	2.95	0.70	0.74
华夏银行	2.86	3.00	0.26	0.30	2.30	2.57	0.73	0.74
股份制商业银行小计	2.71	3.19	0.33	0.34	2.58	2.95	0.74	0.80
上海银行	2.96	2.96	0.30	0.30	2.80	3.05	0.67	0.66
南京银行	3.38	3.67	0.72	0.76	2.72	3.12	0.82	0.86
宁波银行	3.11	2.95	0.34	0.36	2.23	2.22	1.09	1.21
成都银行	2.67	2.85	0.39	0.39	2.26	2.36	0.77	0.75
无锡银行	3.04	3.00	0.43	0.40	3.39	3.14	0.71	0.61
常熟银行	3.23	3.30	0.34	0.31	2.39	2.49	0.93	0.81
苏农银行	2.97	2.95	0.39	0.34	1.92	2.09	0.76	0.78
贵阳银行	3.22	3.59	0.37	0.39	3.07	3.06	0.57	0.68
郑州银行	2.68	3.14	0.48	0.56	3.77	4.37	0.52	0.53
长沙银行	—	2.97	—	0.87	—	3.12	—	0.57
青岛银行	2.88	3.20	0.36	0.31	2.59	2.78	0.66	0.72
紫金银行	—	2.95	—	0.30	—	2.02	—	0.60
城商行小计	3.01	3.13	0.41	0.44	2.71	2.82	0.75	0.73
上市银行合计	2.70	2.90	0.38	0.40	2.55	2.73	0.71	0.76

注：部分银行年报未披露相关数据。

数据来源：中国银行业发展报告课题组根据公开信息整理。

4. 活期存款占比下降

从上市银行年报数据看，2018 年末的活期存款占比与 2017 年同期相比下降 3.1 个百分点。大型商业银行、股份制商业银行、城商行的活期存款占比均有不同程度下降。2018 年部分企业融资受阻，工业企业利润、对外净出口增长乏力，对企业流动性造成压力，导致企业活期存款萎缩。

表 8-3 上市银行活期存款总额及占比情况　　　单位：亿元，%

银行	2017 年			2018 年		
	活期存款	存款总额	占比	活期存款	存款总额	占比
工商银行	98902.00	192263.50	51.40	103363.20	214089.30	48.30
建设银行	88933.30	163637.50	54.30	91257.90	164384.90	55.50
农业银行	94383.10	161942.80	58.30	99956.70	173462.90	57.60
中国银行	65686.20	136579.20	48.10	71146.20	148836.00	47.80
交通银行	25082.40	55453.70	45.20	24362.50	57244.90	42.60
邮储银行	33290.50	78065.30	42.60	33862.40	83375.60	40.60
大型商业银行小计	406277.50	787942.00	51.60	423948.90	841393.60	50.40
招商银行	25540.90	40643.50	62.80	28753.50	44006.70	65.30
中信银行	18861.40	34076.40	55.40	17798.20	36496.10	48.80
民生银行	13700.20	29663.10	46.20	13026.40	31672.90	41.10
浦发银行	15379.40	30379.40	50.60	14640.40	32270.20	45.40
兴业银行	13106.40	30868.90	42.50	12548.60	33035.10	38.00
光大银行	8857.60	22726.70	40.50	9242.20	25719.60	35.90
华夏银行	7408.70	14339.10	51.70	7215.30	14924.90	48.30
平安银行	7976.00	20004.20	39.90	7068.60	21491.40	32.90
股份制商业银行小计	110830.60	222701.30	49.80	110293.20	239616.90	46.00
上海银行	3814.80	9235.90	41.30	4001.40	10424.90	38.40
北京银行	6726.20	12687.00	53.00	7092.30	13860.10	51.20
江苏银行	4096.90	10078.30	40.70	3976.90	10933.30	36.40
杭州银行	2654.00	4486.30	59.20	2698.20	5327.80	50.60
南京银行	2895.20	7226.20	40.10	2398.90	7705.60	31.10
宁波银行	2971.80	5652.50	52.60	2973.30	6467.20	46.00
成都银行	1715.60	3128.00	54.80	1976.80	3522.90	56.10
无锡银行	342.70	1068.30	32.10	356.70	1158.10	30.80
江阴银行	298.70	793.10	37.70	328.60	847.60	38.80
常熟银行	418.20	990.00	42.20	446.50	1131.00	39.50
苏农银行	362.60	714.60	50.70	411.40	827.50	49.70
贵阳银行	2004.70	2975.30	67.40	1681.80	3124.80	53.80
郑州银行	1083.20	2554.10	42.40	1021.70	2641.30	38.70
长沙银行	2085.90	3366.40	62.00	1853.40	3412.00	54.30
青岛银行	834.00	1600.80	52.10	923.40	1779.10	51.90
紫金银行	388.00	1018.3	38.00	516.70	1147.10	45.00
西安银行	832.60	1455.10	57.20	865.30	1559.80	55.50
青农商行	713.70	1025.10	69.60	867.10	1058.40	81.90
张家港行	490.50	705.40	69.50	271.00	795.00	34.10
城商行小计	34729.30	70760.70	50.70	34661.40	77723.50	46.50
上市银行合计	551837.40	1081404.00	50.70	568903.50	1158734.00	47.60

数据来源：中国银行业发展报告课题组根据公开信息整理。

二、企业存款增长放缓

1. 对公存款增速下降

2018 年末，金融机构本外币对公存款余额 107.72 万亿元，较 1 月末增加 2.75 万亿元，增长 2.62%，较 2017 年末增加 5.84 万亿元，增长 5.73%，增速比 2017 年下降 3.65%。从季度数据来看，第二季度环比增速最快，为 3.70%，第四季度环比增长为负，比 2018 年第三季度下降 0.18 万亿元。从月份上来看，仅 2 月、9 月、12 月环比增长为负值，其他月份环比增长均为正值。

表 8-4　2018 年金融机构本外币对公存款情况　　　单位：万亿元，%

月份	非金融企业存款	政府存款	非银行业金融机构存款	合计	非金融企业存款占比	政府存款占比	非银行业金融机构存款占比
1 月	57.18	31.96	15.82	104.96	54.48	30.45	15.07
2 月	54.73	30.89	16.13	101.75	53.78	30.36	15.85
3 月	55.83	31.11	15.71	102.65	54.39	30.30	15.31
4 月	56.28	32.06	16.07	104.41	53.90	30.71	15.39
5 月	56.23	32.76	16.28	105.28	53.41	31.12	15.46
6 月	57.25	32.76	16.44	106.45	53.78	30.78	15.44
7 月	56.56	33.87	17.30	107.73	52.50	31.44	16.06
8 月	57.18	34.20	17.06	108.44	52.73	31.53	15.74
9 月	57.45	34.34	16.11	107.90	53.24	31.83	14.93
10 月	56.84	35.05	16.65	108.54	52.37	32.29	15.34
11 月	57.55	34.33	16.96	108.84	52.87	31.54	15.58
12 月	58.91	32.63	16.17	107.72	54.69	30.29	15.01

数据来源：中国人民银行。

2. 非金融企业存款增长减速

2018 年，非金融企业存款小幅增加，在对公存款中占比下降。2018 年末，非金融企业存款余额 58.91 万亿元，同比增加 1.75 万亿元，同比增长 3.06%，比 2017 年的同比增速下降 4.61 个百分点。其中，活期存款比 2017 年末下降 0.21 万亿元，同比下降 0.85%；定期存款增加 1.96 万亿元，同比增长 6.09%。活期存款萎缩是 2018 年非金融企业存款增长乏力的主要原因。

3. 非银行业金融机构存款增速提高

2018 年末，非银行业金融机构存款余额 16.17 万亿元，比 1 月末增加 0.35 万亿元，同比增加 2.01 万亿元，增速 14.22%。2018 年末，非银行业金融机构存款在对公存款中占比为 15.01%，比 2017 年末上升 1.11 个百分点。从环比增长数据来看，非银行金融机构存款环比增长率波动较大，特别是在季度末波动性更大。

4. 政府存款稳步增长

2018 年末，政府存款余额 32.63 万亿元，比 2017 年年末增加 2.07 万亿元，同比增长 6.78%。其中，财政性存款 4.05 万亿元，与 2017 年末相比下降 0.06 万亿元，同比下降 1.45%，较年初下降 1 万亿元；机关团体存款 28.58 万亿元，同比增加 2.14 万亿元，同比增长 8.07%。全年财政性存款波动较大，1 月、3 月同比增速超过 20%，11 月、12 月增速出现负值。

表 8 - 5　2018 年金融机构本外币政府存款情况　　　单位：万亿元，%

月份	政府存款	财政性存款	机关团体存款	政府存款同比	财政性存款同比	机关团体存款同比
1 月	31.96	5.09	26.87	18.09	28.73	16.27
2 月	30.89	4.57	26.33	10.79	10.08	10.92
3 月	31.11	4.09	27.02	11.82	20.84	10.58
4 月	32.06	4.80	27.26	11.84	19.40	10.60
5 月	32.76	5.19	27.57	10.94	13.37	10.49
6 月	32.76	4.50	28.26	10.74	13.63	10.30
7 月	33.87	5.44	28.44	9.61	6.12	10.31
8 月	34.20	5.52	28.68	10.47	16.66	9.35
9 月	34.34	5.18	29.16	11.28	19.47	9.95
10 月	35.05	5.76	29.29	8.77	6.99	9.12
11 月	34.33	5.10	29.24	5.65	-4.68	7.69
12 月	32.63	4.05	28.58	6.79	-1.45	8.07

数据来源：中国人民银行。

三、定期住户存款增速回升

1. 住户存款总体实现良好增长

2018 年末，金融机构本外币住户存款余额为 72.44 万亿元，较 2017 年末增加了 7.25 万亿元，增速为 11.11%，较 2017 年提高 3.62 个百分点。其中，活期存款 27.15 万亿元，较 2017 年提高 1.89 万亿元，增速为 7.48%，比 2017 年提高了 0.74 个百分点；定期及其他存款 45.29 万亿元，增幅为 13.41%，较 2017 年提高 5.43 个百分点。从月度数据来看，住户存款增速呈逐月提高态势。

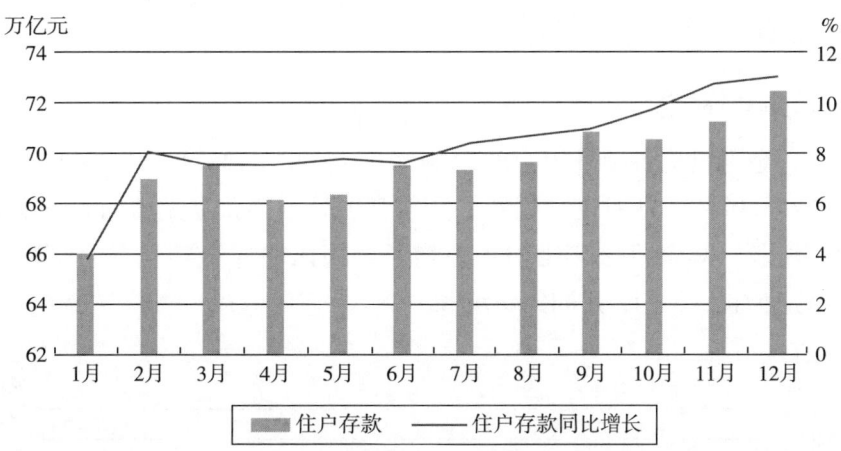

数据来源：中国人民银行。

图 8 - 2 2018 年金融机构本外币住户存款情况

2. 住户存款定期化趋势明显

2018 年末，金融机构本外币住户定期及其他存款余额 45.29 万亿元，较 2017 年末增加了 5.36 万亿元，增幅为 13.42%，比 2017 年提高 5.4 个百分点。定期及其他存款占整个住户存款的比例为 62.52%，比 2017 年同期高 1.22 个百分点。活期存款余额 27.15 万亿元，较 2017 年末增加了 1.89 万亿元，增幅为 7.48%。

表 8 - 6 2018 年金融机构本外币活期、定期住户存款情况

单位：万亿元，%

月份	住户存款	活期存款	定期及其他存款	活期存款占比	定期存款占比
1 月	66.07	25.47	40.60	38.55	61.45
2 月	68.96	26.84	42.13	38.91	61.09
3 月	69.50	26.29	43.20	37.83	62.17
4 月	68.18	25.43	42.75	37.30	62.70
5 月	68.40	25.48	42.92	37.25	62.75
6 月	69.52	26.01	43.51	37.42	62.58
7 月	69.24	25.73	43.51	37.16	62.84
8 月	69.58	25.71	43.87	36.96	63.04
9 月	70.90	26.30	44.60	37.09	62.91
10 月	70.57	26.03	44.54	36.89	63.11
11 月	71.30	26.39	44.92	37.01	62.99
12 月	72.44	27.15	45.29	37.48	62.52

数据来源：中国人民银行。

四、外币存款增长有所放缓

1. 各项外币存款先增后减

2018 年末，金融机构各项外币存款余额为 7275.40 亿美元，较 2017 年减少 634.20 亿美元，降幅为 8.02%。从月度数据看，全年各项外币存款呈先增加后下降态势，其中 1—3 月环比正增长，其余月份环比均为负增长，同比增速全年呈逐月下降态势，全年 1—5 月同比增速为正，6—12 月同比负增长。

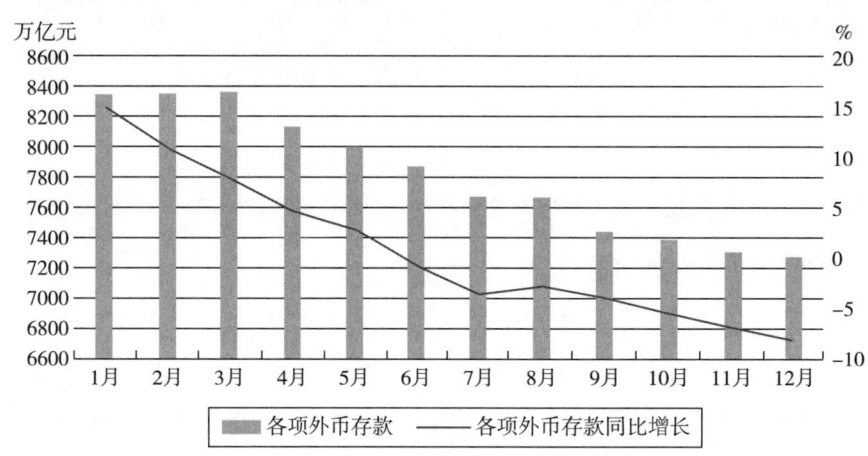

数据来源：中国人民银行。

图 8 - 3 2018 年金融机构外币存款情况

2. 住户和政府外币存款占比上升

2018 年末，住户外币存款余额 1223.97 亿美元，同比下降 33.38 亿美元；由于外币存款总量下降，住户外币存款占比上升至 16.82%，同比提高 0.93 个百分点。政府外币存款余额 106.98 亿美元，同比下降 1.91 亿美元，占比上升至 1.5%，同比提高 0.09 个百分点。

表 8 - 7 2018 年金融机构外币存款占比情况 单位：亿美元，%

月份	各项存款	住户存款	非金融企业存款	政府存款	非银行业金融机构存款	住户存款占比	非金融企业存款占比	政府存款占比	非银行业金融机构存款占比
1 月	8357.42	1263.58	4763.51	108.09	319.30	15.12	57.00	1.29	3.82
2 月	8357.74	1289.88	4689.44	108.82	317.15	15.43	56.11	1.30	3.79
3 月	8368.26	1298.14	4614.25	117.90	310.06	15.51	55.14	1.41	3.71

续表

月份	各项存款	住户存款	非金融企业存款	政府存款	非银行业金融机构存款	住户存款占比	非金融企业存款占比	政府存款占比	非银行业金融机构存款占比
4 月	8145.85	1289.00	4421.93	117.83	299.03	15.82	54.28	1.45	3.67
5 月	8009.89	1282.11	4274.39	121.08	292.82	16.01	53.36	1.51	3.66
6 月	7891.73	1283.01	4254.67	114.68	304.10	16.26	53.91	1.45	3.85
7 月	7686.61	1262.91	4018.96	108.49	303.52	16.43	52.29	1.41	3.95
8 月	7665.30	1256.82	4028.44	110.09	277.92	16.40	52.55	1.44	3.63
9 月	7436.64	1236.09	3931.54	104.29	278.05	16.62	52.87	1.40	3.74
10 月	7386.75	1224.30	3872.08	107.06	289.52	16.57	52.42	1.45	3.92
11 月	7314.87	1218.69	3856.32	107.70	283.83	16.66	52.72	1.47	3.88
12 月	7275.40	1223.97	3807.05	106.98	281.29	16.82	52.33	1.47	3.87

数据来源：中国人民银行。

3. 非金融企业和非银行业金融机构外币存款下降

2018 年末，非金融企业外币存款余额 3807.05 亿美元，较 2017 年同期减少 667.29 亿美元，同比下降 14.91%，占各项外币存款比重为 52.33%，占比与 2017 年末相比下降了 4.24 个百分点。非银行业金融机构外币存款余额 281.29 亿美元，较 2017 年同期减少 27.20 亿美元，同比下降 8.82%，占各项外币存款比重为 3.87%，占比与 2017 年末基本持平。

五、存款增速有望企稳回升

从存款规模看，2019 年存款增速有望企稳回升，一是宏观上"稳增长"营造良好金融环境，货币政策导向由"去杠杆"转向"稳杠杆"，宏观杠杆率有望保持稳定；二是影子银行收缩幅度将放缓，有助于缓解企业存款增量持续下降的压力，利于货币创造过程；三是目前政策周期已经逐渐进入"政策执行＋政策起效"阶段，经济基本面企稳回升趋势明显。

从存款结构看，2019 年，房地产销售或将企稳回升，带动房地产企业存款增加；非标监管开始边际放宽，非标融资渠道有望迎来修复；积极的财政政策要加力提效，实施更大规模的减税降费，有助于增加企业的存款留存。上述因素都将支撑企业存款增长在2019 年企稳回升。

2019 年存款增长的约束因素也依然存在。中国经济仍存在下行压力，外部经济环境总体趋紧，外汇占款有继续下滑的压力；银行理财和货币基金等快速发展，对银行存款分流的压力仍然存在。2019 年存款来源的争夺将更加激烈，存款利率将实行更加灵活的差异化定价策略，商业银行将多措并举做好存款吸收和结构优化工作，促进存款业务稳健发展。一是加大客户拓展力度，提升客户服务质量和财富管理能力，提高存款获取能力和留存能力。二是加强存款产品创新，满足客户的差异化需求，积极应对新市场环境下银行存款的分流。三是提高精细化管理水平，细致梳理存款分布和客户结构，提高精准服务能力。

第九章

非存款负债业务发展放缓

2018 年，非存款负债业务进一步规范，业务发展进入调整期，同业和其他金融机构存放款项小幅下降，同业存单市场发行规模增速大幅放缓，非存款负债成本有所下降。2019 年，随着利率市场化深入推进和竞争加剧，银行业将灵活运用多种非存款负债工具，在合规经营前提下，根据资产负债管理需要，优化非存款负债结构，合理控制非存款负债成本，防范非存款负债风险，推动非存款负债业务平稳发展。

一、非存款负债业务持续调整

1. 同业和其他金融机构存放款项规模小幅下降

2018 年末，32 家 A 股上市银行同业和其他机构存放资金为 135687.12 亿元，同比减少 1.54%。其中，大型商业银行的同业和其他机构存放资金 67125.77 亿元，同比增加 7.24%。股份制商业银行的同业和其他机构存放资金 57568.65 亿元，同比减少 9.71%。城市商业银行的同业和其他机构存放资金 10992.70 亿元，同比减少 4.09%。由于监管规范等相关要求原因，2017 年同业和其他金融机构存放款项大幅下降，在 2017 年基数基础上，2018 年上市银行同业和其他金融机构存放款项小幅下降，同时各家银行同业和其他金融机构存放款项存在差异化发展，这主要是由各家银行不同流动性状况、流动性管理能力和策略所决定的。

表 9-1　上市银行同业和其他金融机构存放款项情况　　单位：亿元，%

银行名称	2017 年	2018 年	新增额	增长率
中国银行	14252.60	17312.10	3059.50	21.50
建设银行	13370.00	14274.80	904.80	6.80
工商银行	12146.00	13282.50	1136.50	9.40
农业银行	9747.30	11243.20	1495.90	15.40
交通银行	13075.20	11013.20	-2062.00	-15.80
大型商业银行小计	62591.09	67125.77	4534.68	7.240
兴业银行	14460.60	13448.80	-1011.80	-7.00
浦发银行	13143.20	10677.70	-2465.50	-18.80
民生银行	11385.30	9152.20	-2233.10	-19.60
中信银行	7980.10	7822.60	-157.40	-2.00

银行名称	2017 年	2018 年	新增额	增长率
光大银行	5774.50	4900.90	-873.60	-15.10
招商银行	4391.20	4708.30	317.10	7.20
平安银行	4309.00	3927.40	-381.70	-8.90
华夏银行	2313.60	2930.70	617.20	26.70
股份制商业银行小计	63757.40	57568.70	-6188.80	-9.70
上海银行	3286.50	3689.70	403.10	12.30
北京银行	2983.00	3609.30	626.30	21.00
江苏银行	2280.60	1509.10	-771.50	-33.80
杭州银行	906.60	502.70	-403.90	-44.60
南京银行	432.00	386.20	-45.90	-10.60
郑州银行	289.30	274.00	-15.40	-5.30
贵阳银行	371.00	242.40	-128.60	-34.70
宁波银行	272.90	212.20	-60.80	-22.30
长沙银行	140.20	184.10	43.90	31.30
青岛银行	249.00	116.30	-132.70	-53.30
成都银行	42.70	77.10	34.40	80.40
紫金银行	73.00	67.90	-5.10	-7.00
西安银行	48.00	38.10	-9.90	-20.60
张家港行	21.70	23.50	1.80	8.10
无锡银行	20.60	21.70	1.10	5.50
苏农银行	0.20	16.70	16.50	9502.00
常熟银行	4.40	12.40	8.00	182.00
青农商行	34.10	9.10	-25.10	-73.40
江阴银行	5.80	0.20	-5.60	-96.40
城商行小计	11461.90	10992.70	-469.20	-4.10
上市银行合计	137810.39	135687.12	-2123.27	-1.54

数据来源：中国银行业发展报告课题组根据公开信息整理。

2. 同业存单发行规模增速大幅下降

2018 年末，银行间市场同业存单市场余额为 9.88 万亿元，较 2017 年末回落 1.89 万亿元。2018 年，银行间市场发行同业存单 27306 只，发行总量为 21.1 万亿元，同比增长 4.46%，远低于 2018 年 54.91% 的增幅。二级市场交易总量为 149.85 万亿元。这主要是由于从 2018 年第一季度起，中国人民银行开始对资产规模 5000 亿元以上的银行发行的一年以内同业存单纳入 MPA 同业负债占比指标进行考核，这意味着同业存单全面纳入同业负债考核体系，其影响主要是关于银行同业负债占总负债的比重不能超过 33% 的要求。在 MPA 考核和备案新规等监管要求下，商业银行重塑资产负债表，同业存单市场发行规模增长有所放缓，远低于 2017 年 54.91% 的增幅，不同银行之间出现分化格局。

同时，2018 年，同业存单利率走势在 6 月达到高点后，逐步走低，非存款负债成本有所下降。例如，同业存单各期限加权平均利率年初为 4.45%，6 月达到 4.73%，之后逐步走低，最低点在 8 月达 2.63%。这主要是由于 2018 年中国人民银行多次定向降准，市场流动性得到边际改善，同业存单利率出现明显下降。从期限结构上来看，同业存单发行期限有所拉长。由于流动性监管要求，长期限同业存单更受商业银行的青睐，1 年期同业存单发行在 8 月达到高位，随后有所回落，但 9 个月期限同业存单发行迅速增加，同业存单发行期限整体拉长。

3. 拆入资金增速下降

2018 年，32 家 A 股上市银行拆入资金总计 34211.60 万亿元，比 2017 年增加 2047.20 亿元，同比增长 6.36%，增速比 2017 年下降 10.13 个百分点。其中，大型商业银行拆入资金 19625.78 亿元，同比增长 6.56%，增速下降。股份制商业银行拆入资金 11191.53 亿元，同比增长 6.14%。城商行拆入资金 3394.29 亿元，同比增加 190.71 亿元，同比增幅 5.95%。

表 9-2 上市银行拆入资金情况 　　　　　　　　单位：亿元，%

银行名称	2017 年	2018 年	新增额	增长率
建设银行	3836.40	4202.20	365.80	9.50
工商银行	4919.50	4862.50	−57.00	−1.20
中国银行	2416.90	3272.50	855.60	35.40
交通银行	4443.70	4033.20	−410.60	−9.20
农业银行	2800.60	3255.40	454.80	16.20
大型商业银行小计	18417.13	19625.78	1208.65	6.56
兴业银行	1879.30	2208.30	329.00	17.50
招商银行	2727.30	2039.50	−687.80	−25.20
民生银行	1774.60	1766.40	−8.20	−0.50
浦发银行	1387.80	1486.20	98.40	7.10
光大银行	1068.00	1520.40	452.40	42.40
中信银行	776.00	1153.60	377.60	48.70
华夏银行	650.50	771.10	120.70	18.60
平安银行	280.20	246.10	−34.20	−12.20
股份制商业银行小计	10543.70	11191.50	647.80	6.10

续表

银行名称	2017 年	2018 年	新增额	增长率
北京银行	495.30	685.50	190.20	38.40
上海银行	518.00	683.40	165.40	31.90
宁波银行	946.10	539.40	−406.60	−43.00
杭州银行	325.70	451.00	125.30	38.50
江苏银行	282.40	303.00	20.70	7.30
南京银行	142.60	237.20	94.60	66.40
贵阳银行	109.40	161.60	52.10	47.60
郑州银行	223.50	136.50	−87.00	−38.90
青岛银行	57.70	72.10	14.30	24.80
紫金银行	16.60	32.90	16.30	98.70
青农商行	25.70	29.80	4.20	16.30
张家港行	2.00	22.50	20.50	1023.60
长沙银行	48.00	20.30	−27.70	−57.60
成都银行	5.70	10.80	5.10	88.40
江阴银行	0.70	4.80	4.00	561.50
苏农银行	0.30	1.30	1.00	391.70
无锡银行	—	0.90	—	—
常熟银行	1.30	0.80	−0.50	−39.60
西安银行	2.70	0.60	−2.10	−78.40
城商行小计	3203.60	3394.30	190.70	6.00
上市银行合计	32164.40	34211.60	2047.20	6.36

数据来源：中国银行业发展报告课题组根据公开信息整理。

4. 二级资本债发行额基本持平

商业银行二级资本债，是指商业银行发行的、本金和利息的清偿顺序列于商业银行其他负债之后、先于商业银行股权资本的债券，是补充二级资本相对有效、使用较为普遍的手段。2018 年，商业银行二级资本债发行只数为 72 只，总额为 4937.20 亿元，同比增长 2.77%。鉴于 2017 年商业银行二级资本债发行只数和发行金额均大幅增长，2018 年发行只数比 2017 年减少 54 只，但发行金额基本持平。这主要是由于在表外资产回表和政策引导宽信用的背景下，商业银行面临资本约束压力，迫切需要进行资本补充，一方面要支持业务正常地发展，另一方面要补齐过去粗放发展阶段遗留下来的短板。二级资本债作为固定收益类的资本工具，发行相对便利，是各类型金融机构补充二级资本的有效方式，未来发行量可能会进一步增加。

5. 向央行借款增速放缓

向央行借款主要包括再贷款、再贴现等业务，解决银行短期资金融通需求。2018

年，32 家 A 股上市银行向央行借款余额为 50635.19 亿元，比 2017 年增加 3366.93 亿元，同比增长 7.12%，增速较 2017 年放缓。部分城商行向央行借款规模增长数倍。

6. 卖出回购金融资产增速呈现分化

2018 年，商业银行卖出回购业务出现分化。多数大型商业银行和部分股份制商业银行卖出回购金融资产大幅下降，其他商业银行的卖出回购金融资产规模呈现不同程度增长。分化的原因可能是商业银行根据经营策略对相关业务进行调整导致的。

二、非存款负债业务将更加注重规范发展

1. 非存款负债业务发展将缓中趋稳

2019 年，非存款负债将呈现缓中趋稳态势。一是随着金融脱媒持续深化和竞争加剧，存款分流趋势不可逆转，以传统存款为主的负债管理模式将持续受到挑战，银行业有推动非存款负债发展的内在需要。二是随着利率市场化深入推进，存款负债和非存款负债成本差异逐步减少，有利于银行业在合规经营的前提下，根据资产负债管理需要，灵活运用非存款负债工具，适度吸收非存款负债。但制约非存款负债规模增长的因素也依然存在。受 MPA 考核、流动性相关监管指标的约束，非存款负债规模大幅增长的可能性不大，整体将呈现缓中趋稳态势。从成本上来看，受定向降准影响，市场流动性得到边际改善，非存款负债成本压力有望进一步缓解，但空间有限。

2. 同业存单业务将进一步规范发展

同业存单是存款类金融机构在全国银行间市场上发行的记账式定期存款凭证，存款类金融机构在当年发行备案额度内，自行确定每期同业存单的发行金额、期限。中国人民银行明确提出，"为促进同业存单市场规范发展，自 2019 年第一季度起将资产规模 5000 亿元以下金融机构发行的同业存单也纳入 MPA 同业负债占比指标进行考核"。这是继 2018 年第一季度对资产规模 5000 亿元以上的银行发行的一年以内同业存单纳入 MPA 同业负债占比指标进行考核之后，进一步规范同业存单业务发展的举措。可以预期，在此监管环境下，2019 年，同业存单业务将进入进一步规范发展阶段，回归到流动性管理的本源，便于银行根据自身业务发展需要在金融市场上进行资金余缺的调剂，但不同银行之间的分化格局将会延续。对于中小银行来说，过去利用扩大同业存单的发行来增加负债以支撑资产规模扩张的模式将难以为继。

三、非存款负债管理能力将得到提升

1. 优化非存款负债结构，灵活运用各类工具

在监管限制银行无序扩张、引导资金脱虚向实的大背景下，商业银行非存款负债业务发展将受到一定影响。在合规管理的前提下，未来商业银行将根据自身的资产负债结

构，灵活配置各类非存款负债工具，优化非存款负债结构，稳定中长期负债来源，降低高成本负债和整体负债的不确定性。首先，在非存款负债发展策略下，商业银行发行债券的自主性很强，银行能够根据经营情况来决定债券的发行，调整负债结构，主要用于吸收中长期资金，改善"借短贷长"的现象，减少期限错配程度，降低流动性风险与利率风险。其次，有效利用央行定向借款，例如，中期借贷便利具有成本低、期限长、不计入同业负债规模的特点，有利于降低负债成本、优化流动性指标，商业银行将结合政策导向，加大对民营经济等重点领域的金融支持力度，有效获取定向降准等政策优惠。最后，适当运用同业负债，同业负债包括同业拆借、大额存单、商业票据、回购等，在筹集资金方面，价格更透明，更便捷，违约概率较小，但当市场流动性紧缺时，易形成系统性风险。因此，商业银行将持续优化非存款负债结构，灵活运用多种非存款负债工具，开拓资金来源，主动管理流动性。

2. 提升统筹管理能力，防范非存款负债风险

商业银行将持续提升对非存款负债业务的分析和预判能力，对非存款负债实行统筹管理，坚持以合规为前提，以风险可控为边界，服务于银行主业，回归业务本源。首先，在综合研判外部经济形势基础上，商业银行统筹考虑自身战略导向、经营目标、资产负债业务情况等多项因素，确定吸收非存款负债的业务种类、规模、成本区间和时间窗口。其次，加强成本核算，健全内部市场化资金使用机制，将获取的高成本主动负债资金在全行范围内根据资产收益率标准进行再分配，促进整体息差水平的稳定。再次，强化非存款负债的风险管理，增强全面风险管理能力。加大流动性管理的精细化，逐步运用大数据分析手段加强对中长期流动性缺口的预测，建立和优化大额资金异动监控预警模型，模拟特殊事件对流动性的冲击，提高流动性的精细化管理水平，合理安排非存款负债吸收节奏和期限，平滑负债到期规模；针对市场利率波动进行提前预判，构建高效的利率分析框架，涵盖国内外经济形势、政策面、资金面、供求格局、冲击因素及其他因素等影响因素，有效把握利率走势。最后，增强非存款负债创新能力，借鉴国际市场成熟经验，探索发行资产证券化产品，在拓展资金来源的同时，实现资产负债的良性互动。

3. 培养专业人才队伍建设，增强市场研判能力

非存款负债业务具有较强的专业性和创新性，商业银行要积极培养专业人才队伍，打造能够对行业发展态势做出前瞻性判断的研究人员队伍，构建具有先进水准从事非存款负债管理工具设计和发行的专业人员队伍。同时，也要注重保持非存款负债业务人员队伍稳定性，加强人才选拔和储备培养，储备一批政治素质高、业务能力强、知识结构新，具有创新意识和务实精神，能够适应非存款负债管理新要求的人才，保持非存款负债管理人才队伍的可持续发展。

专栏 9 - 1　新形势下银行资产负债结构调整策略

　　商业银行的资产负债管理以兼顾盈利性、流动性、安全性的平衡为目标，但在不同的阶段侧重点有所差异。随着内外部环境的深刻变化，商业银行将积极调整自身的资产负债结构，在持续增强支持实体经济的能力，切实有效防范金融风险的同时，稳步提高盈利水平。

一、2018年以来商业银行积极调整资产负债结构

　　2018年以来，商业银行顺应监管要求，积极调整资产负债结构，进一步向传统的存贷业务回归。

　　信贷投放力度加大，非信贷资产压缩。在监管政策积极引导下，商业银行保持了较大的信贷投放力度；同时，为了满足流动性风险新规等监管要求，银行普遍压缩了非信贷资产的比重。商业银行信贷资产占比从2017年末的49%提高到2018年末的52%。非信贷资产特别是投资类资产方面增速显著放缓。2018年，有价证券及投资增速从9.7%回落到3.8%；其中，债券投资增速从19.5%回落到13.4%，而股权及其他投资负增长2.1万亿元，增速则从－1.4%进一步下滑到－9.4%。增信贷降投资，这有利于银行资产结构的调整。而2018年信贷利率上行而市场利率下行，广谱利率走势的分化，一定程度上也促进了结构的调整。

　　存款占比小幅提升，同业负债占比下降。2018年银行存款增速为8.2%，较2017年末进一步下行0.8个百分点，而出于净稳定资金比例、流动性覆盖率、同业负债占比等流动性风险指标达标的考虑，银行选择继续压缩同业负债。相应地，存款在总负债中的占比从2017年末的72.5%小幅提高1.5个百分点，达到74%。2018年，央行多次调降准备金率，各期限市场化利率水平大幅下行。但由于存款总量增长乏力，制约了主动型负债价格下行的空间。银行总负债成本回落的空间相对有限。

二、2019年商业银行资产负债配置策略展望

　　银行存款增速有望底部企稳。存款竞争依旧激烈，存款价格回落的空间有限。需要关注的是存款内部结构的变化，例如零售存款增速可能回落而企业存款增速可能回升。其他负债方面，为了持续地满足流动性风险管理指标，增强负债的稳定性，同业负债仍需要控制在合理的区间。

　　银行可获取的高收益资产有限。信贷、非标收益率进入下行通道，而标准化的债券资产收益率都处于历史低分位数。2019年第一季度，信贷资产投放创出历史新高，后续信贷资产的配置一方面有赖于实体融资需求的复苏，另一方面则取决于银行对于具体品种风险与收益的取舍。预计2019年信贷资产占比仍将有所提升。

2019 年以来，违约案例仍时有发生，信用环境虽有改善但离全面复苏尚有距离，从民企信用利差来看，银行的风险偏好仍有待进一步恢复。

银行补充资本的环境有所改善。2018 年银行资本补充环境相对艰难，银行对资本补充的需求迫切，但各类型资本工具的发行都存在一定的阻碍。2019 年以来，在监管部门的有力支持下，银行永续债得以在年初成功发行。对于二级资本债、优先股等传统品种，目前的发行成本也相对较低，及时完成资本补充有望成为银行在今后一个时期内的发展动力。

面对内外部环境的变化，银行业将顺势而为，把握住市场利率处于低位的市场环境，打好基础，为长周期做好储备。

在资产端，要提高信用类资产风险定价能力，积极寻觅新资产。对于信贷等高收益资产，坚持早投放早受益的策略，加大对信用资产风险的研判与甄别。对于债券、ABS（优先级）等标准化资产的构建，结合自身负债成本理性抉择：结合资产收益和流动性适度拉长久期、加强对资金面预判并合理运作杠杆，提高主体研判能力不盲目下沉信用债投资的资质。

在负债端，要稳步增加债券发行比例，提高负债精细化管理水平。存款方面，多措并举以夯实基础，关注存款内部结构的变化；在同业负债比例合意前提下，积极利用市场化负债工具，期限上可以考虑长短搭配。同时，积极申请发行金融债，合理择时予以落地，提高债券发行在负债中的占比。

在资本端，要积极用好永续债这一创新工具。把握好资本补充的良好环境，特别是用好永续债这一创新工具。核心一级资本方面，积极通过增资扩股、发行可转债等方式予以筹措；其他一级资本方面，积极把握永续债发行的良好窗口；二级资本方面，合理把握发行节奏和发行窗口。

四、中间业务篇

2018 年，主要上市商业银行的中间业务收入规模和增速微升。传统中间业务仍占据主导地位，各机构发展重点和结构出现分化，各分项业务发展差异化明显。新型中间业务发展面临较大挑战，特别是资管新规等相关政策正式落地实施以来，新型中间业务收入步入负增长区间。2019 年，随着资管新规影响逐步消化和银行主动调节自身业务结构，中间业务发展将会企稳，业务增速将有所回升。

第十章
传统中间业务仍占据主导地位

2018 年，32 家主要上市商业银行的中间业务收入规模和增速微升①。尽管多数上市银行传统中间业务收入占营业收入比重有所下降，但传统中间业务②在中间业务发展中的主导地位仍然稳固。各机构业务重点和结构出现分化，各分项业务发展差异化明显。2019 年，传统中间业务将企稳回升。

一、中间业务收入稳步增长

2018 年，32 家主要上市商业银行中间业务收入整体呈现稳中略升的态势。上市商业银行共实现手续费及佣金净收入 8409.21 亿元，比 2017 年增加 174.23 亿元。从增速来看，2018 年手续费及佣金净收入增速为 2.12%，且中间业务收入增速低于营业收入增速。从占比来看，2018 年上市商业银行手续费及佣金净收入占营业收入的比重为 19.80%，比 2017 年略有减少。

分银行类别看，在绝对量上，国有大型商业银行③手续费及佣金净收入总额为 4749.22 亿元，同比增加 153.54 亿元；全国性股份制商业银行④手续费及佣金净收入总额为 3276.95 亿元，同比增加 49.03 亿元；城商行及农商行⑤手续费及佣金净收入总额为 383.04 亿元，同比减少 28.34 亿。从占比看，2018 年大型商业银行、全国性股份制商业银行和城市商业银行的传统中间业务收入占比分别为 17.28%、27.45% 和 9.07%。上市银行传统中间业务收入占营业收入比重普遍下降，与大型商业银行、城商行及农商行相比，尽管全国性股份制商业银行传统中间业务收入占营业收入比重同样下降，但占营业收入比重仍然领先，全国性股份制商业银行传统中间业务的发展势头仍相对强劲。

---

① 第四篇中间业务篇所指上市商业银行包括：中国工商银行、中国农业银行、中国银行、中国建设银行、交通银行、中信银行、光大银行、招商银行、浦发银行、民生银行、华夏银行、平安银行、兴业银行、上海银行、北京银行、江苏银行、杭州银行、南京银行、郑州银行、贵阳银行、宁波银行、长沙银行、青岛银行、成都银行、紫金银行、西安银行、张家港行、无锡银行、苏农银行、常熟银行、青农商行、江阴银行。

② 传统中间业务包括支付结算类、银行卡类、担保承诺类（承兑汇票、信用证、保理）、代理委托类（基金和保险代销）等业务。后文的新型中间业务包括理财业务类、托管类、投行（咨询与顾问）类业务。其余新型中间业务开展时间较短，且业务占比较小，暂不列入本篇统计范围。

③ 本篇所指大型商业银行包括：中国工商银行、中国农业银行、中国银行、中国建设银行、交通银行。

④ 本篇所指全国性股份制商业银行包括：中信银行、光大银行、招商银行、浦发银行、民生银行、华夏银行、平安银行、兴业银行。

⑤ 本篇所指城商行及农商行包括：上海银行、北京银行、江苏银行、杭州银行、南京银行、郑州银行、贵阳银行、宁波银行、长沙银行、青岛银行、成都银行、紫金银行、西安银行、张家港行、无锡银行、苏农银行、常熟银行、青农商行、江阴银行。

表 10-1　32 家上市商业银行手续费及佣金净收入增长情况　单位：亿元，%

银行	手续费及佣金净收入总额			手续费及佣金净收入占营收比重		
	2018 年	2017 年	增速	2018 年	2017 年	增量
中国工商银行	1453.01	1396.25	4.07	18.78	19.22	-0.44
中国农业银行	781.41	729.03	7.18	13.05	13.57	-0.52
中国银行	872.08	886.91	-1.67	17.30	18.35	-1.05
中国建设银行	1230.35	1177.98	4.45	18.67	18.95	-0.28
交通银行	412.37	405.51	1.69	19.39	20.69	-1.30
大型商业银行平均	4749.22	4595.68	3.34	17.28	17.92	-0.64
中信银行	451.48	468.58	-3.65	27.39	29.90	-2.51
光大银行	368.94	307.74	19.89	33.47	33.50	-0.04
招商银行	664.80	640.18	3.85	26.75	28.98	-2.23
浦发银行	390.09	455.80	-14.42	22.74	27.03	-4.29
民生银行	481.31	477.42	0.81	30.70	33.09	-2.39
华夏银行	177.58	184.07	-3.53	24.59	27.73	-3.14
平安银行	312.97	306.74	2.03	26.81	29.00	-2.18
兴业银行	429.78	387.39	10.94	27.15	27.68	-0.52
全国性股份制商业银行平均	3276.95	3227.92	1.52	27.45	29.61	-2.16
上海银行	59.80	62.56	-4.42	13.62	18.89	-5.26
北京银行	88.79	105.79	-16.07	16.00	21.01	-5.01
江苏银行	52.22	57.79	-9.63	14.83	17.08	-2.25
杭州银行	11.83	16.17	-26.83	6.94	11.45	-4.51
南京银行	35.88	34.89	2.84	13.09	14.05	-0.95
郑州银行	18.74	18.65	0.49	16.80	18.30	-1.50
贵阳银行	12.19	14.14	-13.77	9.64	11.33	-1.69
宁波银行	57.94	59.00	-1.79	20.03	23.31	-3.28
长沙银行	15.80	10.94	44.48	11.33	9.02	2.32
青岛银行	8.66	8.29	4.44	11.74	14.85	-3.10
成都银行	3.08	3.93	-21.50	2.66	4.07	-1.41
紫金银行	2.56	1.77	44.63	6.05	4.89	1.17
西安银行	7.83	7.60	2.96	13.10	15.44	-2.33

银行	手续费及佣金净收入总额			手续费及佣金净收入占营收比重		
	2018 年	2017 年	增速	2018 年	2017 年	增量
张家港行	0.33	1.14	−71.05	1.10	4.72	−3.62
无锡银行	0.86	1.63	−47.42	2.69	5.72	−3.04
苏农银行	0.72	0.69	3.98	2.29	2.54	−0.25
常熟银行	3.67	4.24	−13.42	6.30	8.48	−2.18
青农商行	1.49	1.63	−8.61	2.00	2.68	−0.69
江阴银行	0.65	0.53	21.63	2.03	2.13	−0.09
城商行及农商行平均	383.04	411.38	−6.89	9.07	11.05	−1.98
上市银行平均	8409.21	8234.98	2.12	19.80	21.00	−1.21

数据来源：根据各行年报整理。

二、传统中间业务差异化发展特征显著

1. 银行卡类业务保持领先水平

从各分项收入的占比来看，银行卡类业务在传统中间业务中依然处于绝对领先水平。2018 年，32 家主要上市商业银行的银行卡类业务收入占传统中间业务收入的比重为 58.28%，比 2017 年增加了 5.03 个百分点；代理委托类业务由于绝对收入下降，占

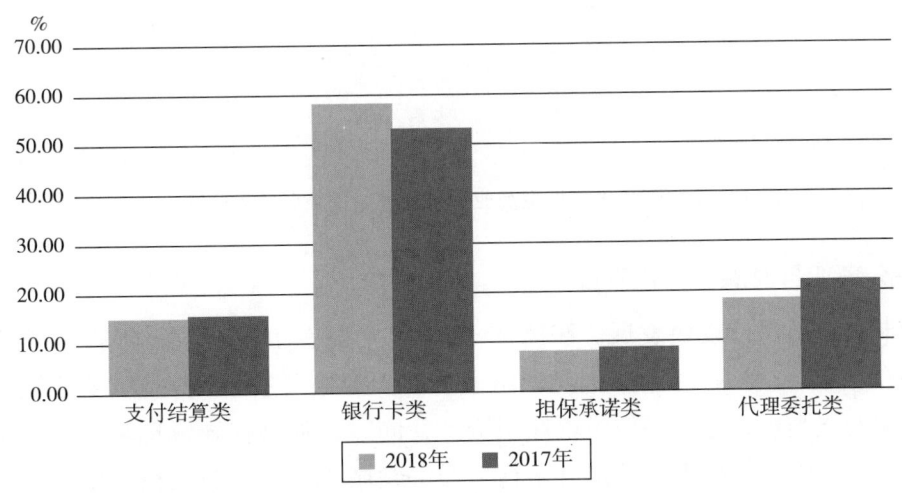

数据来源：根据各行年报整理。

图 10 - 1　32 家上市商业银行传统中间业务收入分项占比

传统中间业务收入比重较 2017 年下降 3.79 个百分点至 18.39%；支付结算和担保承诺类业务收入占传统中间业务收入比重分别为 15.15% 和 8.17%，相较 2017 年变化不大。

2. 各机构业务结构出现分化

2018 年，32 家主要上市商业银行中间业务分项占比和结构出现变化，优势业务在各行之间出现分化。通过收入占比来看，大型商业银行的结算及清算类业务优势明显，支付结算类分项收入占传统中间业务收入的比重为 21.39%，主要是大型商业银行具有覆盖广泛的网点和客户基础，为庞大的结算量打下基础，再依托丰富的产品体系，带动消费金融、线上消费支付结算业务的持续发展。全国性股份制商业银行则在银行卡类业务分项收入占比优势明显，占比达到 70.95%，这主要是由于全国性股份制商业银行集中把信用卡业务作为零售业务的重要发力点，信用卡刷卡佣金及商户分期收入快速增长所致。

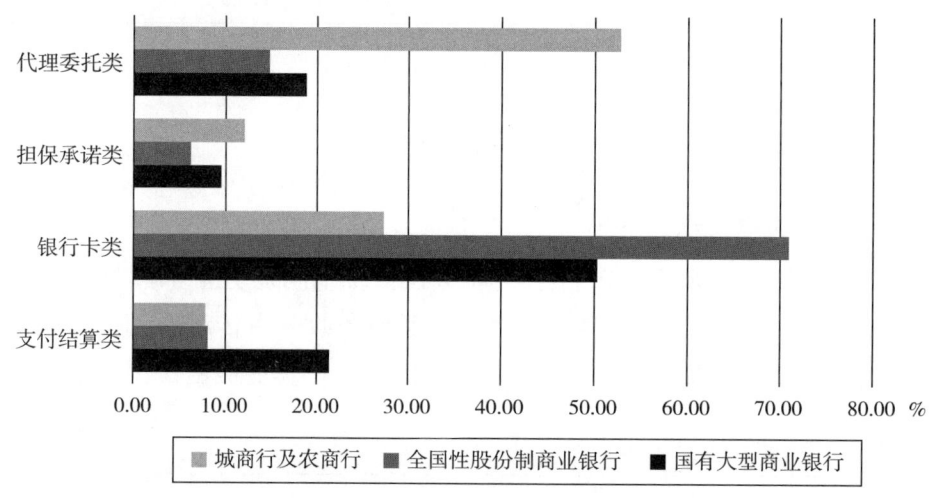

数据来源：根据各行年报整理。

图 10 - 2   2018 年各类型商业银行传统中间业务收入分项占比

3. 各分项业务发展差异化明显

银行卡类业务保持较快发展。2018 年，32 家主要上市商业银行银行卡类业务收入 3602.83 亿元，同比增加 645.07 亿元，增速为 21.81%。这主要得益于商业银行积极抓住消费金融发展契机，在向零售板块倾斜资源，同时，强监管导致理财等新型中间业务收入增长乏力，因此策略上主动提升银行卡业务领域投入。商业银行借助不断增快的获客速度、智慧化的风控、多元化的营销以及智能化的客服等多种手段，实现信用卡分期业务和收单业务收入增长。

表 10 - 2   32 家上市商业银行银行卡类业务情况   单位：%

银行	2018 年占比	2017 年占比	占比变化	增速
中国工商银行	50.65	52.19	-1.55	12.99
中国农业银行	43.38	38.68	4.70	12.72
中国银行	38.88	33.71	5.18	16.11
中国建设银行	58.23	55.17	3.06	9.35
交通银行	73.09	68.00	5.09	23.65
大型商业银行平均	52.85	49.55	3.30	14.96
中信银行	89.32	79.51	9.81	7.23
光大银行	84.80	81.61	3.20	40.60
招商银行	35.95	34.49	1.46	19.38
浦发银行	81.87	77.27	4.60	32.02
民生银行	65.96	56.18	9.78	31.52
华夏银行	76.39	71.51	4.88	36.57
平安银行	79.29	76.32	2.96	36.49
兴业银行	78.46	69.08	9.38	61.84
全国性股份制商业银行平均	74.01	68.25	5.76	33.21
上海银行	51.02	39.30	11.72	33.19
北京银行	9.51	8.62	0.89	-3.79
江苏银行	21.01	23.31	-2.31	-24.27
杭州银行	6.31	12.68	-6.37	-40.00
南京银行	65.07	51.53	13.54	61.90
郑州银行	33.56	33.05	0.52	25.97
贵阳银行	—	—	—	—
宁波银行	32.19	27.87	4.32	15.72
长沙银行	91.68	94.78	-3.11	145.87
青岛银行	—	—	—	—
成都银行	55.22	57.32	-2.09	-21.28
紫金银行	23.33	43.75	-20.42	0.00
西安银行	7.82	5.57	2.26	-70.37
张家港行	—	—	—	—
无锡银行	43.80	26.90	16.90	0.00
苏农银行	—	—	—	—
常熟银行	—	—	—	—
青农商行	13.24	10.14	3.10	38.10
江阴银行	—	—	—	—
城商行及农商行平均	27.33	22.56	4.77	16.14
上市银行平均	58.49	53.26	5.23	21.81

数据来源：根据各行年报整理。

支付结算类业务收入增长迅速。2018 年，32 家主要上市商业银行支付结算和清算类业务收入 936.55 亿元，与 2017 年相比增加了 63.27 亿元，增速为 7.25%。这主要是由于前两年监管规范收费业务后，银行支付结算类业务收入已逐渐趋于稳定。银行加快布局电子支付领域是该项业务收入保持平稳增长的主要有利因素。

表 10-3　32 家上市商业银行支付结算类业务情况　　　　单位：%

银行	2018 年占比	2017 年占比	占比变化	增速
中国工商银行	40.07	35.03	5.04	18.51
中国农业银行	18.11	18.94	-0.83	-3.90
中国银行	17.75	16.11	1.65	10.93
中国建设银行	15.26	17.25	-2.00	-8.40
交通银行	7.87	7.88	-0.01	15.02
大型商业银行平均	19.81	19.04	0.77	6.43
中信银行	3.47	3.17	0.30	4.44
光大银行	3.79	4.27	-0.48	19.98
招商银行	22.07	25.29	-3.22	-0.06
浦发银行	3.57	5.24	-1.67	-15.07
民生银行	7.78	7.73	0.05	12.78
华夏银行	—	—	—	—
平安银行	7.77	9.86	-2.09	3.55
兴业银行	6.16	6.21	-0.05	41.34
全国性股份制商业银行平均	7.80	8.82	-1.02	9.57
上海银行	5.63	4.94	0.70	17.06
北京银行	12.83	9.76	3.07	14.62
江苏银行	1.72	1.85	-0.14	-22.11
杭州银行	21.62	21.01	0.61	24.14
南京银行	34.93	48.47	-13.54	-7.59
郑州银行	—	—	—	—
贵阳银行	91.43	83.70	7.73	24.68
宁波银行	—	—	—	—
长沙银行	0.34	1.16	-0.82	-25.00
青岛银行	100.00	100.00	0.00	-61.25
成都银行	7.46	5.28	2.18	15.38
紫金银行	76.67	56.25	20.42	155.56

银行	2018 年占比	2017 年占比	占比变化	增速
西安银行	5.63	4.94	0.70	105.88
张家港行	12.83	9.76	3.07	27.27
无锡银行	1.72	1.85	−0.14	28.57
苏农银行	21.62	21.01	0.61	—
常熟银行	34.93	48.47	−13.54	20.30
青农商行	—	—	—	20.29
江阴银行	91.43	83.70	7.73	8.89
城商行及农商行平均	—	—	—	14.33
上市银行平均	0.34	1.16	−0.82	7.25

数据来源：根据各行年报整理。

代理委托类业务明显收缩。2018 年，32 家主要上市商业银行代理委托类业务收入 1136.90 亿元，比 2017 年减少 95.16 亿元，降幅为 7.72%，是四类分项业务中唯一一项出现负增长的业务。这主要是由于在保险产品监管规范下，中短期投资理财保险、万能险、财险公司投资理财保险等高现价、高收益的趸缴型保险产品大规模停售或限售，银保渠道畅销产品供给量下降，给银保渠道代理保险业务增长带来压力。此外，由于受到第三方基金代销机构等渠道低价抢客等因素的影响，部分银行推出了网上银行、手机银行基金申购费率的优惠活动，也影响了代理类业务收入增长。

表 10−4　32 家上市商业银行代理委托类业务情况　　　　单位：%

银行	2018 年占比	2017 年占比	占比变化	增速
中国工商银行	2.27	2.43	−0.17	8.53
中国农业银行	35.49	29.76	5.72	−8.10
中国银行	26.25	30.47	−4.22	−13.29
中国建设银行	20.23	21.23	−1.01	−1.30
交通银行	10.09	13.44	−3.35	−13.65
大型商业银行平均	18.86	19.47	−0.60	−5.56
中信银行	13.24	11.84	1.40	6.73
光大银行	8.09	10.68	−2.58	2.59
招商银行	27.35	31.08	−3.74	0.76
浦发银行	6.59	7.41	−0.82	10.76
民生银行	20.21	29.73	−9.52	−23.86
华夏银行	9.99	13.42	−3.43	−4.79

续表

银行	2018 年占比	2017 年占比	占比变化	增速
平安银行	12.94	13.81	−0.87	23.07
兴业银行	9.79	15.97	−6.19	−12.72
全国性股份制商业银行平均	13.52	16.74	−3.22	0.32
上海银行	43.35	55.77	−12.42	−20.26
北京银行	56.25	60.55	−4.30	−18.99
江苏银行	67.60	65.65	1.95	−13.46
杭州银行	30.33	29.71	0.62	23.17
南京银行	—	—	—	—
郑州银行	—	—	—	—
贵阳银行	—	—	—	—
宁波银行	58.96	67.01	−8.05	−11.86
长沙银行	7.98	4.06	3.92	400.00
青岛银行	—	—	—	—
成都银行	24.88	26.02	−1.14	−21.88
紫金银行	—	—	—	—
西安银行	52.38	63.51	−11.12	0.00
张家港行	57.58	81.51	−23.94	−60.82
无锡银行	41.32	65.99	−24.67	−61.54
苏农银行	—	—	—	—
常熟银行	63.64	72.00	−8.36	−18.13
青农商行	48.86	56.52	−7.66	−8.55
江阴银行	47.87	40.79	7.08	45.16
城商行及农商行平均	52.76	59.76	−6.99	−15.36
上市银行平均	18.46	22.19	−3.73	−7.72

数据来源：根据各行年报整理。

担保承诺类业务收入增速缓慢。2018 年，32 家主要上市商业银行担保承诺类业务收入 505.13 亿元，同比增加 14.77 亿元，增速 3.01%，为收入正增长的三项分项业务（银行卡类、支付结算类和担保承诺类）中最为缓慢的一项。这主要是受大部分商业银行继续加大对企业收费的优惠减免力度，取消与贷款相关的部分担保承诺类收费，以及银行真实贷款议价能力有所减弱等因素影响。

表 10 - 5　32 家上市商业银行担保承诺类业务情况　　　　单位：%

银行	2018 年占比	2017 年占比	占比变化	增速
中国工商银行	11.17	8.90	2.27	29.96
中国农业银行	6.48	8.75	-2.28	-14.90
中国银行	17.12	19.72	-2.61	-12.65
中国建设银行	6.29	6.34	-0.05	2.72
交通银行	8.94	10.68	-1.73	-3.64
大型商业银行平均	10.00	10.88	-0.88	0.30
中信银行	—	—	—	—
光大银行	3.32	3.45	-0.13	30.08
招商银行	14.63	9.14	5.49	83.38
浦发银行	7.97	10.08	-2.11	-1.51
民生银行	6.05	6.36	-0.32	6.42
华夏银行	13.62	15.07	-1.45	15.51
平安银行	—	—	—	—
兴业银行	5.59	8.74	-3.14	-8.79
全国性股份制商业银行平均	8.53	8.81	-0.28	20.85
上海银行	—	—	—	—
北京银行	38.87	39.03	-0.16	-11.42
江苏银行	6.50	6.73	-0.23	-11.46
杭州银行	3.23	-10.41	13.64	37.62
南京银行	—	—	—	—
郑州银行	66.44	-0.52	66.96	23.08
贵阳银行	8.57	-7.73	16.30	-40
宁波银行	8.85	3.73	5.12	73.1
长沙银行	—	—	—	—
青岛银行	—	—	—	—
成都银行	12.44	1.06	11.38	-10.71
紫金银行	—	—	—	—
西安银行	33.84	6.42	27.42	49.62
张家港行	—	—	—	—
无锡银行	—	—	—	—
苏农银行	—	—	—	—
常熟银行	—	—	—	—
青农商行	—	—	—	—
江阴银行	—	—	—	—
城商行及农商行平均	11.62	0.48	11.14	4.08
上市银行平均	8.17	8.83	-0.66	3.01

数据来源：根据各行年报整理。

三、传统中间业务收入将保持平稳增长

在中国经济由高速增长转向高质量发展、金融监管步入新阶段、银行业竞争加剧的大背景下，商业银行中间业务面临转型的要求，但中间业务发展对于银行的战略价值仍然显著。未来一个时期，我国直接融资步伐将进一步加快，乡村区域、新兴产业和中西部地区融资需求提升，"一带一路"、长三角、京津冀区域、粤港澳大湾区以及自贸港将成为金融服务的重要增长点。这些长期、积极因素的出现，将为商业银行创造支付结算、担保承诺、银行卡等业务机会。商业银行将继续深入推进"轻资本"的内涵式转型发展，持续加大中间业务布局和发展力度。预计 2019 年商业银行传统中间业务总体将保持平稳增长。

1. 银行卡类业务收入将保持较快增长

银行卡类业务主要受渠道竞争和政策影响下费率变化的影响。央行推行的个人银行账户分类制度改革，要求银行业金融机构为个人开立银行结算账户的，同一个人在同一家银行只能开立一个 I 类户，此规定将推动个人归并多余账户，继而直接导致银行卡开卡量缩减。而在支付工具选择多样化下，消费者也正逐步降低对银行卡支付的依赖度程度，"去银行卡化"和"支付去现金化"，都将改变商业银行传统发卡揽客的行业发展模式，银行卡类业务手续费面临缩减。但积极的因素是，我国消费金融正蕴含巨大机遇，商业银行纷纷转型以消费金融为重心做强零售业务。未来将有更多的资源投入零售业务发展，主动对接消费者多层次金融需求，持续创新和丰富消费金融产品，通过线上与线下融合的业务模式，大力发展零售业务，显著提升零售业务的规模和业务收入。信用卡收入作为消费金融的重要载体仍将保持较快增长，未来收入占比将进一步提高。

2. 电子支付结算类业务增长前景看好

结算业务主要受支付渠道转型和进出口贸易环境影响，国际结算业务手续费则依赖外贸业务形势与人民币汇率走势。在多元化非现金支付方式的推广使用下，传统的缴费、结算、理财业务正向电子渠道大量分流，未来银行新增账户体系将由线下主导变为线上主导，银行电子账户迎来发展契机，商业银行加快电子支付领域布局，把拓展电子账户功能作为银行增强获客和经营能力的重要途径，将使电子结算收入保持较快增长。但是，考虑到当前中美贸易摩擦加剧可能带来的负面影响，国际贸易结算收入可能会有所下降。

3. 代理类业务收入或将企稳回升

代销手续费主要受代销的基金、保险、信托产品规模以及费率的影响。目前除银行代销渠道外，还有基金公司直销、券商渠道及其他财富管理机构等销售渠道，对银行代销规模有一定程度挤压。为了减少不利因素的影响，商业银行正加紧深入推进金融供给

侧结构性改革，为客户提供更为多样化、综合化、个性化的产品和服务；加强金融科技运用，促进银行保险创新发展，实现线上线下融合；深化银行业与保险业、信托业的合作，为下一步银行保险的发展提供根本支撑；进一步发挥行业平台作用，助力银行保险转型升级。此外，银行在基金代销领域的优势也仍旧非常突出，银行代销基金绝对量比较稳定。银行代理信托类产品销售额也保持稳定增长。综合来看，随着银行大力布局金融科技、加大银保、银信合作、突出渠道优势、加强综合化金融产品和服务供给，预计2019年代理类业务手续费收入或将企稳回升。

第十一章
新型中间业务规范发展

2018 年，商业银行新型中间业务[①]发展放缓，业务收入贡献度有所下降，各机构业务发展出现分化。未来一个时期，新型中间业务持续将深化规范和稳健发展，理财业务经历新旧体系交替；投行业务更趋灵活多样；托管业务强化纽带作用。

一、新型中间业务增长明显放缓

理财、托管、投行等新型中间业务的轻资产、轻资本特征契合了商业银行的转型方向。在中国经济增长放缓，资本市场波动及资管新规正式落地实施的背景下，2018 年商业银行新型中间业务增长有所放缓。

1. 新型中间业务收入稳中有降

2018 年，披露相关数据[②]的 26 家上市银行共实现新型中间业务收入 2349.43 亿元，同比减少 543.68 亿元，较 2017 年下降 18.79%。其中，投资银行（咨询顾问）类业务收入从 2017 年的 803.74 亿元减少至 2018 年的 743.51 亿元，下降 7.49%，延续 2017 年的下降态势；托管类业务实现收入 882.25 亿元，转为负增长，同比下降 17.78%；理财类业务持续负增长，收入为 723.66 亿元，同比减少 28.80%。

2. 业务发展速度边际放缓

2018 年，商业银行的新型业务收入增速分化明显。投行业务方面，除部分大型商业银行、城商行外，其余大部分全国性股份制商业银行的投行业务收入均较 2017 年有所减少。主要是受信用创造放缓、社会融资规模萎缩的影响，一方面市场整体风险偏好下降，另一方面发债难度有所上升，全市场债券发行规模呈现下降态势，导致与融资相关的债券承销、财务顾问等投行类收入继续下降。

托管业务方面，作为一项无资本消耗、中间业务收入持续稳定、综合派生效益高的新兴业务，此前在新型中间业务中发展相对较快。且托管业务的收入主要依靠规模经济效应，大中型商业银行相对更具有优势。理财业务收入减少主要原因有两个方面：一方

[①] 新型中间业务包括理财业务类、托管类、投行（咨询与顾问）类业务。其余新型中间业务开展时间较短，且业务占比较小，暂不列入本章统计范围。

[②] 披露相关数据的银行为：工商银行、农业银行、中国银行、建设银行、交通银行、邮储银行、中信银行、光大银行、招商银行、浦发银行、民生银行、华夏银行、平安银行、兴业银行、上海银行、北京银行、江苏银行、杭州银行、南京银行、郑州银行、贵阳银行、宁波银行、长沙银行、青岛银行、成都银行、西安银行。

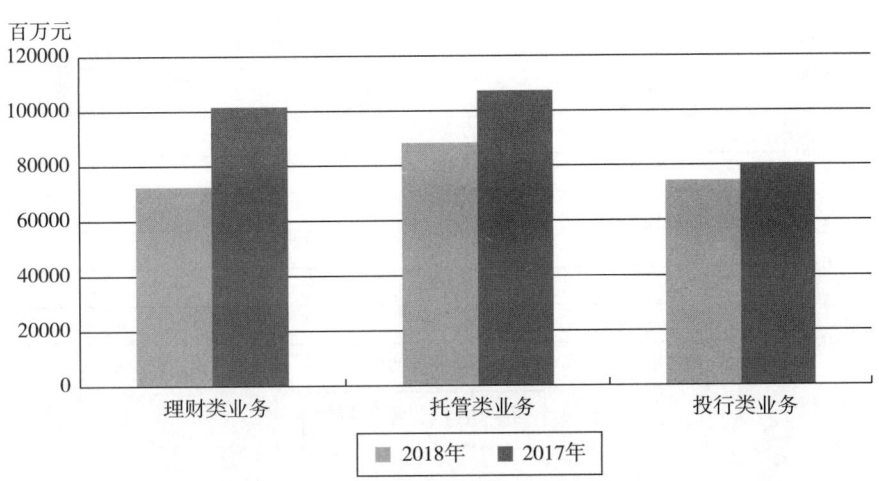

数据来源：中国银行业发展报告课题组根据各行定期报告整理。

图 11-1　上市商业银行新型中间业务发展比较

面，上市银行推动理财产品净值化转型，使得银行理财产品盈利模式产生了变化，以前是利差模式，现逐步转化为管理费模式；另一方面，非保本类理财产品推广仍然存在一定的难度。《中国银行业理财市场报告（2018年）》显示，截至2018年末，商业银行非保本理财存续规模为22.04万亿元，相较2017年末基本持平。

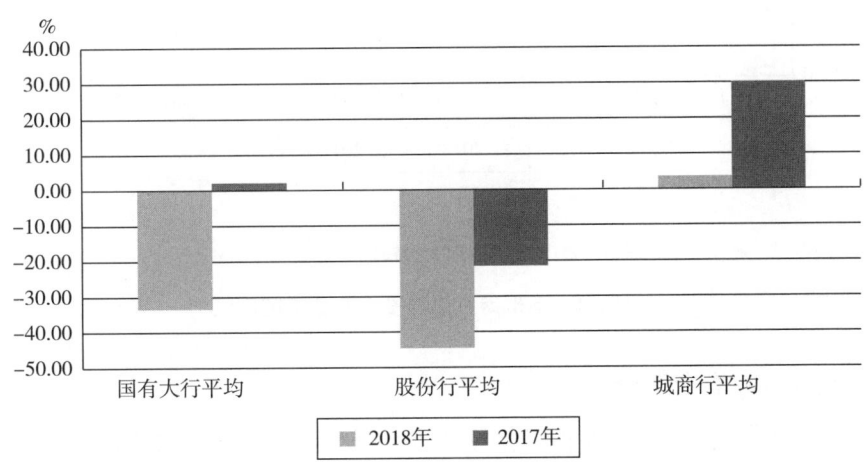

数据来源：中国银行业发展报告课题组根据各行定期报告整理。

图 11-2　上市商业银行理财业务增速比较

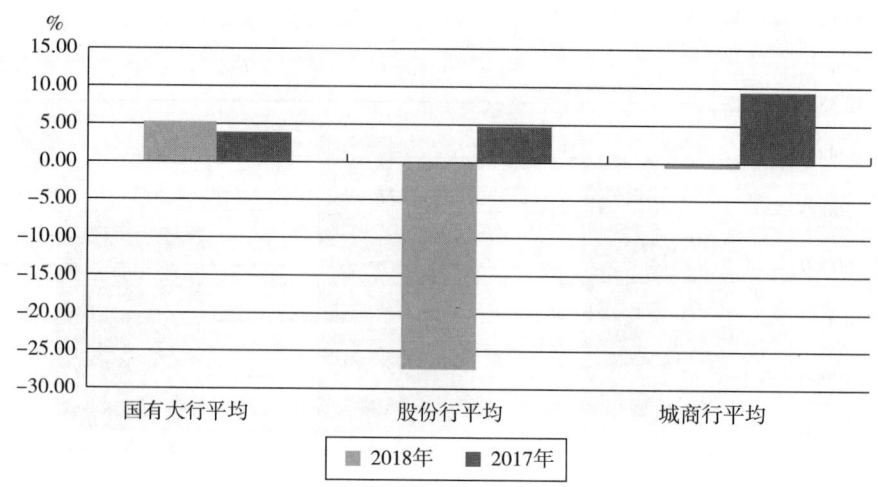

数据来源：中国银行业发展报告课题组根据各行定期报告整理。

图 11 - 3　上市商业银行托管业务增速比较

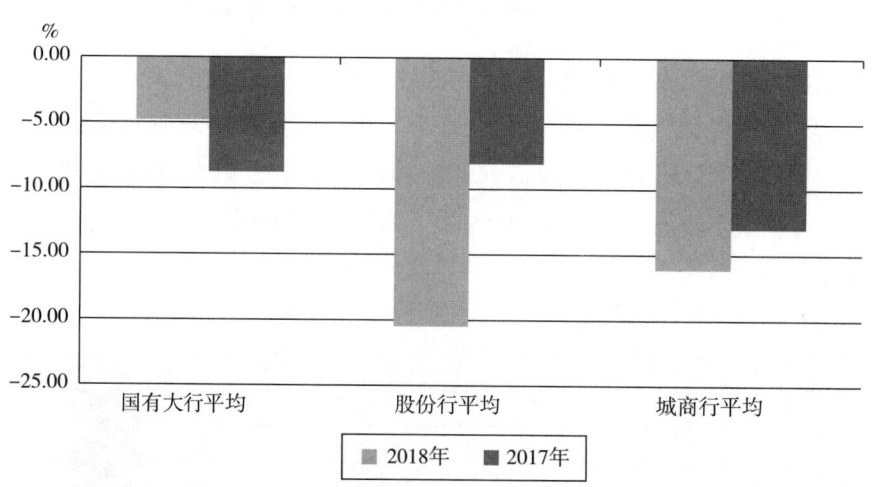

数据来源：中国银行业发展报告课题组根据各行定期报告整理。

图 11 - 4　上市商业银行投行业务增速比较

3. 业务收入贡献有所下降

2018 年，披露数据的上市商业银行新型中间业务收入平均占中间业务收入比重为 44.61%，较 2017 年减少 9.74 个百分点。其中，托管业务收入占比从 2017 年的 13.36% 下降至 2018 年的 10.51%；投行（咨询顾问）业务收入占比从 2017 年的 14.12% 降至 2018 年的 11.76%；在 9 家披露理财业务收入的上市商业银行中，理财业务收入占中间业务的比重从 2017 年的 26.85% 下降至 2018 年的 22.34%。

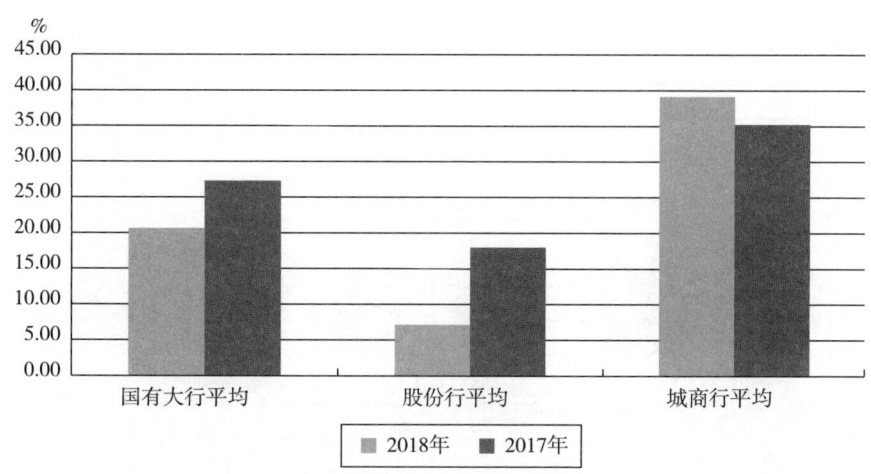

数据来源：中国银行业发展报告课题组根据各行定期报告整理。

图 11 – 5　上市商业银行理财业务占比

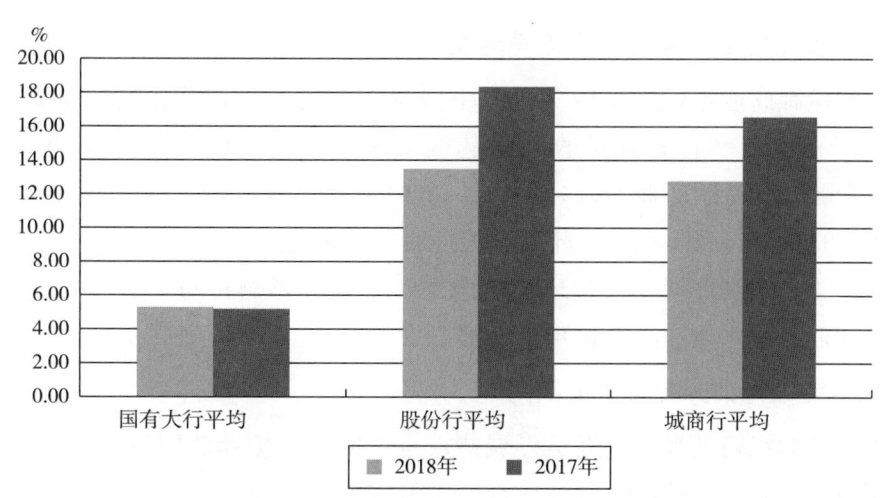

数据来源：中国银行业发展报告课题组根据各行定期报告整理。

图 11 – 6　上市商业银行托管业务占比

多数商业银行新型中间业务收入占比均呈现不同程度下降现象，但下降幅度普遍不大。理财业务方面，2018 年，理财业务成为重点监管规范领域，业务发展势头减弱，公布数据的 9 家银行收入占比绝大部分均有下降；在托管业务方面，在 20 家披露托管业务收入的上市银行中，有 13 家商业银行的该项业务收入占比下降，占比下降幅度有所不同，其余商业银行该项业务收入占比保持稳定。

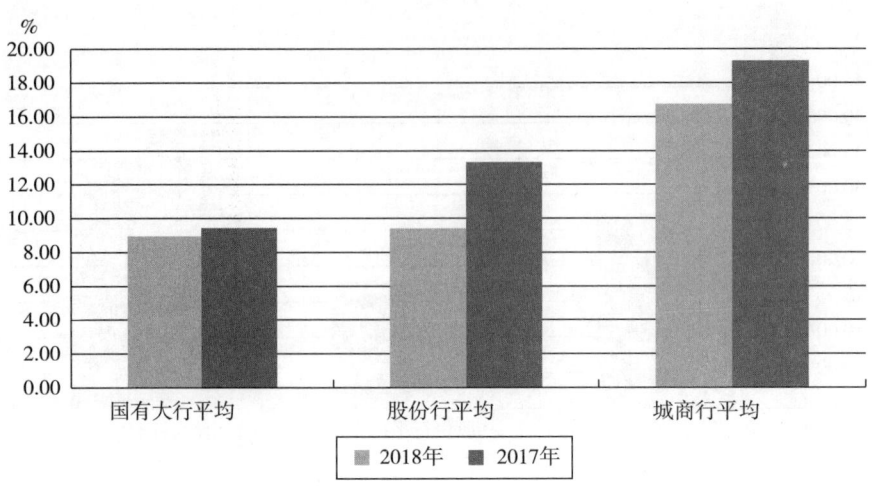

数据来源：中国银行业发展报告课题组根据各行定期报告整理。

图 11 - 7　上市商业银行投行业务占比

二、各机构业务发展出现分化

1. 不同类型银行业务发展速度差异明显

全国性股份制商业银行新型业务收入下滑幅度超过大型商业银行。从 2018 年各投行（咨询顾问）业务和托管业务收入增速变动来看，大型商业银行分别为 3.94% 和 1.36%，而全国性股份制商业银行分别为 - 12.41% 和 - 32.19%；城商行该数据分别为 - 3.08% 和 - 9.98%。原因在于，此前全国性股份制商业银行、城商行的新型中间业务规模扩张较快，在宏观环境和监管环境要求下，受到的影响相对于大型商业银行更大，所以新型中间业务收入增速下滑也更为明显。

2. 不同类型银行细分业务侧重不同

不同类型商业银行新型中间业务发展侧重点不同，大型商业银行、城商行偏重投行业务和理财业务，而全国性股份制商业银行则偏重托管业务。2018 年投行和理财业务方面，大型商业银行、城商行的收入占中间业务比重分别为 9.10% 和 20.69%，16.67% 和 39.16%，高于全国性股份制商业银行的 9.50% 和 7.16%。托管业务方面，全国性股份制商业银行的收入占中间业务收入比重为 13.48%，高于大型商业银行 52.8% 和城商行 12.77% 的占比。

3. 不同类型银行的业务发展稳定性不同

总的来说，2018 年披露数据的上市商业银行的新型中间业务收入的增速和占中间业务比重均出现下降，但大型商业银行各类新型中间业务增速和占比的下降幅度总体来说低于全国性股份制商业银行和城商行。这表明，大型商业银行对外部环境变化的抵抗能力较强，整体业务发展速度和占比保持相对稳定。2018 年，大型商业银行投行类和理财类业务收入增速较 2017 年分别下降 4.81% 和 33.32%，托管类业务则上升 5.25%；而全国性股份制商业银行的下降幅度分别达到 20.47%、44.61% 和 27.42%，业务发展的稳定性尚有不足。

三、新型中间业务持续发展可期

2019 年，商业银行新型中间业务将顺应环境变化和监管要求，总体上将以深化规范和稳健发展为主。其中，理财业务经历新旧交替、投行业务灵活多样、托管业务加强发挥纽带作用。

1. 理财类业务经历新旧体系交替

随着"资管新规""理财新规"和《商业银行理财子公司管理办法》等监管文件连续出台，2018 年被市场称为资管元年，相关文件的出台使得商业银行理财运营发展具有了纲领性文件，有效管控银行理财过去滋生问题的风险点，其中较多细则将对于银行理财运营带来根本性的改变。短期来说，在新的监管框架下，银行理财将经历新旧转化的过程，不仅是按照监管要求开始发行销售净值型产品，在这背后实际需要克服众多问题和挑战，比如：资管行业的投资者教育体系和产品销售体系都亟须做好准备来接受打破刚兑和产品净值化转型；资产管理机构需要重新构建自己的核心竞争力，其中包括投研体系的建设、产品体系的优化、风控能力抬升、后台系统的改造等；理财业务需要经历新旧交替，涉及老的产品有序处置以及新的业务健康发展。长期来看，未来商业银行理财子公司的出现将有望打通资管链条，从产品销售、财富管理到投资形成全业务链条，实现业务的全面协同，有望打造高效的投研团队和风控体系自行管理理财资金，形成全链条优势。

2. 投行类业务灵活多样

金融供给侧结构性改革为银行业投行业务确立了新的方向，中小企业、科创板、乡村振兴、经济绿色发展、脱贫攻坚、养老保障等方面的投行类业务将是重要着力点。投行业务是商业银行最灵活的业务，对市场变化十分敏感，商业银行可以及时把握当前投行业务面临的诸多政策红利和机遇，努力打造"资本市场＋信贷"的新型投行业务：一是寻找债券承销新的增长点，在金融供给侧改革的宏观背景下，深化资本市场结构性改革是关键节点，如发行无固定到期日的永续票据、可转换票据等。二是探索绿色投行类业务，十九大报告强调，"建设生态文明是中华民族永续发展的千年大计"，并重点指出要"发展绿色金融"。我国的绿色金融市场还处于起步阶段，有巨大的发展空间。三是有选择性地推进结构化融资，商业银行应该结合监管政策，选择发展方向好的结构化融资业务推进，同时规范地发展产业基金。

3. 托管类业务强化纽带作用

随着"大资管"时代的到来,为适应不同资产管理机构的服务需求,资产托管行业提供的服务将逐步从以资产安全保管、估值核算、清算交收为核心的基础服务向绩效评价、风险分析、行政外包、信息咨询交易便利等高附加值、综合型的增值服务升级。作为连接商业银行投资理财、代理推介、项目推荐等业务条线的纽带,各商业银行的资产托管部门可以通过建立集团内有效的合作联动机制,充分整合项目、资本及渠道等业务资源,优化业务流程和运作效率,将资产托管业务打造成为连接资产端和负债端的服务平台,为终端客户提供包括从产品设计、资产推荐到销售渠道等在内的一站式的综合金融服务。此外,托管市场差异化竞争趋势明显。传统大行可以凭借托管业务先发优势及网络优势,持续巩固包括公募基金、保险资金、理财产品、养老金等在内的基础托管产品优势,并不断深化托管综合服务;中小商业银行则可以通过灵活的体制机制,充分的资源整合及创新,加快占有托管市场份额。

五、风险管理篇

2018 年，商业银行持续调整优化信贷结构，坚守不发生系统性金融风险底线，不断完善信用风险管理体系，强化重点领域信用风险管控，及时化解各类风险隐患，多渠道清收处置不良资产，资产质量总体保持稳定。受国内外经济金融环境变化影响，商业银行的市场风险和流动性风险压力上升，商业银行积极研究和应对市场波动，提高市场分析的前瞻性，持续做好风险监测和提示，不断提升市场风险和流动性风险管理精细化水平。商业银行不断改革全面风险管理体系，从管理理念、管理体系、管理工具和管理能力等方面着手，持续实施和改进全面风险管理。2019 年，经济下行压力犹存，外部环境复杂多变，银行业风险管理依然面临诸多挑战，商业银行将持续加强全面风险管理，确保安全稳健运行。

第十二章

信用风险状况稳中向好

2018 年，商业银行围绕国家宏观政策着力点，持续调整优化信贷结构，牢固坚守不发生系统性金融风险底线，不断完善信用风险管理体系，强化重点领域信用风险管控，及时化解各类风险隐患，多渠道清收处置不良资产，资产质量总体保持稳定。2019 年，经济运行总体平稳，但外部环境复杂严峻，银行业信用风险管理仍面临诸多挑战。

一、信用风险状况总体平稳

2018 年，银行业不良贷款整体有所回升，不同类型银行出现分化，部分中小商业银行资产质量承压。但总体来看，我国商业银行不良贷款水平与国际同业相比仍处于相对低位，风险抵补能力持续增强，行业平稳健康发展的基础依然较为牢固。

1. 不良贷款有所回升

受内外部环境复杂多变等因素影响，以及不良贷款分类标准更为严格，2018 年银行业不良贷款有所回升。2018 年末，商业银行（法人口径，下同）不良贷款余额 20254 亿元，较 2017 年末增加 3197 亿元；不良贷款率 1.83%，较 2017 年末上升 0.09 个百分点。同时，我国当前经济基本面依然稳定，"六稳"措施成效初显，银行业转型发展成果逐渐显现，风控体系、风控技术和风险意识不断增强，存量财务资源相对充裕，不良资产处置渠道拓宽，商业银行对信用风险管控和消化能力持续增强，预计银行业资产质量仍将保持稳定态势。

表 12 - 1　2018 年商业银行主要监管指标情况　　　　单位：亿元，%

类别	时间					
	2016 - 12	2017 - 12	2018 - 03	2018 - 06	2018 - 09	2018 - 12
贷款损失准备	26676	30944	33937	34973	36727	37734
拨备覆盖率	176.40	181.42	191.28	178.70	180.73	186.31
资本充足率	13.28	13.65	13.64	13.57	13.81	14.20
一级资本充足率	11.25	11.35	11.28	11.20	11.33	11.58

数据来源：中国银保监会。

2. 不同类型机构信用风险走势出现分化

分机构看，大型商业银行资产质量持续改善，2018 年末不良率较 2017 年末下降 0.12 个百分点。股份制商业银行和民营银行不良率与 2017 年末持平。城市商业银行和农村商业银行不良率分别较年初上升 0.27 个百分点和 0.80 个百分点。总体来看，不同类型银行信用风险走势出现分化，大型商业银行资产质量仍在持续改善，股份制商业银行和民营银行资产质量保持稳定，城市商业银行和农村商业银行不良率有所上升。反映出在当前经济稳中有变和不良认定标准趋严双重因素影响下，区域性中小银行资产质量面临更大压力。

表 12 - 2　不同类型银行业金融机构不良贷款情况　　　　　单位：%

金融机构类别	2017 年	2018 年
大型商业银行	1.53	1.41
股份制商业银行	1.71	1.71
城市商业银行	1.52	1.79
民营银行	0.53	0.53
农村商业银行	3.16	3.96

数据来源：中国银保监会。

3. 风险抵补能力进一步增强

2018 年末，商业银行（不含外国银行分行）加权平均核心一级资本充足率为 11.03%，加权平均一级资本充足率为 11.58%，加权平均资本充足率为 14.20%，较上年提高 0.55 个百分点，资本充足水平持续向好。商业银行对信用风险计提减值准备同样较为充足，2018 年末，商业银行贷款损失准备余额为 37734 亿元，较 2017 年末增加 6790 亿元；拨备覆盖率为 186.31%，较 2017 年末上升 4.89 个百分点；贷款拨备率为 3.41%，较 2017 年末上升 0.25 个百分点。总体来看，商业银行风险抵补相关指标均呈现提升态势，行业整体风险抵补能力进一步增强。

二、信用风险防控能力持续增强

2018 年，面对复杂多变的内外部环境，银行业持续主动加强信用风险管理，不断完善信用风险政策制度体系，加强信贷基础管理，优化信贷资产结构，加大信用风险防控和化解力度，进一步巩固了信贷资产质量。

1. 持续推进信贷全流程优化工作

商业银行在严格落实银保监会并表监管规定和全球统一授信管理要求的基础上，切实加强集团并表管理，建立健全相关制度与程序，实现并表管理的垂直化和集中化。梳理和优化信贷流程重点环节，重构授信过程管理体系，完成配套制度修订与授权调整，强化全流程风险管控。加强贷前准入环节风险识别和防范，提高贷中信贷审批和放款审核质量，推进贷后专业化和押品集约化管理。充分发挥综合授信对资源配置和结构调整的平台作用，完善评估、评级、综合授信和信用审批制度流程。完善大额风险暴露管理，明确管理架构、工作流程、计量规则等，有效强化客户集中度风险管控。

2. 积极发挥信贷政策调结构的引领作用

商业银行积极服务现代经济体系建设，促进信贷行业结构调整优化。支持基础设施补短板，积极介入重点领域重大项目和重点工程。围绕国家区域空间布局，服务区域协调发展战略规划，突出长三角区域一体化、粤港澳大湾区、雄安新区等重点区域；推动制造业高质量发展，着力支持战略性新兴产业、先进制造业和传统产业转型升级；围绕新旧动能转换，深入挖掘"新技术、新经济、新业态、新模式"领域信贷需求；顺应消费升级趋势，加大对民生和幸福产业的信贷支持；坚持"服务到位、风险可控、商业可持续"原则，着力做好民营企业和普惠金融服务。

3. 稳妥处理地方政府债务风险

商业银行按照坚定、可控、有序和适度的要求，严格执行国家政策和监管规定，开展存量地方政府信用业务全面清理，摸清总量、结构、投向、还款来源等底数，梳理存在问题和主要风险。对不完全符合国家政策要求的存量项目，积极与地方政府沟通，督促客户整改。通过变更项目运作模式以及增加担保、补充还贷来源等增信措施，特别是对层级低、实力弱、债务率高的区域和客户，多策并举，制定预案，积极主动化解风险。同时，积极稳妥开展地方债的承销和投资，继续做好定向债置换工作。

4. 加强房地产风险管控分类指导

商业银行持续加强对房地产重点客户和关键环节的授用信管理，切实防范房地产行业风险。在信贷授权、客户和项目准入、业务办理条件上加大按区域、客户、产品实施差异化管理的力度。加强客户名单制管理，从严准入高库存三、四线城市和高负债中小房地产企业。关注大型房企多元投资、过度融资、集团组织架构过于复杂、内部担保占比过高等风险特征，加强对集团内部关联交易的跟踪监测，防止企业通过关联交易抽逃资本。对达到销售回款条件的项目尽快收回信贷资金，避免销售回笼资金被挪用。

5. 强化集团客户风险管理

商业银行围绕隐性集团客户清理、用信集中度管理、大额集团客户贷后管理、风险穿透管理等重点领域，切实加强大额集团客户风险管理。按照监管要求继续推进联合授信，加强同业信息共享，实现交叉验证、联合评估、协同监测，遏制多头融资和过度授信风险。持续推进隐性集团客户治理，挖掘关联关系，严格执行集团客户实际控制人追溯要求，严查隐性集团客户，将符合认定特征的客户全部纳入集团统一管理，以数据分析和系统管控为抓手，持续推进实际控制人标示和隐性集团客户治理工作，真实全面准确掌握集团客户信用风险。

6. 保持对产能过剩行业风险防控的政策定力

商业银行保持对产能过剩行业和高风险行业"控总量、调结构、防风险"的政策定力，控制好产能严重过剩行业和高风险行业客户融资同业占比。对钢铁、煤炭等产能过剩行业和批发、零售等高风险行业，严格总量控制；对不符合国家产行业政策的落后产能、属于"去产能"范畴的过剩产能，以及违规新增或变相新增产能的客户，严禁新增用信。对产能过剩行业和高风险行业中资质较差的客户，继续加大用信压降力度，确保用信余额较年初下降。加快退出"僵尸企业"，按照国家政策规定因企施策、分类处置，减少限控领域和低效项目资金占用。

7. 稳步推进金融科技与信用风险管理深度融合

商业银行积极顺应互联网、大数据、人工智能与实体经济融合发展的趋势，推进金融科技在信用风险管理中的深度应用。借助金融科技完善统一信用风险监控体系；充分利用大数据等先进技术，加强多维度、多层次、跨市场的全面信用风险监控工作；实施信用业务的模式创新、流程再造、智能风控，逐步实现决策支持智能化、风险识别控制精准化、业务办理自动化、信贷管理精细化。

8. 稳步提升风险缓释有效性

商业银行全面推进押品评估技术标准体系建设，进一步提升押品评估工作规范化、专业化。加强押品实物管理和价值监测，完善押品实物权证保管制度政策，加强对房地产、大宗商品、农产品、股票等市场价格监测，前瞻防范相关押品的跌价风险。同时，对担保圈业务开展常态化管控，准确识别与划定担保圈范围，强化中高风险担保圈规模管控和风险化解。加强"政府增信"业务管理，严格政府风险补偿基金准入管理，适度开展风险分担，切实防范以政府风险补偿名义开展政府违规担保。

9. 持续做好不良资产清收处置

依据市场化、法治化原则，通过债务重组、破产重整、破产清算、贷款减免、债权转让等多种方式，妥善处置企业债务问题。积极运用并购重组、资产证券化、信贷资产流转、信贷资产转让等方式，盘活存量资产，提高资金配置和使用效率。在严格资产分类的基础上，综合运用现金清收、核销、批量转让等方式，加强自主清收，加大不良贷款处置力度，提升不良资产清收处置成效，对符合核销条件的不良资产应核尽核，稳健实施批量转让。积极推进已签约法治化、市场化债转股项目尽快落地。严防隐匿隐瞒不良贷款，严查不良资产虚假出表、虚假转让等违规行为。

三、信用风险管理面临诸多挑战

2019 年以来，中国经济运行总体平稳，但外部经济环境总体趋紧，经济仍存在下行压力，在传统风险压力仍存的情况下，新的风险苗头有所显现，商业银行信用风险防控仍然面临诸多挑战。

1. 宏观经济运行仍存在一系列深层次问题和矛盾

随着降杠杆的逐步推进和新一轮"僵尸企业"处置工作的启动，部分行业和客户潜在风险将逐步暴露。同时，当前经济仍处于新旧动能转换阶段，部分传统产业进入调整期，制造业投资和民间投资增长有所放缓，经济增长对房地产和基建投资依赖较高，经济内生增长动力有待进一步增强。这些因素既有周期性的，但更多的是结构性、体制性的。商业银行信贷结构调整、新增贷款投向及信贷资产存量风险管控仍面临较大压力。

2. 企业过度融资问题仍较为突出

近年来，企业多头融资、过度融资的问题日益突出，是商业银行风险防控的重点领域之一。部分企业通过开展多元化经营、提供关联担保、多渠道融资等方式获取远超过自身经营需求的债务资金，形成债务规模大、杠杆率高、财务负担重、偿债能力弱的不良现象。在当前经济下行承压的背景下，受产能利用率下降、高杠杆叠加等因素影响，较多企业经营陷入困境，甚至因资金链断裂产生债务危机，从而影响银行业金融机构资产质量。同时，在实际业务经营中，部分商业银行也存在经营不够审慎的问题，存在"垒大户""搭便车"等情况，对企业多头授信、过度授信、贷款集中度过高等问题缺少有效的控制手段或管理不到位，存在较大的风险隐患。

3. 房地产贷款风险压力犹存

坚持"房子是用来住的，不是用来炒的"定位，落实好一城一策、因城施策、城市政府主体责任的长效调控机制，是当前国家房地产调控的总体策略。从行业运行情况看，近年来全国房地产市场区域分化进一步加剧，商业地产投资持续低迷，部分行业波动导致写字楼空置率上升。2019年以来，中小房企销售金额较上年同期明显下滑，房地产企业库存压力仍然较大。部分房企融资渠道复杂，授信银行众多，债务规模大，负债水平高，且项目分散在全国各地，生产事故、资金链紧张等负面事件时有发生。企业抗风险能力弱，经不起"风吹草动"，在此背景下，商业银行面临较大的信用违约风险。

4. 地方政府债务风险不容忽视

当前，地方政府债务管理严监管趋势不变，监管政策的核心要求是开前门、堵后门，严禁增加地方政府隐性债务，要求商业银行以项目自有经营性现金流为核心，按照商业可持续原则自主审贷，对金融机构违法违规向地方政府提供融资、要求或接受地方政府提供担保承诺的，要依法依规追究金融机构及其相关负责人和授信审批人员责任，要终身追责、倒查责任。虽然地方政府债务总体风险可控，但个别地区风险不容忽视。但随着银行贷款、资管产品等融资渠道进一步受限以及信托、债券等中短期、高成本融资集中到期，地方政府及融资平台的资金链压力持续增加，部分债务水平高、经济水平差、财政实力弱、融资平台过度依赖当地财政的地区，不排除个别平台和项目爆发信用风险的可能。

5. 外部风险冲击明显增强

2019年以来，全球经济增速放缓，贫富差距矛盾愈加显露，保护主义、极端民族主义、民粹主义抬头，地缘政治对社会稳定、经济增长的负面影响有所扩大。美国退出国际组织、英国脱欧等政治事件对全球经济的影响不可预期，在经济前景偏向下行的背景下，对金融市场的影响有放大的趋势。全球主要经济体货币宽松政策退出、加息减税缩表政策对汇率市场、大宗商品市场、国际贸易都会产生较大不利影响。中美贸易摩擦将长期存在，商业银行与进出口相关的国际贸易融资、跨境业务等将面临一定的风险压力。

专栏 12 - 1　房地产市场风险分析

2018 年，在坚持"房子是用来住的，不是用来炒的"基本定位下，房地产市场长效机制稳步推进，一、二线城市"防过热"和三、四线城市"去库存"的分类调控取得显著成效，市场趋于回归理性。2019 年，随着调控持续推进和三、四线城市需求支撑减弱，市场后续增长动力下降，预计房地产行业供求稳中趋缓，三、四线城市风险上升，房企资金压力加大。我国房地产金融政策审慎，房地产信贷质量较好，相关金融风险总体可控，但要关注房地产信贷占比过高、部分居民违规加杠杆购房、部分房地产企业债务率过高等风险。

一、行业运行情况

2019 年以来，全国房价上涨区域有所扩大，全国商品房销售面积、销售额增速放缓，施工面积增速有所提高，新开工和竣工面积增速下降，房地产开发投资增长加快，房地产贷款增速继续平稳回落。总体来看，呈现以下几个特点：

1. **房价上涨城市数量有所增加**

2018 年，在年中政治局会议"坚决遏制房价上涨"要求下，30 多个城市调控升级，房价较快上涨势头得到遏制。但 2019 年第一季度以来，房价上涨城市数量有所增加。2019 年 3 月，全国 70 个大中城市中，新建商品住宅价格环比上涨的城市有 65 个，比上年末增加 6 个；同比上涨的城市有 70 个，比上年末增加 1 个，平均涨幅较上年末提高 0.8 个百分点。二手住宅价格环比上涨的城市有 57 个，比上年末增加 10 个；同比上涨的城市有 67 个，比上年末增加 1 个。

2. **商品房销售增速放缓**

2018 年，全国商品住宅销售面积 14.79 亿平方米，同比增长 2.17%，增速自 2016 年达到 22.36% 历史高位后，已连续两年持续回落，市场不断降温。2019 年第一季度，全国商品房销售面积 3.0 亿平方米，同比下降 0.9%，增速较上年全年下降 2.2 个百分点；商品房销售额 2.7 万亿元，同比增长 5.6%，增速较上年全年下降 6.6 个百分点。

3. **房地产开发投资保持较快增长**

2018 年，全国房地产开发投资 13.03 万亿元，比上年增长 9.5%。2019 年第一季度，全国房地产开发投资累计完成 2.38 万亿元，同比增长 11.8%，增速较上年全年提高 2.3 个百分点。其中，住宅开发投资额累计 1.73 万亿元，同比增长 17.3%，增速较上年全年提高 3.9 个百分点，占房地产开发投资的比重为 72.5%。全国房屋施工面积 69.9 亿平方米，同比增长 8.2%，增速较上年全年提高 3.0 个百分点。全国房屋新开工面积 3.87 亿平方米，同比增长 11.9%，增速较上年全年下降 5.3 个百分点。全国房屋竣工面积 1.85 亿平方米，同比下降 10.8%，降幅较上年全年扩大 3 个百分点。

4. 房地产贷款增速平稳回落

截至 2019 年 3 月末，全国主要金融机构（含外资）房地产贷款余额为 40.5 万亿元，同比增长 18.7%，增速较上年末下降 1.3 个百分点。房地产贷款余额占各项贷款余额的 28.5%。其中，个人住房贷款余额为 26.97 万亿元，同比增长 17.5%，增速较上年末下降 0.25 个百分点；住房开发贷款余额为 7.92 万亿元，同比增长 26.8%，增速较上年末下降 5.1 个百分点；地产开发贷款余额为 1.4 万亿元，同比下降 3.2%，降幅较上年末扩大 7.1 个百分点。

二、房地产领域应关注的问题

1. 市场稳中趋缓，城市分化加剧

2018 年以来，房地产市场发展总体较好，主要供求指标均实现同比增长。但 2018 年下半年以来，土地市场遇冷等供给端回调信号开始出现。同时，棚改政策调整和房地产税加快推出将大幅削弱三四线城市需求，分类调控持续推进进一步影响一、二线城市需求释放。2019 年市场总体呈稳中趋缓走势，供求指标涨幅将逐步回落，全年销售面积有下滑趋势，库存水平有所反弹。在严格调控导向下，一线及多数二线城市市场稳中有降；京津冀、长三角、大湾区等都市圈核心三、四线城市受调控政策和市场下行预期等多重因素影响，需求释放有所放缓，市场进一步降温；其他大多数三、四线城市需求缺乏有力支撑，成交明显下滑，部分区域风险加大。

2. 行业集中度进一步提升，中小房企竞争力不足

随着房地产行业整体增长放缓，大型房企在租售产品结构、跨都市圈布局和融资渠道等方面优势突出，抗风险能力相对较强，逆周期操作空间较大，行业集中度将进一步提升。但负债规模较大、三、四线城市业务较为集中的大型房企，销售回款超预期减少可能引发资金链断裂风险。2019 年 1—3 月，万科、碧桂园、恒大、融创等多家龙头房企销售同比下滑。中小房企长期依赖"高周转、高成本和高杠杆"模式，经营稳定性总体较差，加上业务布局大多位于同一个城市群内，市场下行将导致中小房企洗牌力度加大。

3. 调控政策方向不变，房地产金融监管不断强化

2018 年末中央经济工作会议明确要求，房地产调控要"因城施策、分类指导"，加快实施长效机制。2019 年政府工作报告提出要"落实城市主体责任,改革完善住房市场体系和保障体系,促进房地产市场平稳健康发展"。住建部将"稳地价、稳房价、稳预期"列为 2019 年重点工作之首,要求"继续保持调控政策的连续性稳定性,加强房地产市场供需双向调节"。银保监会副主席王兆星在 2019 年"两会"期间表示,继续将房地产业务列为金融防风险的监管重点,严格控制贷款风险,明确要求"严控投机性房地产贷款,控制资质不好、高杠杆房地产企业贷款,防止通过影子银行渠道将资金违规流入房地产领域"。2019 年以来,人民银行连续降准,M_2 增速企稳回升,但信贷资金安排以定向支持民营企业和普惠金融为主。虽然市场流动性的小幅改善和房企发债政策的小范围松动,将使优质房企在融资规模、融资成本方面较 2018 年严峻形势有所好转,但从房地产行业整体看,融资政策依然从紧。

4. 房地产金融领域风险仍不容忽视

我国长期实行审慎的住房信贷政策,银行业金融机构房地产信贷质量较好,房地产金融风险总体可控,但近年来房地产业高杠杆发展模式和房价过快上涨并存,房地产行业风险有所上升。一是房地产企业债务率较高,融资方式复杂,甚至部分房企的土地竞买保证金也来自外部融资,房地产企业抗风险能力不强。二是居民购房存在违规加杠杆情况,可能导致大量短期消费贷款流入房地产市场,助长了房地产市场投机行为,推动房价过快上涨。三是银行对房地产行业的信贷敞口较为集中,部分房企还通过信托、资管计划等各类非银渠道融资,存在融资模式复杂、多层嵌套的问题,一旦房地产市场出现剧烈波动,银行业将直接面临信用风险。四是我国大量企业贷款的抵押物为房地产,如果房地产价格大幅下滑,可能通过抵押物价值变化渠道导致风险向金融业传导。五是房地产涉及众多上下游行业,其发展状况会对这些行业的经营效益和企业偿债能力产生影响,进而影响金融体系风险状况。

专栏 12 - 2   地方政府债务风险分析

2014 年出台的《国务院关于加强地方政府性债务管理的意见》和 2015 年正式实施的新《预算法》明确提出,我国对地方政府债务余额实行限额管理,地方政府显性债务底数明晰,新增债务得到控制。但由于地方政府举债方式更加隐蔽,隐性债务增长较快,潜在风险逐渐积聚。商业银行需密切关注地方政府的举债行为,加快存量政府信用类业务整改,切实防范化解地方债务风险。

一、地方政府显性债务底数清晰

截至 2018 年末，全国地方政府债务余额 18.39 万亿元。从用途来看，一般债务 10.99 万亿元，专项债务 7.39 万亿元，控制在全国人大批准的债务余额限额 21 万亿元之内。财政部有关负责人表示，如果以债务率（债务余额/综合财力）衡量地方政府债务水平，2018 年我国地方政府债务率为 76.6%，低于国际通行的 100% 至 120% 的警戒标准；按照国家统计局公布的 GDP 数据计算，政府债务的负债率（债务余额/GDP）为 37%，低于欧盟 60% 的警戒线，也低于主要市场经济国家和新兴市场国家水平。2015 年以来，中央对地方政府债务进行了大规模置换，大大降低了地方政府债务利息负担，并对举债行为进行规范清理，政府债务管控取得了较好效果，地方政府显性债务风险总体可控。

二、当前地方政府债务的主要风险

1. 存量隐性债务具体规模尚不明确

隐性举债方式具有隐蔽性、多样性的特点，地方政府通过平台公司、购买服务、PPP、各类发展基金和引导基金等进行融资，资金来源除传统的表内贷款，以及保理、银票保函等表外授信外，还包括资管计划等表外类信贷融资，其中部分还涉及名股实债、抽屉协议、承诺回购等方式。目前，地方政府隐性债务的认定标准和统计口径尚不明确，各相关监管部门一直未公布全国存量隐性债务规模的具体数据。

2. 地方政府债务规模控制难度大

一方面，地方政府融资需求强烈，通过加大基础设施建设力度拉动经济增长，以及保障各类民生支出，在财政财力不足的情况下，只能通过扩大负债满足需求。另一方面，金融机构也倾向于向有政府背景的项目提供融资，一是尽管国家相关部门对政府性债务管理已经出台了明确禁止性规定，并严厉问责违规新增政府债务的行为，但在实体经济低迷、"资产荒"的背景下，金融机构在交通、棚改、城市基础设施等政府主导项目上，仍抱有"财政兜底"的幻想；二是涉政贷款单个项目金额大，与中型企业、小微企业贷款相比，营销和管理成本更低。

3. 地方政府债务整改面临一定困难

根据中央有关部署，各地方政府隐性债务风险化解工作正在推进之中，但目前各地方政府大多尚未出台贯彻落实意见，整改工作进度不快。部分省份在清理存量债务过程中，"开前门"和"堵后门"体量不匹配，导致基建投资增速回落较大，给经济运行增加了下行压力。在平台公司清理转型过程中，部分存量项目融资风险显现，债务化解工作面临"不增加隐性债务"与"防止产生半拉子工程"的两难困境。

4. 市县级地方政府债务较为突出

地方政府债务主要集中在市县（区）两级，一些市县实际负债率较高。部分地方政府债务主要用于公益类项目建设，投资周期长、回报慢，项目自身现金流有限，还贷来源主要依赖于财政资金。而政府债务集中的市县级地方政府偿债能力整体偏弱，个别区县债务额度高，到期时间集中，还款来源不足，偿债压力大，其债务风险明显高于省级。

三、依法合规开展政府信用类业务

党中央、国务院高度重视政府隐性债务问题，银行业金融机构坚决贯彻执行国家有关地方政府债务管理的规定，稳妥化解存量风险，规范办理新增业务，严禁增加地方政府隐性债务。坚持监管合规第一，把握好合规风险，对法律法规、监管政策明令禁止或"打擦边球"的业务，坚决不能介入。

1. 积极参与地方政府债券承销与投资

加强与财政部门沟通，及时掌握地方政府发债计划，做好地方债的承销和投资工作，支持地方政府债务"开前门"。按照市场化定价机制统筹考虑投资量和价格关系，兼顾银政关系与投资收益平衡，做好地方债对应的国库现金定存、社保招标等财政资源匹配工作，提高综合收益。

2. 稳妥支持融资平台市场化融资行为

积极对接转型中的融资平台公司和转型后市场化运作的基础设施、公用事业、城市运营等领域国有企业合理融资需求。以自有经营性现金流为核心，审慎评估还款能力和还款来源，不得违法违规接受地方党委、人大、政府及其部门为融资平台提供任何形式（包括但不限于要求或接受担保函、承诺函、安慰函等）的担保，不得以预期土地出让收入还贷。项目现金流涉及财政资金的，地方政府履行相关程序应合规、完备，基本要求是财政资金安排应先有预算或纳入中期财政规划。审慎介入负债水平高、经营性资产少、经营性收入少以及市场化转型困难的融资平台。密切关注存量贷款到期偿还情况、城投债等到期兑付情况以及偿债资金来源。

3. 规范开展 PPP 项目信用业务

项目须纳入全国 PPP 综合信息平台项目管理库，从严把握项目合规标准，重点审核是否仅涉及工程建设、无运营内容，是否建立按效付费机制，是否存在地方政府回购社会资本方投资本金、兜底本金损失、承诺固定收益等。对可行性缺口补助项目，特别是政府付费项目，全面考量地方财政实力及其可持续性、地方债务规模及债务水平，审慎评估地方政府隐性债务对财政支出的影响，动态监测，防范化解项目退库风险。

4. 持续推进存量业务整改

依法解除违法违规担保关系，积极争取地方政府合法合规增信，通过增加资本、补充现金流、注入经营性资产、增加有效抵质押物、由第三方担保机构担保等方式，保障合法权益。妥善化解存量隐性债务，对地方政府清理确定属于地方政府隐性债务的，逐户逐笔梳理存在问题和主要风险，合理制定风险化解实施方案，并建立台账，多渠道掌握地方政府利用各类资金资产化解存量隐性债务的具体举措和行动，督促地方政府在债务化解期限内，通过债券置换、盘活存量资金资产、统筹各项计提和收入等措施优先偿还债务。

第十三章
市场与流动性风险总体可控

2018 年，商业银行的市场风险和流动性风险压力有所上升，但风险总体可控。2019 年，国内外经济环境的不确定性因素仍然较多，不同类别风险相互传染情况日益突出，商业银行市场与流动性风险管理难度可能进一步加大。

一、市场与流动性风险压力上升

1. 受内外部环境影响，利率汇率风险有所增大

2018 年，中美贸易摩擦给银行的风险管理带来诸多变数，全球股票、利率、汇率、大宗商品等金融市场波动增加，我国商业银行面临的市场风险和银行账户利率风险显著增大。

2018 年，境内外金融市场利率波动较大。一是贷款利率稳中略升，期限利差收窄。受贷款需求稳定和表外融资向表内融资转移等影响，金融机构贷款利率稳中略升。2018 年央行 4 次降准，市场收益率全年呈前高后低的走势，其中，中长端收益率降幅明显，期限利差收窄。二是债市收益率总体呈下行趋势，信用债利差收窄。2018 年以来，国内经济增长动能减弱、GDP 增速回落；企业融资链条趋紧、信用债违约事件增多；国际形势日趋复杂，中美贸易摩擦、美国经济和境外股市变动等外部因素亦加剧市场震荡。在此形势下，央行通过定向降准及公开市场操作将资金面维持在合理充裕状态，短端市场利率显著下行。但由于经济基本面面临下行压力，长端利率下行幅度相对较小，信用利差分化进一步加剧，中低评级信用利差显著走扩。境外方面，美国宏观经济表现强势、美联储年内四次加息，美元债券收益率全年呈现上行趋势。

2018 年，美国经济数据表现强劲，美联储多次加息，推动美元指数走强，加之中美贸易摩擦等因素影响，外汇市场波动加剧。人民币兑美元汇率呈现先强后弱、震荡走贬的态势，双向波动进一步加大。不过，由于商业银行净外汇头寸相对较少，人民币汇率波动对商业银行的冲击相对较小。

2. 市场流动性保持合理充裕，部分时点波动性增大

2018 年，国内商业银行流动性管理面临的政策和市场环境总体有所改善。央行继续实施稳健中性的货币政策，通过四次降准及中期借贷便利（MLF）等操作提供中长期流动性，保持市场流动性合理充裕。2018 年，短端货币市场利率中枢稳中有降，中长端货币市场利率总体下行。

2018 年，资金利率也经历了前高后低的两个阶段，并在某些时点出现波动。市场流动性保持合理充裕，但部分时点出现流动性紧张的情况。货币市场利率尤其是存款类金融机构质押回购利率是衡量银行间市场流动性是否宽松的核心指标。2018 年以来货币市场利率的变动可以分为两个阶段：（1）2018 年年初至 2018 年 6 月底，货币政策偏松，7天期存款类金融机构质押回购利率（DR007）的利率中枢在 2.82% 左右，高于 7 天期公开市场逆回购操作利率 2.55% 的水平，即这一时期 DR007 在政策利率的上方波动。（2）2018 年 7 月至 2018 年年底，货币政策正式转向，宽松力度加大，央行"锁短放长"操作进一步压低资金利率，DR007 利率中枢降至 2.61% 左右；DR007 基本紧贴 7 天逆回购操作利率 2.55% 运行，时而突破政策利率形成倒挂。

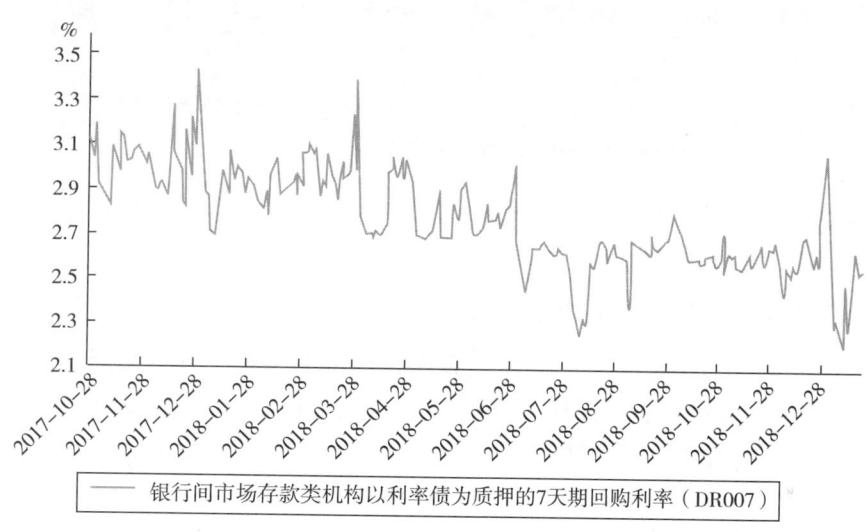

数据来源：中国货币网。

图 13 - 1　2018 年货币市场利率走势

3. 商业银行流动性水平整体稳健，部分银行资产错配风险加大

2018 年央行实施稳健的货币政策，通过多种机制和工具保持银行体系流动性合理充裕，商业银行流动性水平整体稳健。2018 年第一至第四季度，商业银行流动性比例分别为 51.39%、52.42%、52.94% 和 55.31%，整体较 2017 年有所提高。人民币超额备付金率分别为 1.51%、2.19%、1.89% 和 2.64%，整体水平也稳步提高。贷存比分别为71.18%、72.30%、73.55% 和 74.34%，较 2017 年有所上升。

2018 年，为应对我国经济下行压力，缓解社会融资规模下降的局面，满足实体经济资金需求，监管部门出台多项政策引导商业银行加大贷款投放。在各项政策的支持引导下，商业银行贷款投放保持快速增长。但与此同时，商业银行存款增长却较为缓慢，存贷款缺口有所增大。2018 年全年，商业银行贷款投放增速约为 13.5%，存款增速约为

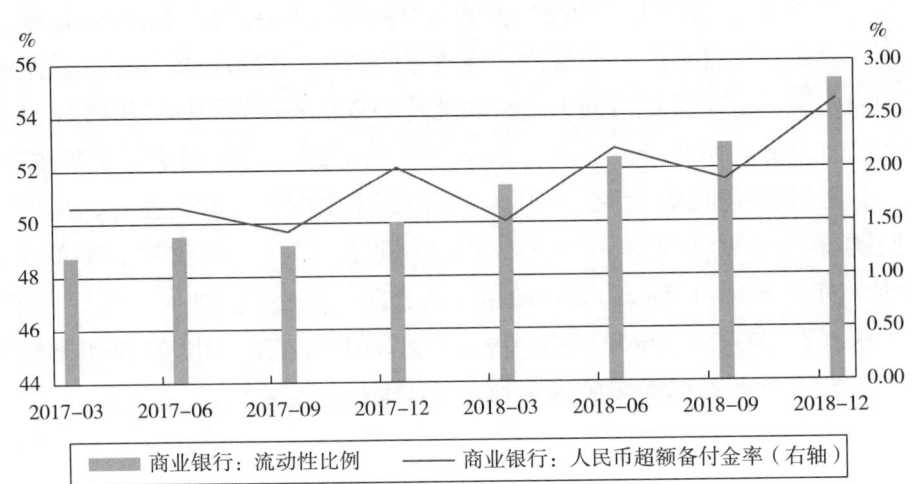

数据来源：Wind。

图 13 - 2　2018 年商业银行流动性水平整体稳健

8.2%。部分银行存贷款缺口扩大趋势明显，存贷比压力进一步加剧，资产错配的风险随之上升，流动性管理难度加大。

4. 市场与流动性风险管理能力稳步提升

2018 年，市场流动性总体平稳，但时点性波动仍然存在。国内外宏观经济金融形势复杂多变，商业银行面临的外部不确定性风险增加。商业银行积极研究和应对市场波动，提高市场分析的前瞻性，持续做好风险监测和提示，不断提升市场风险和流动性风险管理精细化水平。

商业银行合理管控市场风险。一是加强市场研究，加强对利率走势的预判，持续监测银行账簿利率风险，强化期限错配和投资久期的管控。二是加强资产负债管理系统建设，通过管理系统定期监测金融头寸和工具在各期限重定价水平。三是根据监管机构利率风险新规，完善银行账簿利率风险治理架构，加强集团并表管理，提升经营机构风险调控能力。四是持续完善模型管理技术和方法，深化模型的开发和建设，确保风险计量的准确性。五是积极应对外汇市场波动，不断完善对全行外汇敞口的计量和管理，严格控制相关业务的外汇风险敞口。

商业银行积极应对流动性风险。一是持续优化资产负债结构，多策并举推动自营存款增长，加大存贷款增长匹配力度。二是加强主动负债管理，统筹央行融资工具和金融债发行等主动负债工具，根据自身流动性需求和市场情况灵活安排主动负债策略。三是深入开展精细化前瞻性流动性风险管理，通过定量建模和动态测算等工具，加强对宏观经济的研判及对流动性状况的动态预测，提高主动风险管理水平，提前部署投融资策略。四是持续提升日常流动性管理水平，优化融资能力评估机制和资金缺口预测方法，并进一步强化头寸的精细化管理。五是加强对业务条线的流动性风险管理，针对票据和理财等业务设置单独的流动性风险限额，加强其资产负债期限匹配管理。

二、2019年市场和流动性风险总体可控

2019年，全球政治经济形势复杂严峻，外部环境仍面临较大的不确定性。我国经济仍存在下行压力，金融市场的不确定性将有所上升，对商业银行市场风险管理和流动性管理提出了更高的要求。

1. 强化流动性风险管理意识，合理管控资产负债错配程度

2019年，央行将继续实施稳健的货币政策，并将根据形势发展变化动态优化和逆周期调节，保持货币条件与经济平稳增长及物价稳定的要求相匹配。商业银行要加强市场分析和预判，着力提升流动性管理的前瞻性和主动性，继续强化流动性风险管理，加强流动性风险计量和监测，确保流动性风险承受能力保持在总体稳健水平。2019年，市场流动性将延续合理充裕状态，短端资金利率有望保持平稳运行，商业银行日间流动性和监管指标达标压力总体可控。

未来，随着社会融资规模需求持续向表内转移，以及监管机构进一步强化引导贷款投放，贷款增速将持续高于存款增速，商业银行存贷比将继续保持上升态势。国内市场上，银行存款向理财产品转移反映出企业和居民金融意识的提高，而转移时间和频率的不确定性给银行负债管理增加了难度。在存款稳定性变差的情况下，银行资产错配的风险随之上升，对资产合理摆布提出了非常高的要求。即使是银行体系的流动性保持总体平稳，也不意味着个体流动性都处于健康状态。商业银行在政策和收益的双重导向下，若存贷比快速增长，容易累积流动性风险。对于存贷比过高的商业银行，承受流动性风险冲击的能力通常会更弱。流动性管理的核心在于实现存贷匹配增长。所以，为保证商业银行稳健经营，应时刻强化流动性风险管理意识，努力开拓稳定负债来源，促进存贷款业务协调发展，防止存贷比过快增长。同时，商业银行应完善考核机制，加强核心存款吸引力度，夯实稳定负债基础。

此外，金融科技的发展将提升贷款普惠性，但也促使资金流动速度加快，流通渠道和方向分散，使得流动性风险管理的复杂程度提升。金融科技推动着支付领域的快速变革，线下支付向线上转移，资金流动更趋复杂，加大了银行对未来现金流的预测难度，对传统静态现金流预测方式产生较大冲击，一定程度上影响压力测试结果的有效性，流动性管理难度进一步增加。商业银行仅靠传统风控管理体系将难以应对流动性风险的增加，只有基于金融科技构建切实有效的智能风控体系，才能有效应对。智能风控体系应基于大数据、云计算等技术，找到化解新时期主要流动性风险因子的路径。利用金融科技，强化对现金流的动态监控和预测。借助金融科技将数字银行、丰富的电子数据交换和基于云端的现代技术结合起来，处理好企业、个人的资金流动性需求，做到对现金流动的"动态监控"。

2. 利率并轨稳步推进，银行账户利率风险管理更加复杂

2019 年央行将进一步深化利率市场化改革，推动存贷款利率和市场利率"两轨合一轨"。利率并轨将有助于疏通货币政策传导机制，提升金融资源配置效率。但与此同时，也加剧了利率波动的风险，商业银行利率风险管理将更加复杂。

在利率并轨过程中，利率波动的频率将有所加大，幅度将有一定程度的提高，利率的期限结构变得更为复杂，利率水平将表现出较大的多变性和不确定性，进一步加剧了银行业资产负债表的利率风险。同时，利息收入与金融资产估值不稳定性增加，利率风险敞口扩大，加之缺少必要的对冲手段，进一步加大银行账户利率风险的管控难度。随着利率市场化推进，商业银行要尽快建立完善的利率风险治理架构，根据宏观审慎监管、资本补充能力以及核心负债基础做好资产负债配置，科学计量利率风险，并探索如何利用衍生金融工具规避利率风险。

3. 外汇避险需求升温，汇率风险管理能力有待加强

当前及未来一段时期，人民币汇率波动可能加大，企业和居民的外汇理财和风险管理需求较为迫切，客户外汇需求行为变化对商业银行外汇业务发展带来更加多样化、多币种、个性化的需求。商业银行将密切关注外部环境和市场形势变化，积极应对外汇市场波动，运用限额管理和风险对冲等多项组合管理措施，调整和优化外汇资产负债总量及结构，加强对境外机构资产负债币种结构管理和资本金保值管理，将汇率风险控制在可承受范围内。

4. 风险交叉传染日益突出，管理难度及复杂性上升

随着外部环境的不断变化，市场不确定因素增加，银行面临风险状况的复杂性逐步增加。不同类别风险通过金融产品传递，风险相互传染情况日益突出。伴随着我国直接融资市场的发展，股票、债券、期货、外汇等金融资产的价格波动，对企业日常经营活动与现金管理的影响日益显著，各类金融市场风险逐渐成为企业偿债风险的重要诱发因素。例如，股票价格持续下跌导致股票质押贷款风险敞口逐渐增加，最终形成贷款违约。银行自身综合化经营趋势明显，经营范围及管理架构也日趋复杂。混业和跨界竞争拓展了银行与非银行金融机构、互联网金融企业的合作空间，但对银行原有的风险管理体系、政策、工具、方法造成一定程度影响，银行业将面临一定的外部输入型风险。

第十四章

着力提升全面风险管理能力

商业银行作为我国金融体系的主体，承担着防范化解金融风险的重要责任。2018年，商业银行继续完善风险管理体系，从管理理念、管理体系、管理工具和管理能力等方面，持续推进全面风险管理转型，着力提升全面风险管理能力。

一、强化全面风险管理理念

商业银行全面风险管理涉及风险战略、治理架构、文化理念、流程机制、考核激励、工具技术和人才管理等各个方面。以全面覆盖、全程管理、全员参与为原则，将风险偏好、政策制度、组织体系、工具模型、数据系统和风险文化等要素有机结合，及时识别、计量、监测、控制、报告业务经营中的各类风险。确保整体风险管理在决策、执行和监督层面都能有效运转，为实现经营和战略目标提供保证。

2018年，商业银行进一步纠正对风险管理的认知偏差，强化风险管理理念。一是将全面风险管理上升到战略层面。加强风险理念与文化传导，通过体制机制设计、领导垂范等方式，在商业银行内部形成敬畏风险的理念。二是将业务战略与风险有机结合。风险战略与业务战略是一体两面，二者不能割裂，在制定业务战略规划的同时，要制定出相应的风险战略，包括风险偏好、风险容忍度、风险承受能力和风险环境描述。三是管理层不断加强对全面风险管理的宣导。明晰风险责任，贯彻对全面风险的管理和认知，培养对全面风险管理统一理解，让每一位员工充分了解自己承担的风险责任。目前，国际先进银行均已建立完善的风险偏好框架和体系，建立了跨部门协同机制，指导业务与战略的深度融合。国内商业银行也要不断加大风险管理对业务开展的指导和约束，完善风险战略的分解与传导体系，协调条线/分行与全行层面风险偏好的一致性，确保风险战略在各个层面严格执行。

二、完善全面风险管理体系

企业全面风险管理体系框架包括目标和策略、保障体系、基本流程，以及风险管理文化四个部分。其中，目标和策略是风险管理体系建设和运行的基石和基本方针；保障体系包括组织体系、制度体系、信息系统等子体系，是实现风险管理目标、实施风险策略和运行风险管理流程的基本平台；基本流程为实现目标和实施策略提供动态管理过程，是实现风险管理目标和策略的抓手和着力点；风险管理文化是保证目标策略能够达成、保障体系能够正常运转、流程能够有效运行的根本保障。上述四部分相辅相成，共同支撑了全面风险管理体系的有效运转。

2018 年，商业银行不断完善全面风险管理体系。风险偏好方面，严格依法合规经营，坚持资本、风险、收益之间的平衡，兼顾安全性、盈利性和流动性的统一。在风险水平承担上既不冒进也不保守，通过承担适度风险水平获取适中回报。在风险抵补上保持充足的风险拨备和资本充足率水平。风险治理架构方面，根据《银行业金融机构全面风险管理指引》的要求，建立组织架构健全、职责边界清晰的风险治理架构。明确董事会、监事会、高级管理层、业务部门、风险管理部门和内审部门在全面风险管理中的职责分工。组成了四个层级、三道防线的风险治理架构。其中，董事会按照商业银行公司章程和相关监管要求规定履行风险管理职责，定期审议风险偏好陈述书，并将其作为风险管理架构的核心组成部门，通过相应的资本管理政策、风险管理政策和业务政策等加以体现和传导；监事会对全面风险管理体系建设及董事会、高管层履行全面风险管理职责情况进行监督；高管层负责执行董事会制定的风险战略；三道防线发挥事前识别与防范、事中监测与控制、事后监督与评价职能。风险制度方面，推进落实最新监管要求，完善全面风险管理制度体系，建立风险偏好分层级管理体系，强化风险限额管理，全面提升有效风险数据加总和风险报告能力。风险流程方面，针对缺乏流程中对风险主动管理的问题，商业银行通过界定关键风险流程、明确主要责任部门并建立流程管理闭环，优化风险管理流程，管住流程中高发的操作与合规等风险事件。

三、不断加强各类风险防控

《巴塞尔协议》指出，商业银行的全面风险是指由银行不同部门（或客户、产品）与不同风险类别（信用风险、市场风险、操作风险）组成的"银行业务×风险矩阵"中涵盖的各种风险。除了《巴塞尔协议Ⅱ》中提到的三大风险外，还加入了流动性风险、声誉风险、国别风险等。

2018 年，商业银行不断加强各类风险防控。信用风险防控方面，密切跟进宏观经济金融形势，抓化解、控风险、调结构、促发展、强基础，强化信贷资产质量管理，推进信贷结构优化，完善信用风险管理政策，提升风险管理的主动性与前瞻性。以客户为中心，进一步强化统一授信，全面扎口信用风险管理。持续完善授信管理长效机制，完善资产质量监控体系，通过强化贷后管理、加强客户集中度管控等措施，进一步完善潜在风险识别、管控和化解机制。加强对重点地区的风险分析与资产质量管控工作督导，加强对各业务条线的窗口指导。制定大额风险暴露管理办法，明确管理架构、工作流程、计量规则等，有效强化客户集中度风险管控。持续调整优化信贷结构。以促进战略实施和平衡风险、资本、收益为目标，加大应用新资本协议实施成果，完善信贷组合管理方案。结合国家宏观调控措施和产业政策导向，制定行业授信指引，持续推进行业政策体系建设，优化信贷结构。加强贷后管理和不良资产清收处置。继续强化重点客户贷后管理工作，加强大额风险监测，及时化解风险。对高资产负债率国有企业，通过"降杠杆"控制风险，支持企业并购重组缓释风险。持续加大不良贷款清收处置力度，在坚持自主清收、加快核销的基础上，积极拓宽处置渠道，推进不良资产证券化和市场化债转股。

市场风险防控方面，积极应对市场环境变化，持续优化市场风险管理体系，有效控制市场风险。密切跟踪市场波动和监管政策变化，加强债券投资风险管理。根据市场和业务需要，提高风险响应速度，及时调整和完善投资政策。针对债市违约高发状况，提高排查有效性，加强重点领域风险管控工作。完善市场风险偏好传导机制，优化市场风险限额管理模式，主动适应业务发展变化。加强市场风险及交叉风险前瞻性研判，优化交易对手信用风险管理流程和机制，提高风险预警及化解能力。强化银行账簿利率风险管理体系和管理机制建设，进一步完善利率风险管理策略、管理政策和管理流程。继续坚持稳健审慎的流动性管理策略，夯实流动性风险管理制度及系统基础。

操作风险防控方面，围绕监管重点和操作风险变化趋势，加强操作风险管理。持续开展重点领域和关键环节风险治理，积极开展深化整治工作，推动制度、流程、系统、机制等方面优化完善，推进关键环节的流程硬控制。强化外部欺诈风险管理，切实保护客户资金安全，加强操作风险限额管理，做好限额指标监控和报告。优化操作风险计量系统，强化大额操作风险事件管控，持续加强操作风险管理工具应用和风险数据质量提升。

流动性风险防控方面，商业银行一方面坚持稳健审慎原则，健全制度框架，积极适应央行货币政策工具的调整节奏，前瞻应对内外部资金形势和资金形态变化，保持资金来源运用通道顺畅。另一方面，细化现金流预测模型，丰富压力测试情景，借助金融科技和大数据应用，全面、主动提升流动性管理精细化水平。

此外，针对声誉风险和国别风险的防控也采取了一系列有力的措施。声誉风险管控方面，商业银行开展声誉风险排查工作，加大舆情监测力度，加强重大声誉事件预案管理，完善防控机制；国别风险防控方面，密切跟踪、监测风险状况，通过国别风险评级、限额核定与调整、风险敞口统计、市场研究分析和压力测试等工具方法，增强国别风险管理的有效性。

四、提升全面风险管理精细化水平

2018年，商业银行在强化全面风险管理理念、完善全面风险管理体系和加强各类风险防控的同时，强化预期风险的管理，推进全面风险精细化管理水平，有效保障了自身的稳健经营和创新发展。

一是利用金融科技夯实风险管理基础。商业银行以大数据和量化模型为驱动，整合行内外数据资源，推动风险模型全方位应用。一方面，充分运用大数据、AI等领先科技，优化内部评级与反欺诈模型，提高风险计量的准确性与稳定性，全面提升风险管理效率和水平。另一方面，整合内外部数据源，多维度刻画、验证和还原客户真实的资产负债情况，形成客户风险统一视图，提升风险识别能力。

二是注重风险管理的业务差异化。公司金融方面，进一步加强重点领域风险识别、管控和主动压退，通过限额管理严格控制总量和投向，防范化解产能严重过剩行业风险。加强地方政府融资平台贷款管理，严格控制总量。落实国家房地产调控政策和监管措施，加强房地产贷款风险管理。个人金融方面，优化个人客户统一授信，修订和完善普惠金融业务授信管理政策，支持普惠金融业务发展；持续完善个人网络贷款、信用卡授信管理政策，防范过度授信和交叉传染风险。落实个人住房贷款的监管要求，继续严格执行差别化的个人住房贷款政策。加强对重点产品、重点地区的风险管控。

三是以绩效考核推动风险管理落实到人。商业银行持续完善全面风险管理评价体系，将评价结果与 KPI 等考核体系挂钩，提高业务部门内员工风险意识的同时，解决风险团队的激励问题，引导风险管理部门主动支持前台业务发展。同时，强化岗位制衡，加强条线的专业队伍建设，设计风险专业序列，对其管理与专业能力提出明确要求，加大风险人才培训，切实提升风险人员的专业化能力。

专栏 14 - 1   商业银行不良资产处置及展望

随着我国经济增速中枢下移和经济结构转型调整，商业银行资产质量承压。党的十九大把防范化解重大风险列为三大攻坚战之首，银保监会也有针对性地提出了一系列整治商业银行市场乱象的监管政策，以加快推动银行不良资产真实暴露及市场出清。加快处置不良资产不仅有利于防范和化解金融风险，也有利于增强服务实体经济的能力，成为商业银行高质量发展过程中面临的一项重要任务。当前形势下不良资产处置机遇与挑战并存。

一、商业银行仍需加大不良资产处置力度

不良资产处置既是化解风险的需要，也是创造价值的经营行为，银行对不良资产处置的需求日益强烈，不良资产处置的特殊作用正在日益显现。据银保监会公布的数据，2018 年，全国商业银行处置和核销不良资产接近 2 万亿元，较 2017 年处置和核销的 1.4 万亿元大幅增加，不良资产处置工作完成较好。但目前商业银行资产质量仍然承压，需要进一步加大不良资产处置力度。一方面，从外部环境看，随着去产能和对"僵尸企业"处置工作的推进，部分存量客户的信贷风险将会暴露；另一方面，从银行自身情况来看，关注类贷款和逾期贷款规模仍然还在高位，转为不良的可能性依然较大。从主要上市银行披露的数据看，目前关注类贷款迁徙率仍处在近年来的高点。随着今后信用风险的持续暴露，商业银行不良资产处置工作仍然任务艰巨。

二、不良资产处置机遇与挑战并存

1. 不良资产处置难度有所提升

2018 年以来，商业银行不良贷款处置难度有所提升。一方面，与上一次在经济上升周期处置不良资产的情形不同的是，当前需要在经济增速下行条件下开展处置工作，同时不良债权及其抵质押物情况更为复杂，过去那种通过经济周期回升实现资产升值的模式已经很难再现。另一方面，从处置主体角度看，各类资金的涌入也推高了不良资产的价格，而底层资产价格已处于高位，能否持续上涨的不确定性较大，不良资产处置越来越依赖于技术升级和对金融工具的综合运用，以实现对资产价值的挖掘与提升。同时，受金融严监管和"去杠杆"等的影响，作为不良资产处置主体之一的金融资产管理公司的融资成本也在上升。受这些因素的综合影响，不良资产处置难度显著增大。

2. 不良资产市场体系有望进一步理顺

当前，我国不良资产行业相关制度尚不够完备，行业秩序有待规范。现有的不良资产处置政策尚不完备，部分处置方式如不良资产证券化等仍然存在有待明确的地方。不良资产市场透明度较低，需探索制定不良资产交易信息披露等行业标准，强化业务监管。同时，不良资产市场活跃度有待提升，我国不良资产处置交易较为分散，市场缺乏流动性。2018 年 6 月，银保监会颁布了《金融资产投资公司管理办法（试行）》，有利于商业银行与金融资产管理公司在不良资产处置方面强化协同合作，形成不良资产处置的新途径。2019 年初银保监会又下发了《关于加强地方资产管理公司监督管理有关工作的通知（征求意见稿）》，对地方金融资产管理公司的业务范围、资金来源、监管权限等做了进一步的规范和明确，将对其规范化发展和行业有序竞争产生重要的积极影响。

3. 不良资产处置主体逐渐增加

商业银行除内部自行核销和处置不良资产外，市场上其他机构的参与也是处置不良资产的重要力量。随着行业准入的逐步放开，目前不良资产处置主体已由原来的"四大"扩展到"4＋2＋N＋银行系"，呈现多元化竞争格局：原四大国有资产管理公司（信达、华融、东方、长城）已发展为持有银行、证券、保险、基金等金融牌照的金融控股集团，地方金融资产管理公司纷纷设立，商业银行开始组建金融资产投资公司，未持牌的金融资产管理公司也日益壮大。随着互联网技术的快速发展，线上不良资产交易平台也开始涌现，不良资产市场服务商逐步增多，市场化运作的基础更为稳固。随着市场参与主体的不断丰富，商业银行不良资产处置的通道更为畅通。

4. 不良资产处置模式不断丰富

商业银行通常采取贷款核销、贷款重组、清收、诉讼追偿、转让等方式化解和处置不良资产，鉴于当前不良资产呈现的新特征，此类方式面临一定的局限。在目前的市场与政策环境下，可选择的处置方式也更为多样。例如，部分银行化不良资产被动处置为主动，通过新设不良资产经营部门，或将原有部门进行升级，创新不良资产处置和经营的思路。随着银行系金融资产投资公司的逐步设立，对市场化债转股业务也将起到助推作用。从金融资产管理公司的角度，还可采用阶段性经营、资产重组、市场化债转股、不良资产证券化、"互联网＋不良资产处置"平台等模式进行处置。今后需要通过模式创新，把各方资源有效整合，围绕不良资产的价值发现和价值提升等关键环节，综合运用包括债务重组、资产重组、批量转让、不良资产证券化、市场化债转股等在内的多种方式，并充分发挥交易所、互联网、拍卖行、律师事务所、评估机构等服务商的功能作用，实现不良资产的有效处置。

三、金融业开放为不良资产处置带来新活力

随着金融业对外开放的加速，国外投资者有望进入国内不良资产市场。一方面，扩大金融开放有助于提高商业银行的公司治理能力和业务创新能力，培育高效率的竞争环境。另一方面，金融开放使得国内不良资产市场各参与主体可以同外资金融机构深入合作，学习其先进的风险管理和处置经验，提升风控能力，提高不良资产处置效率。此外，对外开放有利于海外资本参与国内不良资产处置，或寻求与国外特殊机会资产投资基金开展合作，发挥多种资源的作用，加速国内商业银行不良资产处置进度。

六、改革转型篇

　　面对内外部环境的深刻变化，银行业金融机构进一步深化体制机制改革，充分激发经营活力，提升服务实体经济质效。不断提高定价水平及精细化管理水平等，积极迎接利率并轨；积极审慎地发展小型银行，"门当户对"地支持小微、民营企业的发展；坚持科技引领，推动金融科技与业务的融合发展，充分利用金融科技为业务赋能；稳步推进新一轮高水平对外开放，以开放促发展，以开放提高金融的有效供给，提高金融活力和竞争力。

银行业积极迎接利率并轨

市场利率与存贷款利率两轨并存对商业银行及货币政策转型等都带来一系列挑战。2019 年的政府工作报告提出,"深化利率市场化改革,降低实际利率水平"。未来利率并轨可能遵循先贷款、后存款的顺序稳步推进,商业银行将不断提高定价水平及精细化管理水平等,积极迎接利率并轨。

一、市场利率与存贷款基准利率"两轨"并存

目前,我国存在着存贷款基准利率与市场化利率两轨并行的局面。一方面,虽然存贷款利率浮动限制已经放开,但商业银行存贷款利率仍然主要依据央行发布的存贷款基准利率定价。另一方面,货币市场利率、国债收益率等利率已经日益市场化,对金融机构定价发挥着重要的参考性作用。在两轨并行的情况下,存贷款利率的变动与市场利率的变动之间可能出现分歧。

利率两轨并行的局面既影响到货币政策的有效传导,也加大了商业银行管理利率风险的难度。从利率传导的角度来看,2016 年以来,央行并未调整存贷款基准利率,而是更多地通过公开市场操作来传递资金价格变动的信号。在新的货币政策调控方式下,以逆回购利率、MLF 利率为代表的公开市场操作利率能够引导银行间资金利率,进而影响商业银行的负债成本和贷款定价。然而,从公开市场操作利率到存贷款利率的传导链条较长,且商业银行负债端市场化定价程度较低,削弱了公开市场操作利率对贷款利率的影响。

从商业银行的角度来看,银行间资金利率已经实现了市场化,但贷款利率定价仍主要以贷款基准利率为锚。这意味着在银行间资金利率上行、贷款基准利率不变的情况下,商业银行可能面临负债端成本上升、资产回报率反应滞后的问题,引起息差被动收窄。此外,由于商业银行存款定价主要以存款基准利率为定价基础,但货币基金能够依据市场利率给予储户较高的收益率,商业银行吸收存款的难度有所上升。

政府工作报告要求深化利率市场化改革,降低实际利率水平。而贷款利率中所包含的风险溢价水平较高是实体经济,尤其是小微企业融资贵的重要原因。促进利率并轨,能够拓展商业银行自主定价的空间,强化市场竞争,引导金融机构更为准确地对贷款风险进行定价,进而实现降低风险溢价、提升金融服务实体能力的目标。

二、培育市场化贷款定价机制

培育市场化的贷款利率形成机制，关键是将贷款利率定价的基准从贷款基准利率转换为其他更为市场化的利率指标。在理想情况下，新的贷款利率基准应当具备以下特质。第一，可靠性。这一点在 LIBOR 操纵案发生后受到监管机构和市场的格外重视。LIBOR 是使用最为广泛的利率基准之一，但其计算基础却是商业银行的主观报价，这使得操纵 LIBOR 成为可能。第二，稳健性。利率基准应当来自具有足够深度和流动性的市场，使利率能够有效反映资金供需，且难以被单个市场参与者操纵。即使在市场压力较大的极端情况下利率依然能够生成并且可用。第三，能够反映商业银行的资金成本。商业银行是贷款资金的提供者，因此贷款利率基准应当反映商业银行资金成本的变动，避免商业银行陷入较大的利率风险。第四，有效传导政策利率。在价格型的货币政策框架下，贷款利率的定价基准需要及时有效地反映政策利率的变化，否则货币政策的效力将被削弱。第五，可对冲性。利率基准需要有相应的衍生工具，便于金融机构与企业对冲利率风险。

为深化贷款利率市场化，2013 年央行便开始了探寻新贷款利率基准的尝试。2013 年央行启动了贷款基础利率（Loan Prime Rate，LPR）集中报价和发布机制。所谓贷款基础利率，是指金融机构对其最优质客户执行的贷款利率，其他贷款利率可根据借款人的信用情况，考虑抵押、期限、利率浮动方式和类型等要素，在贷款基础利率基础上加减点确定。

LPR 推出后，部分商业银行贷款开始以 LPR 定价，但贷款基准利率仍然是当前商业银行贷款定价的主要依据。不过自 2013 年推出以来，LPR 利率走势与贷款基准利率走势基本一致，并未对现行的贷款利率定价机制起到显著的补充作用。这种现象或许反映了贷款基准利率对 LPR 的"磁吸"效应，也就是说在贷款基准利率仍然存在的情况下，商业银行可能倾向于参考贷款基准利率来决定 LPR。如果央行不再公布贷款基准利率，LPR 或将得到更大的自主定价空间，有助于提高商业银行贷款市场化定价的能力。

然而，以 LPR 为贷款利率基准也将带来一定的挑战。一方面，国际经验显示，负债端利率的刚性可能削弱 LPR 的灵敏性，导致 LPR 的反应往往滞后于市场利率。存款是商业银行负债的主要来源，如果存款利率市场化定价程度较低，商业银行负债成本对市场利率的反应也会相对滞后，进而导致 LPR 调整滞后。另一方面，LPR 由商业银行报价得出，并非基于真实市场交易，因而存在一定的操纵空间，可能带来贷款定价不透明的风险。

由于 LPR 反应不如市场利率灵敏，LPR 在国际上更多地用于零售贷款。例如，在美国 LPR 更多地运用在零售贷款细分市场之中，日本的 LPR 更多地运用于住房贷款和小公司。

因此，除了 LPR 之外，还可以探索以上海银行间同业拆放利率（Shibor）、存款类机构质押式回购加权利率（DR）、中期借贷便利（MLF）利率等利率指标作为新的贷款利率基准，拓展金融机构自主定价的空间，通过市场竞争促使金融机构更为准确地进行风险定价，进而降低风险溢价，降低实体经济融资成本，提升金融服务实体的效率。

三、稳妥推进利率并轨

2019 年 5 月，央行行长易纲表示："在进一步推动利率市场化改革的过程中，央行存款基准利率仍将继续发挥重要作用；贷款利率实际上已经放开，但仍可进一步探索改革思路，如研究不再公布贷款基准利率等，同时要继续深入研究贷款利率走势，以及存量贷款合同切换的问题……"可见，在推进利率并轨过程中，可能遵循先贷款、后存款的顺序。

第一，鼓励新增贷款以 LPR、DR、Shibor 等利率为定价基准，从而提高市场利率与贷款利率之间的关联，逐渐弱化贷款基准利率的影响。为稳妥推进利率并轨，可以渐进地提高新增贷款中以新利率基准定价的比例。如果采用 LPR 为新的贷款利率基准，可以进一步改革 LPR 的形成机制。例如，参考美国模式在央行基准利率或 DR 加点的基础上形成 LPR，作为一种市场参照，但不强制商业银行采用，以便为市场选择留出空间。

第二，为存量贷款更换利率基准设置过渡期。在我国商业银行中长期贷款占比较高的背景下，如果存量贷款继续盯住贷款基准利率，这些贷款将从浮息贷款变为固息贷款，商业银行资产端与负债端基准错配的风险将日益积累。为了减轻商业银行面临的基准错配风险，可以为存量贷款设定一定的过渡期，推动存量贷款在过渡期内有序转换利率基准。在过渡期内，引导金融机构将存量贷款在成本和风险可控的情况下，和双方协商一致的基础上转换定价基准。央行可以在广泛征求金融机构与企业意见的基础上给出利率换锚的可行方案供市场主体选择。值得注意的是，贷款利率并轨应当稳步推进，兼顾商业银行的经营风险与实体经济的平稳运行。此外，以存贷款基准利率定价的浮息债可以通过回购等方式逐步退出市场并实现换锚。

第三，加快存款利率渐进式改革的步伐，提高存款市场化定价的程度，疏通货币市场利率向贷款利率的传导。对居民与企业负债是我国其他存款性公司负债的主要组成部分，占比在 60% 以上。但其中除了部分协议存款、结构性存款外，其他存款利率与货币市场利率的联系并不紧密。这意味着，货币市场利率变动对商业银行负债成本的影响较为有限，难以 100% 传递到贷款利率。

为了提高商业银行负债端定价市场化的程度，可以考虑进一步放松大额存单与定期存款的利率浮动限制，推动存款品种创新，例如推出收益与货币市场利率挂钩的货币市场存款账户或者货币市场存单，但设置相对较高的最低认购面额。逐步降低大额存单或货币市场存款的面额限制，分步缩短市场化定价的存款的期限要求。为了减轻商业银行的基准风险，可以考虑为存贷款利率确定一致或较为接近的定价锚，保障银行体系持续稳健发展。

与之相应地，考虑到存款利率自由化可能带来的竞争压力和商业银行破产风险，应当进一步健全存款保险制度，厘清商业银行破产处置方案，强化对存款人和其他债权人的保护力度。

四、搭建利率并轨的"基础设施"

除了转换存贷款利率基准之外，稳妥推进利率并轨还需要相应政策环境与市场建设的配合。

首先，推动存贷款利率与市场利率并轨，离不开货币政策进一步从数量型向价格型转变。在 2016 年之前，央行可以直接调整存贷款基准利率，进而对实体经济融资成本施加影响。但在不调整存贷款基准利率的情况下，货币政策工具对实体经济的影响变得更为间接，央行需要通过公开市场操作或准备金等政策工具影响货币市场利率，再由货币市场利率向存贷款利率传导。然而，这一传导过程并非一帆风顺。一方面，在货币政策框架由数量型向价格型过渡的过程中，公开市场操作利率与同期限货币市场利率之间可能存在分歧。例如，2017 年 DR007 较 7 天逆回购利率平均高出 39 个基点，但 2019 年以来 DR007 又时常低于 7 天逆回购利率。公开市场操作利率与货币市场利率之间的分歧一定程度上削弱了公开市场操作利率的引导作用，也不利于管理市场的利率预期。另一方面，我国货币市场利率波动较大，且有明显的季节性特征。如果贷款利率与货币市场利率之间建立起密切的关联，可能使企业融资成本也出现较大的波动和季节性变化。

因此，可以探索完善价格型货币政策调控体系，疏通政策利率向货币市场利率，以至存贷款利率的传导，保持市场利率合理稳定，充分发挥货币政策熨平经济周期、优化金融资源配置的作用。

货币政策从数量型向价格型转变包括货币政策中介目标的转变和货币政策调控工具的转变两个方面。货币政策中介目标方面，明确货币当局的政策目标利率及其操作对象，弥合政策利率与市场利率之间的分歧，加强利率预期管理。这既可以提高公开市场操作利率对市场利率的引导作用，又有助于保持市场利率水平的合理稳定。货币政策调控工具方面，逐渐淡化数量型调控手段。较高的存款准备金率会削弱利率传导效率，降低价格型调控的有效性。因此，在货币政策转型的过程中，可以进一步下调法定存款准备金率以提高利率传导效率，并逐渐淡化 M_2 增速、社会融资规模增速等数量型目标。

其次，大力发展利率衍生品市场，使商业银行和企业均能够利用衍生品有效管理利率风险。我国商业银行贷款里中长期贷款的占比较高，但利率并轨后中长期贷款如何定价仍是一道难题。在理想情况下，商业银行可以借助利率互换、远期利率合约等工具发现中长期利率、对冲利率风险，但我国的利率衍生品市场发展程度较低，无法完全满足商业银行管理利率风险的需求。一方面，我国利率互换市场的规模较小，市场深度不足。2018年我国各期限利率互换名义本金总额平均为1.7万亿元，但2018年12月金融机构贷款余额为136.3万亿元。另一方面，我国利率互换期限主要集中在1年以内，中长期利率互换成交较少。2018年FR007利率互换中期限在1年以内（含1年）的比例平均为66.0%，5年以上的占比平均不足0.02%；Shibor 3M利率互换中期限在1年以内（含1年）的比例平均为83.1%，没有超过5年的品种。但根据BIS的统计，2018年上半年全球OTC市场远期利率合约与利率互换中期限在1年以内（含1年）的比例为49.0%，5年以上的比例达到19.7%。

利率并轨后，商业银行存贷款利率与市场利率之间的关系将显著增强，商业银行对利率衍生品的需求也将显著提升。为了提高商业银行管理风险的能力，需要大力发展利率衍生品市场，尤其是与新的存贷款利率定价基准挂钩的衍生品市场，提高衍生品市场深度，丰富期限结构，推动市场主体多元化。由于目前利率互换市场里中长期限品种交易较不活跃，为了便于商业银行管理中长期利率风险，建议放开商业银行进入国债期货市场。作为国债的主要投资群体，商业银行进入国债期货市场既有助于提升国债期货市场的价格发现功能，也能够显著增加国债期货市场的深度。此外，由于国债利息收入免税政策使得许多国债投资者倾向于持有国债至到期，可以考虑取消国债利息收入免税政策以提高国债的流动性。

为迎接利率并轨，商业银行积极探索提高自主定价能力。第一，市场利率定价自律机制不断完善。2013年9月市场利率定价自律机制成立，对金融机构自主决定的货币市场等金融市场利率进行自律管理，促进市场竞争，规范价格形成。2018年第四季度《中国货币政策执行报告》指出，自律机制成员范围已经扩大至2051家，其中包括15家核心成员、1182家基础成员和854家观察成员。第二，同业存单市场有序发展。同业存单是帮助金融机构发现资金价格、推动利率市场化的重要抓手。自2019年第一季度起，资产规模在5000亿元以下的金融机构发行的同业存单开始纳入MPA同业负债占比考核，同时央行适当增加了同业负债占比考核的弹性，使得金融机构能够灵活运用多种渠道补充资金，有助于疏通利率传导，缓解实体企业融资难的问题。第三，大额存单市场发展加快。2018年大额存单发行主体范围有所扩大，大额存单利率较基准利率上浮区间也有所放松，商业银行可以通过大额存单吸收负债并给予储户更为灵活的利率定价。

第十六章
积极审慎发展小型商业银行

习近平总书记在中共中央政治局第十三次集体学习时提出，要以金融体系结构调整优化为重点，构建多层次、广覆盖、有差异的银行体系，增加中小金融机构数量和业务比重，改进小微企业金融服务。李克强总理在 2019 年政府工作报告中要求，"改善优化金融体系结构，发展民营银行和社区银行"。当前及未来一个时期，有必要从改善供给结构、扩大资源投入和强化政策支持三个关键领域入手，着力解决民营及中小微企业的融资问题。

一、小型银行服务中小微和民营企业具有天然优势

小型银行在服务中小微及民营企业方面有着明显的优势。小型银行的小规模决定了小客户的定位清晰且稳定。小型银行的资本规模和经营区域有限，注定了其小资本、小资产、小范围、小客户、小业务"五小"特征。小型银行只能"门当户对"地服务于中小微及民营企业，而不易萌生"做大做强"的冲动，也没有能力傍"大款"。由于经营区域范围的限制，小型银行主要在社区经营，具有明显的"下沉"优势，更容易了解和把握区域内小企业以及小企业主的信用状况和还款能力的"软信息"，较好地克服信息不对称难题，可以及时、有效地管控信用风险。与小额贷款公司不同，小型银行可以吸收存款，不仅可以持续获取金融资源并配置给小微企业，而且还可以通过信用创造，在监管要求范围内合理加杠杆，不断增强服务小微企业融资的能力。小型银行的决策流程和业务流程相对较短，操作程序简便易行，效率优势、成本优势比大中型银行更为明显，也更能有针对性地、灵活地为小微企业提供金融产品和服务。小型银行可以沿用银行成熟的风险管理机制并结合中小微客户特点加以改造，形成相匹配的风控理念和风险偏好。所有小型银行都置于存款保险制度的覆盖之下，因而可以较好地控制系统性风险。

近年来城商行和农商行对小微企业的业务拓展力度在加大，其发放的小微企业贷款余额在商业银行中的比重呈现逐年增大的趋势。根据银保监会数据，2018 年末，城商行和农商行提供的小微企业贷款占比已经达到 52.44%。

金融需求的分层特点决定了金融机构的服务也应该相应分层，以提高金融服务的针对性和有效性。大中型银行等传统金融机构更适合服务于业务结构较为复杂和业务规模较大的大中型企业。小型银行不具备服务大中型客户的能力，小型银行的小规模、灵活性和"下沉"特点决定了小型银行应以中小微及民营企业为其主要的客户。这种由金融

需求分层所带来的银行客户定位分层的有效性，已为发达国家和部分发展中国家的实践所证明。

一个时期以来，我国中小银行的规模和速度情结依然十分浓重，不少城市商业银行始终把做大规模作为经营发展战略的首要目标。1995 年国务院决定在大中城市组建地方股份制性质的城市商业银行，其市场定位的重点在于服务民营经济、小微企业和城市居民。但在实际运作过程中，部分城商行并非坚持在本地区开展经营，而是与一些大中型商业银行一样选择在更大的区域范围内"做大做强"。有些地区把一些城市商业银行整合起来组成一个具有省级范围的区域型银行，部分银行还突破行政区划在全国开展业务，不少地区级城商行还在省会城市设置分行等。这些做法无疑都偏离了城市商业银行的定位初衷。于是就出现这样一种现象，即一大批城市商业银行问世，但小微企业融资难融资贵问题依然未见有效的缓解。

众所周知，中小微民营企业对我国的税收、就业和经济增长的贡献很大，但金融体系对中小微民营企业提供的金融服务仍远远跟不上其需求。未来一个时期，应不断改善和优化金融供给结构，提升中小微金融服务效率。不仅要继续保持大中型商业银行支持小微企业的力度，使大中型银行继续成为支持小微企业的重要力量；而且还应该引导、鼓励和支持存量小型银行发挥"下沉"优势，积极服务民营经济，坚持本地化经营导向，以当地中小微企业与居民为主要目标客户，有针对性地灵活开展中小微企业金融服务；还有必要积极稳妥地发展一批专司小微企业金融服务的小型商业银行，使其担当小微金融服务主力军的功能，由于近年来农商行和村镇银行发展较快，城市小型商业银行的发展尤为迫切。

二、明确小型银行业务定位并强化监管

由于小型金融机构资本小，实力弱，风控能力相对较低，小型银行的发展必须建立在严格监管和合理规范的基础之上，以切实服务好中小微企业，避免发生金融风险。

在经营模式方面，小型银行的经营区域应选择中小微企业基础较好、具有较为旺盛的持续性融资需求的地区，为自身可持续发展提供足够的业务空间。应将小型银行经营区域严格限定在一定的范围内，不允许跨地区经营，一般情况下不允许收购兼并，因为这两种方式都是偏离本位、快速做大的捷径，保证小型银行随着本区域经济发展而自然增长。小型银行的业务范围应严格限制在零售业务和小微信贷，促使其聚焦服务当地居民和中小微企业的金融需求。在资本结构方面，明确单一股东占比的最高上限，鼓励中小民营资本分散持股，以实现共同治理，避免出现绝对控股股东控制小型银行的局面。商业银行可以参股，但不一定要成为最大股东，以继续发挥其原有灵活的经营风格和独特的竞争特点。应研究探索建立合作性质的小型商业银行，即由民营中小微企业出资设立带有互助性质的小型银行，不求利益最大化，努力降低各类成本，运用较低的利率支

持中小微民营企业，财政则以一定资源投入加以支持。

未来应完善和优化小型商业银行监管体系，"优生优育"小型商业银行。从公司治理、经营业绩、内部管理和风险控制等方面入手，设定较为严格的小型银行的准入门槛，保障实现择优的目标。明确要求由符合监管资格要求的职业经理人负责管理小型银行，由素质高、经验足的经营班子管理其日常经营活动；主要出资人可以担任董事长，但不得干预业务决策。在银保监会体制下和地方金融监管部门的框架下建立专门的监管机构，实施专业化的小型银行垂直与地方相结合的管理体系。开展规范化、高标准的监管，风险监管标准比其他银行可以更高一些，要求更严格一些。监管部门可以主导开发一套适用于小型银行业务运行和管理的软件系统，新设立的小型银行必须使用这套系统并与监管部门联网。其功能一是以信息化手段强制性地规范其业务流程；二是监管部门可以依此系统便利地观察分析其业务活动，实施规范管理；三是运用大数据等工具手段进行实时监控，进行风险预警。

三、构建小型银行的资源和政策支持体系

为了有效利用政策资源加大力度支持小微企业，可以借鉴国际经验，逐步构建小型银行的资源和政策支持体系，其内容主要包括政策性银行、财政资源投入和针对性的货币政策。有必要设立专门服务小微企业的政策性银行机构。作为同样以间接融资为主、企业大多依赖银行获得融资的经济体系，德国和日本在解决中小企业融资难题方面的经验值得借鉴。德国复兴信贷银行、日本政策金融公库股份有限公司等政策性金融机构在其中发挥了核心作用。建议我国探索设立政策性银行机构，有针对性地支持民营中小微企业的金融需求。政策性银行机构可借鉴国开行、农发行、进出口行等现有政策性银行模式，以国家信用发行债券筹集低成本资金。政策性银行机构既可采用通过转贷款给其他商业银行，其中主要是小型商业银行以定向支持中小微企业的"转介模式"；也可采用在不同地区设立分支机构或代理机构直接服务中小微企业的"自营模式"，建议以"转贷模式"为主。政策性银行的资金支持需要体现政策性机构的特点，不以盈利为目的，有效发挥好对社会资金的引导和撬动作用。政策性银行主要为中小微企业提供超长期限、优惠利率的稳定资金。

改善中小微企业融资问题，不仅要从金融体系的结构优化入手，而且还需要投入财政资源来加以支持，通过财政资源的支持来进一步推动金融体系结构的优化。这种资源投入主要体现为以财政手段来支持为中小微企业提供服务的小型商业银行。未来可以考虑对小型银行实施免税政策，即小型银行向农户、小型企业、微型企业及个体工商户发放小额贷款取得的利息收入，免征增值税。针对小型银行发放的创业担保贷款等给予财政贴息，以及收费补贴等。

货币政策在支持小型银行方面同样可以有所作为。目前，我国小型银行的存款准备

金率比大型银行要低约五个百分点，在一定程度上已经体现出货币政策工具对中小银行的支持。为使小型银行能轻装上阵，更好地服务中小微企业，考虑到小型银行吸储能力有限，可以考虑根据需要给小型银行适用更低一些的存款准备金率，以提升和保障小型银行的流动性保持在合理状态，增强信贷能力，降低经营成本。为了有效控制小型银行的流动性风险，维持其必要的信贷能力并控制其经营成本，可由央行各地分支机构向小型银行提供再贷款，再贷款的利率可以低于货币市场利率。运用货币市场短期资金融通工具，灵活及时地支持小型银行的融资需求。大幅放宽货币市场融资抵押物的范围，增强小型银行货币市场的融资能力。

专栏 16 – 1　民营银行发展的趋势和挑战

经过五年的试点探索，民营银行秉持差异化定位、特色化经营，持续推动普惠金融发展，利用金融科技提升银行业服务效率，在业务、运营、风控等多方面做出了创新性探索并取得一定成果，为银行业体系注入发展新动能。

一、民营银行的发展趋势

2019 年 2 月 14 日，中共中央办公厅、国务院办公厅印发《关于加强金融服务民营企业的若干意见》强调，"支持民营银行和其他地方法人银行等中小银行发展，加快建设与民营中小微企业需求相匹配的金融服务体系"。新时代背景下，民营银行迎来新一轮政策红利期，发展前景广阔，在金融科技的助力之下，民营银行将进一步扩大普惠金融服务半径，提升服务效率，满足广大长尾客群的金融需求，并实现自身跨越式发展。

1. 差异化定位，聚焦普惠金融

民营银行的立身之本是差异化定位与特色化经营，在五年的试点探索中，17 家民营银行以服务好大量长尾客户的需求为主要落脚点，成为践行普惠金融的重要力量之一。在推进普惠金融发展过程中，部分民营银行深挖供应链金融潜力，从股东企业、核心客户的上下游入手，通过嵌入信息采集、优化授信机制和创新金融产品，有效解决判断交易真实性、监控资金流向等难题，从而更加精准地做出授信决策，并降低对抵质押物的依赖，为供应链、产品链上的民营企业和小微客户提供快捷便利的信贷支持。

2. 科技赋能，加强模式创新

金融科技创新是民营银行实现差异化发展的重要抓手，更是形成核心竞争力的关键所在，金融科技让民营银行充分发挥互联网渠道低成本、广覆盖的优势，弥补物理网点和人力资源的严重不足，利用互联网和大数据，有效缓解了信息不对称问题，为批发式开展小微企业和个人业务奠定基础，如前海微众银行、浙江网商银行、四川新网银行以大数据风控、人工智能、深度学习等前沿技术和金融科技为支撑，整合应用征信、工商、税务等部门，以及来自股东、合作伙伴、市场等方面的数据信息，在依法合规、风险可控的前提下，创新更加智能、高效、便捷的信贷产品，切实降低民营企业融资门槛，提升金融服务质效。

3. 互利共赢，共建合作生态

民营银行成立时间较短，开放合作、互利共赢将是民营银行未来发展的重要趋势。目前，民营银行整体竞争力较弱，应积极加强与传统银行、券商、保险、基金、互联网金融机构等的资金合作，加强与产业链上下游、场景平台机构、金融科技公司等的渠道、技术合作，在共赢中求发展。合作不仅可使民营银行在发挥自身核心竞争力的优势时，弥补资本金不足的缺陷，还能让同业金融机构积极拥抱互联网金融，形成优势互补，共建良好的合作生态，促进民营银行健康快速发展。

二、民营银行的瓶颈挑战

目前来看，民营银行发展总体平稳、风险可控，正逐渐由"求生存"向"谋发展"转变，部分互联网银行的市场表现也十分抢眼。但民营银行作为新型的金融形态，仍旧面临着资金来源局限、客户基础弱、展业渠道少、品牌新、利差收窄等诸多考验。

1. 资金来源单一及展业受限

根据《银监会市场准入工作实施细则（试行）》，民营银行必须实行"一行一店"模式，即在总行所在城市仅可设 1 家营业部，不得跨区域。"一行一店"模式使得负债来源主要以同业资金为主的民营银行资金来源更受限制。线下设点的限制使得个人账户和类账户的远程开户对民营银行尤为重要，而未来远程开户是否能放开也充满不确定性。根据中国人民银行 2015 年发布的《关于改进个人银行账户服务加强账户管理的通知》，目前仍未放开远程开立全功能的 I 类账户，民营银行吸收存款受到一定限制。

在这样的背景下，不少银行探索出了一条"联合贷款"的新模式，即通过按比例联合出资、各自多重风控、风险各担的创新模式，直接面向个人消费者（一般是 30 万元以内）和小微企业（一般是 100 万元以内）提供在线信贷服务。该模式可以让缺乏资金来源的互联网银行获得较为低廉的资金，但此模式目前存在较大不确定性。

2. 资本支撑不足且抗风险能力较弱

目前，民营银行面临着经济周期与信贷周期的考验，伴随经济下行导致的企业部门盈利下降，对于并未遭受过系统性经济周期挑战、刚刚成长起来的民营银行来说，自然面临着巨大的不确定性。此外，由于民营银行的客户对象多为小微企业，而小微企业大多具有财务报表不规范、信用记录不完整、抵押担保不足和经营周期短等特点，在当前经济下行压力较大的背景下，民营和小微企业风险有加大趋势，对民营银行的风险管理将形成严峻的挑战。

在当下，各家民营银行的风控建设体现出各自的特色且运行平稳，不过，值得警惕的是，未来一旦外部不确定性增加，贷款不良率存在升高的可能性，则民营银行将面临全面风控体系能否"站得住脚"的考验，创新风控模式的有效性和成熟度，也有待市场的进一步检验。

随着民营银行业务的进一步拓展，资本消耗将加大，资本的补充将成为难以回避的话题。然而，民营银行缺乏稳定的利润留存和发行二级资本债资格，资本补充渠道狭窄。另外，股东资质受企业性质、地域、行业和净资产等多方面限制，吸收新股东的难度较大，也在一定程度上为其风险抵补能力带来挑战。

3. 公司治理机制亟待完善

由于民营银行的资本来自民间，由民间自发组建，其在股权安排上容易走上两个极端：一种情况是，股权过于集中，从而造成少数人控制银行；另一种情况是，股权过于分散，股东人数太多，他们彼此利益又相互冲突，从而造成事实上的经理人控制。这两种情况都会造成内部人控制等问题。

第十七章

金融科技助推银行业务加速转型

随着互联网企业跨界金融、国家普惠金融政策红利的持续释放、银行零售转型发展，金融科技快速进入中国银行业的视野，并成为银行业务和产品、渠道创新的助推器。当前，金融科技与银行业务的融合尚处在初步阶段，金融科技应用还面临着很多深层次的挑战。银行业将在不断健全配套体系、完善环境建设、加强监管的背景下，不断拓展金融科技应用的广度和深度。

一、金融科技成为银行业务转型的助推器

2017 年 5 月，央行成立金融科技委员会，成为中国金融科技发展的标志性事件。随着金融科技快速发展，刷脸取款、智能投顾等依托金融科技的金融产品创新层出不穷。进入 2018 年，金融科技助力银行在服务、渠道、产品、风险管理等多领域实现了创新，成为银行业务转型新的推手。

一是金融科技助推支付从单一业务属性向链接场景、构建生态的综合金融服务平台转型。生物识别技术提升了商业银行支付体验，而银行二维码支付和无感支付的落地则促进了银行支付场景进一步拓展。面对第三方支付的步步紧逼，银行业通过聚合支付业务参与到支付生态体系中。不仅如此，银行业还利用金融科技拓展智慧城市、智慧交通、智慧政务等业务领域，其中支付是其重要业务内容。

二是金融科技助推传统零售向新零售转型。在金融科技推动下，银行零售业务正从以渠道为核心、以产品为驱动的传统零售向以客户体验为核心、以数据为驱动的新零售转型。各家银行加速了手机 APP 的迭代速度，基于金融科技的新功能不断上线，基于语音识别技术的语音导航和搜索服务，实现了客户"一说即达"。新一代网点智能服务系统助推网点智能化发展，基于金融科技的信贷产品如火如荼，融合"有人服务"温情品质和互联网便捷性的远程银行服务模式，让客户享受到全新的金融服务体验。

三是金融科技助推普惠金融业务向数字普惠金融业务发展。传统普惠金融主要通过"圈""链"等业务模式创新来探索小微企业金融服务问题，但仍然没有跳出通过抵押、担保获得增信的思路。数字普惠金融通过金融科技应用，探索对客户的主动智能识别、业务流程的自动化以及基于大数据的风险管理，并寻求与传统圈链模式创新的融合升级。它跳出了传统普惠金融的逻辑框架，使普惠金融跨越风控和成本障碍成为可能。基于大数据的信贷产品创新、流量平台联合贷款、线上供应链融资是目前数字普惠金融主要的创新领域。

四是金融科技助推公司业务向线上交易银行转型升级。交易银行业务主要是指银行围绕企业客户的交易行为所提供的综合金融服务，它是公司业务的重要转型内容。从业务内容上看，支付结算、现金管理、贸易融资和托管等交易银行业务早已有之。交易银行业务的战略价值在于金融服务的综合化、嵌入化、定制化以及智能化所实现的业务模式创新。目前，多家商业银行已在总行层面成立交易银行部，全方位整合渠道、产品及服务，提供面向对公客户的综合金融解决方案。而依托金融科技的交易银行产品创新和交易银行平台建设，则成为交易银行发展的关键推动力。

五是科技赋能赋予同业业务新的战略内涵。随着金融科技的发展，不少银行开始把同业机构视作特殊的战略性客群，同业业务成为构筑行业生态的手段和桥梁。科技服务、大数据服务、同业金融服务、中后台外包服务以及咨询服务成为同业业务新的内容。不仅如此，一些银行积极探索"开放银行"的业务模式，试图通过开放"API"接口链接更多的同业和场景。

二、金融科技与银行业务的融合发展有待加力

1. 以金融科技助推业务转型的进程尚不深入

第一，科技应用呈现浅层化和边缘化特征。以区块链技术应用来看，目前其主要应用在贸易融资、资产证券化、金融扶贫等领域。不仅应用相对边缘化，其相关领域的业务规模也较小。对行业市场的影响微乎其微。站在行业的高度看待区块链技术，其若想改变行业业态，还是需要进一步发展。

第二，成熟的业务模式尚未形成。金融科技的应用并非是对人工服务完全替代。在很多银行业务环节，人工仍然是不可或缺的。因此，在推动银行业务线上化、智能化、自动化的过程中，还必须解决业务流程中人与系统的协调和配合问题。另外，与传统业务模式相比较，线上协议的第三方存管、认证、仲裁等问题更加重要，线上业务的有效运作有赖于通过技术的、固定合作的关系，将相关社会机构内化到业务运作体系中。如何构建这样的一个保障业务顺利开展的体系，也是一个摸索的过程。当前，银行业核心业务及其业务流程的线上化只是很短的时间，很多银行的相关业务只是解决了上线的问题，但人与系统的协调、业务保障体系的形成等问题尚没有从根本上解决。

第三，核心技术能力尚未形成。大数据风控是银行金融科技应用的关键领域，银行用数据挖掘技术（如机器学习、深度神经网络技术等）切入信贷领域，不仅是技术层面的数据分析，还需要考虑信用周期因素及其对整体借贷与资产组合的影响。实际上，大数据风控是大数据风控技术与银行经验的融汇，这是一个探索的过程。另外，当前中国银行业大数据信贷产品的推出只有一两年的历史，产品模型本身就需要一个迭代完善的过程。

2. 以金融科技助推业务转型的配套经营体系尚不健全

第一，缺乏清晰的发展战略。近年来，越来越多的银行将金融科技应用提升为企业级战略。但大多数银行尚没有从未来银行竞争的角度对金融科技应用与自身转型发展等问题作出战略性的回答。这包括三个问题：一是金融科技应用首先应该是业务转型战略，没有清晰的业务转型战略，金融科技应用就失去了载体和目标，也失去了存在的价值和动力。二是金融科技应用不是部门级战略、条线级战略，是关乎整个银行业务发展和经营管理的整体战略，它既是银行整体变革的助推器，也需要银行整体的变革与之相适应。三是金融科技应用是竞争导向的战略，其真实意义在于争夺和获取客户、数据、资金等战略性资源，它对标的不仅是传统银行，更多的是金融科技公司。通过参与生态，通过不同主体之间的竞争和合作，来获取自身需要的资源，进而明晰自身的战略角色，是未来每一家银行都需要回答的战略问题。

第二，创新投入不足。尽管有部分银行明确提出了加大金融科技投入，但相当数量的中小银行在金融科技上投入是严重不足的。此外，金融科技投入的产出效能也是关键问题。确保对基础研发以及创新项目本身的投入是保障金融科技产出效能的前提。

第三，相关人才缺乏。目前，国内金融科技人才扎堆聚集在一线城市，不仅总量不足，而且存在严重的结构不平衡。从人才供给结构上看，专家型人才和复合型人才严重不足。从需求主体结构上看，中小银行金融科技人才严重匮乏。而且受制于各种条件的限制，他们难以吸引自身所需要的金融科技人才。目前，各家银行纷纷通过加强金融科技人才的内部培训和培养来实现"培训赋能"，但上述方法仍难以解决高端人才匮乏问题。

第四，体制机制障碍仍然存在。金融科技应用总体上还是直接嫁接在传统体制机制之上。如何保证组织的敏捷性和激励的有效性仍然是银行应用金融科技助推业务转型所面临的根本性问题。一是尚未形成技术研发的敏捷交付机制；二是尚未形成以业务为导向的敏捷创新体系，直线职能制下的创新体系效率低下；三是缺乏内部创新创业机制，创新组织活力不足；四是支持创新的孵化机制缺乏；五是金融科技与业务融合的创新动力机制缺乏。另外，一些银行成立了金融科技子公司，将传统上的成本中心——研发中心整合成为市场化机制的利润中心，但金融科技子公司短期内仍然主要是服务于母行，在这种情况下，如何在服务于母体情况下，发挥市场机制，有效进行利益分配和风险分担，就显得尤为重要。

3. 以金融科技助推业务转型的外部经营环境尚不完善

第一，消费者保护、消费者教育滞后。随着技术越来越复杂，相关的技术风险、交易风险、信息安全风险也越来越多，金融消费者相关权益保护的复杂度和难度也将越来越大。金融科技的可持续健康发展和金融科技时代的消费者保护，需要监管机构以及相关机构共同努力。第二，缺乏行业标准体系。目前，金融科技尚未形成统一的行业标准和规范指引，也未形成合作与共享的发展态势。第三，法律法规建设滞后于银行的业务实践。保护银行、消费者、第三方服务提供者等各方主体的权益，保障银行在新的业态下的业务高效运行，是法律法规环境建设面临的重大挑战。第四，支付清算、身份认证、社会化数据的供给等基础设施建设也相对滞后。

三、稳步拓展金融科技应用的广度和深度

第一，金融科技应用将逐步走上规范化轨道。2019年的中国人民银行科技工作会议提出，要指导协调金融科技应用。建立金融科技监管基本规则体系，强化金融科技规范应用，加快监管科技应用实践，研究出台金融科技发展规划。加强金融标准化管理协调力度，助力提升金融治理水平，强化金融标准供给、狠抓金融标准实施。中国金融科技发展有望逐步走上规范发展的道路。

第二，金融科技应用将进一步强化开放、共享、合作、生态的特征。在金融科技的助推下，"开放银行"应运而生。不过，目前"开放银行"发展仍然面临诸多挑战，包括公民数据保护法律法规滞后、"开放银行"实践与现行属地监管原则有一定的背离以及银行业在整个"开放银行"发展中存在服务角色后置化风险等问题。对于大多数银行而言，"开放银行"短期内只是扮演一种新型的获客和引流模式。"开放银行"的未来发展还存在诸多的不确定性。不过，基于"开放""共享""合作""生态"理念，金融科技助力金融发展的基本方向却不会改变。

第三，银行将不断拓展金融科技在业务转型应用上的广度。当前，金融科技应用集中于支付、个贷以及小微信贷领域，随着金融科技与业务不断的融合，将有更多的银行大类业务以及细分业务开始与金融科技相对接。从大类业务角度看，其中一个重点就是银行资管业务与金融科技的对接。过去几年，资管业务与金融科技对接领域主要是智能投顾产品。但由于传统理财存在套利空间，资管业务并没有足够的动力与金融科技相对接。随着资管新规的落地，内涵型发展道路成为银行资管业务转型的必由之路。银行资管子公司的成立只是变革的开始，但银行资管真正要实现转型发展，必须充分拥抱金融科技。只有通过金融科技应用，银行才有可能进一步对内提升效率与能力边界，对外提升客户使用体验与服务产能，从而使资管业务走上可持续发展之路。

第四，银行将不断拓展金融科技与经营管理对接的深度。当前的金融科技应用，主要围绕着具体业务的发展而展开，比如自动化审批流程、大数据风控、风险预警、反欺诈、生物识别、智能客服等。金融科技对银行经营管理的影响主要还是间接的。但随着金融科技应用的不断深化，金融科技影响将逐步深入到银行经营管理的方方面面。未来，金融科技应用将覆盖更为广泛的经营管理领域，包括但不限于：一是职能管理的智能化，比如会计处理中的机器人应用、人力资源管理中的智能化；二是IT运维的智能化；三是资产负债管理的智能化；四是决策管理的智能化；五是移动办公体系等。

专栏 17 - 1　打造高质量银行业研究智库

在经济转型和金融供给侧结构性改革日趋深入的背景下，商业银行竞争日益激烈，打造银行业研究智库已经成为提升商业银行竞争力的重要手段之一。我国许多商业银行都已设立研究部门，但银行业研究智库建设能力仍待继续提升。

一、打造高质量研究智库是提升商业银行竞争力的重要手段

目前，我国已经从经济高速发展迈向高质量发展阶段，银行业经营环境正在发生重大变化，要求商业银行尽快转变发展思路，逐步重视研究在银行业转型中的引领地位和基础作用，通过打造一流研究智库为银行业改革转型和发展提供核心支持。首先，从经济环境来看，长期以来，我国融资结构以间接融资为主，优质项目数量多，信贷为稀缺资源，但随着中国经济提质增效，直接融资占比逐步上升，优质项目成为稀缺资源。其次，从监管环境来看，此前的分业监管为表外业务、非标业务等影子银行业务创造了套利空间，但随着金融稳定发展委员会的设立，金融监管协同增强，资管新规出台后监管套利空间变得越来越狭窄。再次，从客户需求来看，目前客户需求日益多元化，传统的"存贷汇"已不能满足客户需求，商业银行需要逐步转变为综合金融服务提供商。最后，从行业环境来看，中国经济进入新旧动能转换期，高科技等新经济在国民经济发展中举足轻重，一批战略性新兴产业和企业将应运而生，面对信息技术、微电子、生物工程、新材料、新能源等全新的产业和企业，商业银行在授信审批、风险管理过程中，知识储备捉襟见肘。面对优质信贷项目的稀缺、客户需求的多元化、新兴行业的专业化等新的挑战，商业银行亟须增强研究能力，通过深入研究经济环境、监管政策、客户需求、新兴行业，以研究赋能来开拓新的盈利点、增强风控能力，从而提升自身竞争力。

二、银行业研究智库稳步发展

目前，国内优秀银行基本上都设立了独立的研究部门，整体研究能力处于不断摸索提高过程中。这些研究机构不仅为银行自身的经营发展提供了有力的决策支持和信息服务，也为中国金融体制改革作出了积极贡献。在职能定位上，银行研究机构主要体现为"三大"服务角度，分别为：为银行高层决策服务、为总行业务管理部门和分支机构服务、为政府有关部门决策服务，但在服务侧重点上各家银行也有所差异；在研究力量上，国内商业银行与国外商业银行和国内外投资银行相比还存在较大差距，研究人员的研究面"广"而不"专"，缺乏在社会或业内具有较高知名度的品牌研究人员；在研究方式上，目前大多数研究成果以描述、定性分析文章为主，数量化和模型化的研究有待加强，与业务管理部门和分支机构的协同沟通还需进一步强化；在考核方式上，主要依靠银行领导、业务部门和分支机构对研究部门的主观评价，缺乏有效的考核体系和激励机制，适合研究人员成长的长效机制亟待建立。近年来，随着银行市场化程度的提升和转型发展需要，以兴业银行为代表的机构开始建立起具有法人资格、独立运作的研究公司，标志着我国银行研究机构开启以市场化的运作方式提供高价值、专业化智力支持的新模式。

三、银行业研究智库充分践行研究创造价值的理念

根据"研究创造价值"的理念，结合商业银行的经营环境和业务特点，建议银行业研究智库坚持"银行智囊"＋"客户智库"的定位，并为商业银行的风险管理、资产管理、市值管理、投行业务等提供支撑。

首先，研究智库应坚持"银行智囊"的定位。主要工作包括：主导全行战略的制定，如战略定位、战略方向、战略目标、三年/五年规划、年度资产负债配置策略等。研究智库将基于本行资源能力禀赋、产业发展趋势、行业竞争格局、历史经验教训，承担起战略制定第一智囊责任。作为战略执行的参谋，如战略监督、战术支持、战术实施、战术协调、战术纠偏、行动计划等。

其次，研究智库应坚持"客户智库"的定位。经济高速增长时代，由于信贷资源相对稀缺，客户获取难度小，商业银行对客户的管理相对粗放，客户分类不细、价值分析不精、客户维护不勤的情况时有发生。现阶段，在传统金融服务同质化背景下，智库研究服务将成为新时代银行增值服务的重要抓手和内容，尤其面对总行乃至分行战略级客户和民营企业客户，可为其提供包括但不限于战略诊断、产业研究、财务咨询、资本运作、市值管理、资源对接等在内的客户智库增值服务。

最后，研究智库将对商业银行的风险管理、资产管理、市值管理、投行业务等模块提供支撑。一是宏观研究、政策研究、区域研究、产业研究、行业研究、重大战略客户的公司研究等将为银行风险管理提供全方位支持；二是大类资产配置、宏观研究、政策解读、大势研判、债券研究、产业研究、公司研究等将为银行资产管理尤其是理财子公司的资产配置提供强有力决策支持；三是研究智库可作为银行市值管理的重要沟通平台；四是借助智库的研究平台，充实人才储备，发挥银行资金、渠道和客户优势，整合上下游产业链和金融价值链资源，向兼并收购等股权类融资业务拓展，开展债券融资、股权融资、兼并收购、财务顾问等业务，建设真正意义的投行。

这方面，中国银行业协会行业发展研究委员会就是很好的例子，近年来，在助推商业银行改革转型和高质量发展方面发挥了重要的积极作用。行业发展研究委员会自2009年成立以来，围绕协会"自律、维权、协调、服务"的核心职能，坚持服务和引领行业研究、实现资源共享的宗旨，立足当前、着眼长远，积极搭建沟通交流平台，为行业发展献计献策。目前，委员会成员单位包括58家银行业金融机

构，交通银行为研究委员会主任单位，交通银行连平首席经济学家担任研究委员会主任。研究委员会主要工作包括：一是沟通协调重大关系，积极反映行业诉求。发挥委员会的行业研究和智库作用，维护银行业声誉和合法权益，并在国际舞台上，展现中国银行业风貌。二是推出高端报告成果，发布行业权威信息。连续八年发布《中国银行业发展报告》，对银行业改革发展的成绩和趋势进行权威、专业、深入、全面的剖析。连续十年发布《中国银行家调查报告》，透过银行家视角持续反映中国银行业的发展动向。三是服务行业需要，助力行业科学稳健发展。积极把握行业话语权，连续三年发布"中国银行业 100 强榜单"、连续四年发布"陀螺"（GYROSCOPE）评价结果、连续六年举办"中国银行业发展研究优秀成果评选活动"。四是立足课题研究，搭建发展平台。敏锐追踪行业发展热点，服务行业共同信息需求，积极推进《金融科技背景下商业银行转型之路》等重点课题研究。五是发挥智囊参谋作用，为协会各项活动提供有前瞻性的、有创建性的、有实用价值的对策性意见和建议，推动行业健康发展。

第十八章
银行业深化双向对外开放

银行业对外开放是中国经济日益融入世界经济的客观要求，是推进银行业改革转型，提高整体竞争力的重要力量。2018 年以来，银行业对外开放政策不断落地，银行业"引进来"和"走出去"步伐加快。未来，银行业将深入推进改革开放，持续提高国际竞争力。

一、新一轮高水平对外开放稳步推进

2018 年以来，银行业对外开放不断加速，相关举措陆续落地：一是放开外资持股比例限制，取消外资银行入股中资银行、金融资产公司、证券公司、基金管理公司、期货公司等的股权比例限制，其中证券公司、基金管理公司、期货公司将于 3 年后不再设限；二是放宽设立机构限制，允许外资银行同时设立分行和子行；三是扩大外资金融机构经营范围，允许外资银行从事政府债券承销业务，取消外资银行申请人民币业务前需开业满 1 年的要求，将外国银行分行可以吸收的中国境内公民的单笔存款门槛由 100 万元放松至 50 万元，允许符合条件的外国投资者来华经营保险代理业务和保险公估业务，放开外资保险经纪公司经营范围，与中资机构一致；四是简化审批流程，取消外资银行在开办政府债券承销、财务顾问、代客境外理财、代客境外理财托管、证券投资基金托管、被清算后提取生息资产等业务的审批要求，简化支行审批、发行资本补充工具、高管资格审核等审批流程。

2018 年，共有 8 家银行在境外新设立了 19 家分支机构，其中 5 家大型银行的 16 家境外分支机构开业，呈现出良好的境外扩张势头。同时，还有不少分支机构在筹建、升级、等待监管批准的准备过程中。随着"一带一路"倡议的深入推进，沿线地区逐渐成为中资大型银行的布局重点。中资大型银行在"一带一路"整体水平不断提高。

二、银行业"引进来"步伐加快

银行业"引进来"一直坚持平稳、有梯次的节奏，通过对外资银行在市场准入、投资入股、经营范围等方面的限制逐步放宽，既确保了金融稳定，助推银行业蓄势发力，又有序推动了外资银行实现在华经营平稳发展。随着银行业"引进来"力度的不断加大，外资银行在中国市场上实现了规模和盈利的稳健增长，并在特定区域和业务上积累了强劲的竞争优势。

1. 外资银行经营稳健，在特定地区发展较快

2018 年，外资银行盈利能力保持平稳增长，不良贷款率小幅下降，低于商业银行整体水平，风险抵补能力较强。外资银行在上海、深圳等地区的布局较广、增长较快。根据上海银保监局统计，目前共有全球 6 大洲 30 个国家和地区的营业性银行业金融机构在沪落地，各类外资银行营业性机构共计 228 家，较 2001 年末的 52 家翻了两番多，相关机构业务规模也实现较快增长。截至 2018 年末，在沪外资法人银行达 21 家，占外资法人银行总数一半以上；在沪外资银行总资产 1.5 万亿元，占上海银行业总资产的 10%。同时，地理位置毗邻香港和粤港澳大湾区的实施使得深圳成为外资银行在华布局的重点。截至 2018 年末，共有 9 个国家和地区的 35 家银行在深圳设立了 38 家营业性机构；在深圳的外资银行资产规模达 3811.76 亿元，同比增长 1.04%；各项贷款余额 1603.68 亿元，同比增长 20.31%。

2. 外资银行在特定业务上拥有明显竞争优势

外资银行虽然在注册资本金规模、机构网点数量、存贷业务基础等方面有一定的劣势，但在特定领域积累了强劲的竞争优势。一是在服务"走出去"客户上有着海外网点布局更广、金融产品更丰富、服务水平更高等竞争优势。部分外资银行把服务中资"走出去"客户作为在华战略重心，并在"一带一路"沿线网点设立"中国柜台"（China Desk）。二是在现金管理平台、交易银行业务、高端财富管理等方面凭借丰富的管理经验、技术优势和考核机制，具有强劲的竞争力。三是风险管控机制具有优势。外资银行经过百年的发展和积淀，风险管控上严格杜绝高风险和不可长期持续的业务，同时可通过全球统一授信机制显著提升风险管理效率。

三、银行业"走出去"稳步发展

近年来，我国经济市场化和国际化程度的不断提高，国内企业"走出去"、国外企业"引进来"以及跨境贸易等衍生出的跨境金融需求日益增长，银行业顺应经济全球化的趋势和浪潮，紧跟中国经济增长和改革开放步伐，国际化发展不断壮大，国际竞争力不断提升，逐步走出了一条独具特色的国际化之路。

1. 国际化业务快速发展

国际清算银行（BIS）数据显示，2018 年中国银行业对非金融部门的跨境贷款总额达到 7858 亿美元，位列全球第二，贷款规模较 2010 年增长了 6 倍多，同期美国、日本、欧洲银行业跨境贷款仅增长了 13%、35% 和 5%；目前跨境贷款占 GDP 的比例达到 5% 左右，虽然低于美国（12%）、欧元区（14%）、日本（25%）以及英国（80%）的水平，但上升趋势较好。

2. 国际化方式更趋多元化

国际化发展初期，中国银行业海外扩张多以设立境外分支机构、代表处等直接设点方式为主，近年来海外参股、并购活动开始加速，并购逐渐成为国际化扩张的重要手段。从区域分布来看，中国银行业的并购标的不再局限于美国、英国等发达市场，还包括泰国、巴西等新兴市场；从持股比例看，中国银行业更倾向于控股型并购。

3. 服务能力显著提升

随着中国从"世界工厂"向"世界级投资者"角色的转变，中国银行业的服务对象也不断向当地客户延伸。银行业紧密围绕中资企业金融服务需求，金融创新和产品多样化水平不断提升，国际化金融服务的广度和深度不断提高。随着企业"走出去"衍生的跨境金融需求逐渐从跨境融资、海外并购贷款等项目式业务向全球范围内的一揽子综合化金融服务延伸，大型商业银行的业务重心也逐渐从原先的传统商业银行业务向综合化金融服务输出转变。通过围绕投资银行、私人银行、全球现金管理、跨境人民币等重点业务的海外业务中心，不断提高自身综合化竞争优势，国际化发展逐渐向全功能、多层次的综合金融服务平台迈进。

4. 国际竞争力明显提升

目前中国银行业总资产规模全球排名第一，入围全球银行 1000 强排行榜的银行有135 家，入选全球系统重要性银行的有 4 家，上榜"全球银行品牌价值 500 强"的有 34家。中国在金融稳定理事会（FSB）拥有 3 个席位，是世界银行的第三大股东国，牵头发起了由 57 个创始成员国的亚洲基础设施投资银行。随着全球金融治理体系渐趋多元化，中国将进一步参与和推进新的国际协作框架与国际金融合作平台建设，为中国银行业在世界舞台上扮演更加重要的角色、提升市场话语权带来新的历史性机遇。

四、积极迎接新一轮双向开放重大机遇

在贸易保护主义等逆全球化背景下，中国将成为推动新型全球化发展、深化双向开放的重要引领者。面对新一轮双向开放下的新机遇，银行业将持续推进改革发展和经营转型，提升经营效率，增强国际竞争力。

1. 坚持服务实体经济

进一步提升服务开放型经济的水平，紧跟京津冀一体化、长江经济带、粤港澳大湾区、自贸区建设等国家重大战略，优化资源配置以支持产业转型升级，为经济社会发展的重点领域和引进外资、发展外贸的关键环节贡献力量。特别地，中国银行业将在促进双向投资、推动外贸发展方面扮演核心角色，通过强化贸易金融服务、大宗商品融资、跨境人民币业务、全球现金管理等综合性金融服务能力，提升对发展开放型经济的支持力度。

2. 优化海外业务布局

紧跟对外开放的节奏，结合自身的资金实力和业务优势，有序推进全球业务布局，形成有梯队、协同发展的国际化差异布局。加大对重点地区尤其是主要的国际金融中

心、"一带一路"沿线的布局，提升现有机构的辐射能力。积极发展人民币国际化业务，进一步完善清算渠道建设，加强对人民币清算、支付、结算的服务支持。提高一揽子综合化服务能力，为"走出去"企业提供多层次、全方位的金融支持。

3. 增强国际化竞争力

充分发挥专业优势，完善以优势业务为引导、以综合化金融服务为支撑的经营模式，借助资本市场撬动更大的业务空间，进一步提升核心竞争优势。重视轻资产业务的发展，如投资银行、现金管理、资产管理和交易银行业务，着力减少资本占用和风险暴露。借鉴国际领先同业综合化服务经验，加强商业银行与多元化平台的联动，切实提高全球性综合化金融服务能力。

4. 提升金融国际影响力

银行业将顺势而为，主动适应国际规则，积极参与新规则和新标准的制定，使具有中国特色的金融业务规则、治理理念得到国际社会的更多认可和推广，特别是在评级准则、信贷标准、支付体系、贸易金融、普惠金融、绿色金融、金融科技等方面，不断提升在国际金融市场的话语权和影响力。

七、专题研究篇

2018 年以来，银行业积极贯彻落实党的十九大精神，在服务实体经济、防控金融风险、深化金融改革等方面取得了显著成果。强化回归实体本源，贯彻落实习近平总书记有关民营经济讲话精神，多举措解决民营企业融资难融资贵问题。助力国家战略，服务区域经济，大力支持长三角区域一体化和粤港澳大湾区发展。把握经济转型升级机遇，通过产品创新、优化流程、加强内外部合作，大力支持科技创新企业发展。进一步夯实发展基础，积极布局理财子公司，实现风险隔离和打破刚兑，以合法、规范的方式支持实体经济。稳步开展资本工具创新，广泛使用二级资本工具，大批未上市城商行和农商行获得外源资本补充，弥补内源性融资缺口，增强防风险能力。

多措并举支持民营企业

民营企业是推动我国经济发展不可或缺的力量，习近平总书记在民营企业座谈会上提出要大力支持民营企业发展壮大，优先解决民营企业特别是中小企业融资难甚至融不到资的问题，同时逐步降低融资成本。2018年，银行业积极落实党中央、国务院部署，多措并举支持民营企业发展。

一、监管引导银行业加大民营企业支持力度

银行业积极贯彻落实习近平总书记民营企业座谈会讲话精神，构建服务民营企业的商业可持续模式。大型商业银行、全国性股份制商业银行、城商行等出台多项举措加大支持民营和小微企业力度，拓宽民营企业融资渠道，降低融资成本，助推民营经济高质量发展。

1. 金融扶持民营企业政策陆续出台

2018年国务院多次提出要解决民营企业融资难、融资贵的问题，10月，国务院常务会提出设立民营企业债券融资支持工具，11月，国务院常务会议要求加大金融支持，缓解民营企业特别是小微企业融资难融资贵问题，一是拓宽融资渠道，将中期借贷便利合格担保品范围，从单户授信500万元及以下小微企业贷款扩至1000万元。二是提出金融机构要激发内生动力，解决不愿贷、不敢贷问题。明确授信尽职免责认定标准，引导金融机构适当下放授信审批权限，将小微企业贷款业务与内部考核、薪酬等挂钩。对小微企业贷款基数大、占比高的金融机构，给予监管正向激励。三是整治不合理抽贷断贷，清理融资不必要环节和附加费用，严肃查处存贷挂钩等行为。四是还提出有效发挥政府性融资担保作用支持小微企业。

2. 监管机构引导措施陆续发布

2018年11月，人民银行提出用好债券、信贷、股权融资"三支箭"，支持民营企业拓宽融资途径。债券融资方面，提供部分初始资金，通过专业机构市场化运作，出售信用风险缓释工具和担保增信等方式，为有市场、有前景、有技术、有竞争力，但暂时遇到流动性困难的民营企业发债提供信用支持；信贷支持方面，综合运用货币信贷政策工具，增加再贷款、再贴现额度3000亿元，新增宏观审慎评估（MPA）专项指标，进一步给予普惠金融政策倾斜，引导金融机构对民营企业增加信贷投放；股权融资方面，研究设立民营企业股权融资支持工具。11月，银保监会提出进一步激发银行基层机构人员

服务民营企业内生动力，提高贷款时效，缩短贷款审批时间，要求银行保险机构进一步建立和完善相关的尽职免责机制，推动形成对民营企业"敢贷、能贷、愿贷"的长效机制。12 月，发改委发布《关于支持优质企业直接融资进一步增强企业债券服务实体经济能力的通知》，支持信用等级达到 AAA 级等优质企业直接融资。

3. 银行业积极支持民营企业发展

银行业积极行动，全面加大对民营企业支持的广度、深度和强度。大型商业银行发挥"头雁"作用，其他银行积极跟进，纷纷出台多项具有针对性的措施，一是加大信贷投入，通过建立战略合作关系、白名单制等方式，保障民营企业信贷资源投入，为普惠金融业务配备专项规模，提高民营小微企业信贷占比；二是优化授信政策，破除所有制歧视，不盲目停贷、压贷、抽贷、断贷，出台续贷再融资政策，完善抵质押相关制度等；三是优化绩效考核，提高民营企业授信业务的考核权重，健全尽职免责和容错纠错机制，提升支持民营企业积极性；四是降低融资费用，对中小企业合理定价，减免不合理费用，降低普惠型小微企业贷款利率；五是拓宽融资渠道，发行债权融资支持工具，加大民营企业债权投资力度，实施市场化债转股，加大股权融资力度；六是提升服务质效，主动加强与民营企业的沟通与联系，提前了解企业资金状况和业务需求，持续推进授信审批效率提升工作，优化审批流程，提高审批效率；七是加强科技驱动，以金融科技提升民企服务能力。

二、银行业支持民营企业发展成效显著

一是信贷投放力度加大。银行业通过推进总行级合作客户服务落地、做好民营企业存量融资到期接续、加大龙头企业融资支持力度等手段，加大对民企的信贷投放力度，2018 年末，民营企业贷款余额 42.9 万亿元，占公司贷款的 47.4%。

二是融资成本明显下降。2018 年第四季度银行业新发放的普惠型小微企业贷款利率比第一季度下降 0.8 个百分点，6 家大型商业银行 2018 年第四季度新发放普惠型小微企业贷款平均利率为 5.06%，12 家全国性股份制商业银行该项贷款平均利率为 6.71%，较去年第一季度下降均超过 1.1 个百分点。

三是融资渠道与业务流程显著优化。银行业积极运用互联网、大数据等新技术，打造纯信用的融资模式，持续拓宽民营企业融资渠道。此外，充分利用金融科技，优化业务流程，完善产品体系，提高服务质效，助力贷款投放。

四是普惠金融发展提速。大型商业银行和股份制商业银行领衔建立了普惠金融部等专营机构，优化普惠金融业务模式。普惠金融产品创新加快，"小微快贷""微捷贷""数据网贷"等创新业务层出不穷。小微企业信贷投放量和覆盖面稳步提升，根据银保监会数据，截至 2018 年末，小微企业的贷款余额是 33.5 万亿元，其中 1000 万元及以下的普惠型小微企业贷款达到 9.4 万亿元，较年初增长 21.8%，高于各项贷款增速 9 个百

分点以上。1000 万元及以下的普惠型小微企业贷款户数达到了 1723 万户，同比增加 455 万户。

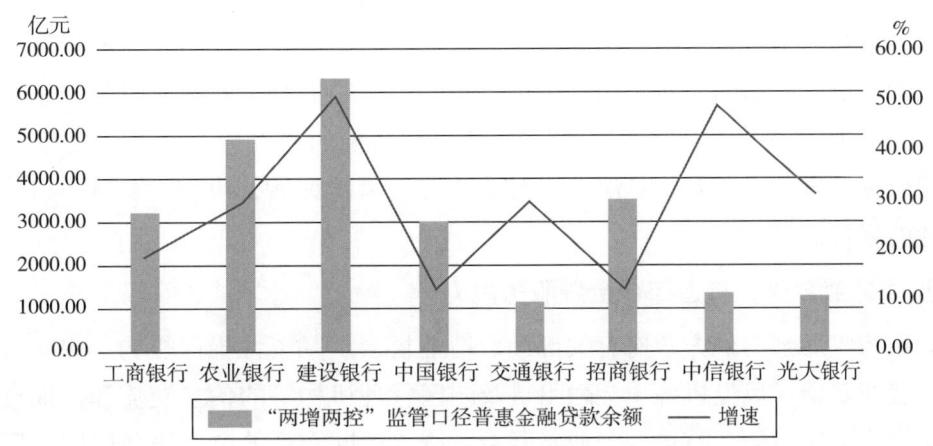

数据来源：上市银行年报。

图专 1 - 1 2018 年部分银行普惠金融贷款余额及其变化

五是创新债券融资机制。自 2018 年 10 月央行宣布引导设立民企债券融资支持工具以来，银行业积极创设民企债券融资支持工具，为民营企业提供信用增进服务，推动民营企业债券融资发展，民营企业债券融资回暖。截至 2018 年 12 月，共有 30 只挂钩民企债券的信用风险缓释工具（CRMW）创设发行，有力地支持了民营企业融资。

三、银行业进一步支持民营企业发展

在当前经济结构调整期，民营企业营商环境不断改善，发展前景广阔。但部分民营企业也存在着市场竞争力较弱、转型升级效果较差、经营风险升高等问题。银行业将进一步贯彻落实国家政策和监管要求，构建长效机制，更好地满足民营企业的金融需求。

1. 抓住政策利好机遇，提高信贷投放能力

近年来，民企融资服务优惠政策频出，如央行实施普惠金融定向降准政策，增加对民营企业或中小企业的可贷资金供给，推出民营企业债券融资工具等。同时，各级政府采取措施为民营企业增信，补偿银行业的信用风险，如财政部和金融机构一起建立了国家融资担保基金，还有诸如中国中小企业发展基金、省级融资担保基金、风险补偿基金等。商业银行将抓住政策窗口期和业务契机，用好、用活货币政策、财政政策、产业政策等，提高信贷投放能力，积极探索创设信用缓释工具，支持民营企业债券融资。

2. 加大金融科技应用，提高风险防控能力

多数民营企业规模小、不确定性大、经营风险较高，导致银行面临的民企逆向选择、道德风险等信息不对称问题更加突出。同时，部分民企缺乏商业银行传统风控模式所需要素，比如财务数据、抵质押物等。大数据、人工智能等金融科技的快速发展，为缓解、消除融资过程中的信息不对称提供了新的模式，提高了基于非财务信息评估民企经营风险的能力。商业银行将积极加大金融科技系统的研发应用，基于海量的多维数据，利用数据挖掘、人工智能算法等，对企业进行风险评估，快速、及时、高效地响应民营企业的融资需求。

3. 加强外部合作，打造综合金融服务能力

商业银行将加强与地方政府有关部门、行业协会、融资性担保机构、保险公司、信托公司、股权基金、风投机构、金融租赁及园区管理机构等的信息交流和沟通合作，建立常态化合作交流机制，打造一个业务联系紧密、协同合作的金融服务联盟，提高综合金融服务能力，如大力开展投贷联动、产业基金等业务，积极开展各种类型的政银企对接活动，形成良性沟通机制，遴选有发展潜力、融资需求的民营企业，为其提供多元化的金融支持。

4. 优化差异化考核导向，适度放宽不良容忍度

民营中小微企业不良贷款率相对较高，但一般的民营企业或中小企业贷款总规模较小，且量多分散，中小企业金融债务风险引发系统性危机的可能性不大。针对民营企业或中小企业，商业银行将研究实施差异化利率政策，综合考虑中小微企业的贷款期限、信用情况、风险情况等多重因素，合理确定贷款利率浮动区间。在考核方面采取差异化标准，适度放宽中小微企业的不良贷款容忍度，建立合理的考核激励约束机制和尽职免责机制，调动服务民营企业的积极性。

5. 创新开发金融产品，满足民企金融需求

银行业将深入研究不同行业、不同类型民营企业的金融服务需求，紧密结合企业实际需要，增强金融产品和企业的匹配性。如针对民营企业轻资产、抵质押物不足的情况，要积极发展应收账款、存货、仓单、股权、专利等权利质押贷款，以及信用履约保证保险贷款、动产抵押贷款和企业法定代表人财产抵质押贷款，尝试推广一次授信、循环使用、随借随还的信贷产品。针对流动资金不足的民营企业，经营效益和盈利能力俱佳、现金流及利润增长稳定、还款来源有保障的优质中小企业，要探索流动资金循环贷款、无还本续贷业务、商业保理等系列金融创新产品。深入推进供应链金融服务模式，针对不同行业、不同产业链的特色，与产业链核心企业、供应链服务平台开展深入合作和系统对接，有针对性地创新供应链金融产品，建立多方合作的新型供应链金融服务模式。

专栏　专1-1　民营企业债券融资及信用风险

债券融资属于直接融资的一种形式，相比商业贷款有融资速度快、融资期限长、不依赖抵押物、资金运用灵活等优势。基于上述优势，民营企业债券市场的融资身影较为活跃。

从融资量和融资成本来看，民营企业在债券市场亦存在融资难、融资贵的问题。融资量方面，2015年之前，民营企业债券净融资量占非金融类信用债净融资的比重不足10%；2015年，随着债券市场扩张和发行条件的放宽，2015—2016年民营企业债券净融资量出现井喷式增长，2015年和2016年净融资额分别达到6333亿元和9127亿元，在非金融类信用债净融资中的占比提高到20.9%和28.6%。2017年受债券市场大幅调整的影响，债券净融资量大幅下降，民营企业债券净融资亦大幅下滑，2017年民营企业债券净融资仅为1219亿元；2018年受到民企违约潮的影响，民营企业在债券市场的净融资量进一步下滑至-473亿元，2019年第一季度净融资量为-758亿元。从发行成本来看，民营企业和国有企业之间的信用利差长期存在；据统计，2008年以来民企与地方国企的信用利差区间为50~150BP。2018年民营企业债券违约事件频发，致使2018年下半年民企与地方国企的信用利差一度上升至200BP。

民营企业债券违约率远高于国有企业是民企债券融资贵、融资难的重要原因。自2014年"11超日债"发生首单实质性违约以来，截至2019年第一季度末，债券市场可统计的实质性违约案例共82例，其中民企违约案例有72例，国企仅10例；从违约率来看，2018年末债券市场累计违约率[①]为0.97%，其中，民企累计违约率为3.56%，国企累计违约率仅为0.18%。民企债的信用风险远高于国企，导致金融机构在投资民企债提高准入门槛、要求更高的风险溢价，是民企在债券市场融资难、融资贵的重要原因。

民营企业债券违约率高于国有企业的原因主要有以下三个方面：（1）经营上存在盲目举债、过度扩张的冲动。民营企业大多起家于竞争性行业，经营壁垒不高，多通过灵活的经营策略和严格的成本控制在市场立足。在信用扩张周期中，部分民企表现出很强的扩张冲动，通过举债方式进行产能扩建或多元化扩张，导致民营企业经营受宏观经济环境波动影响更为明显。（2）管理上公司治理不完善。家族式管理是大部分民营企业的突出特点，由于现代管理制度缺失，使得公司经营缺乏稳定性和持续性，在代际传承和财产分配过程中存在不确定性；此外，公司的稳定经营和融资过度依赖企业家个人的决策，一旦实际控制人出现问题，很容易出现经营和

---

① 债券市场累计违约率＝违约债券金额/非金融类信用债余额。

融资的中断；由于内外部监督约束机制缺位，公司发展和治理依赖于个人的能力和道德，上市公司和发债企业中已有多个由于大股东侵占公司利益导致债务违约、公司破产的案例。(3) 外部支持上来自政府和金融机构的支持不如国有企业。由于存在股权关系，国有企业能够得到政府的支持和隐性担保；缺少政府隐性担保和合格抵押物，使得民营企业在融资方面得到的支持不如国有企业。

2018 年受到信用紧缩、金融机构风险偏好下降的影响，债券市场出现了民企违约潮。违约潮的直接触发因素为整体信用环境的收紧，过去几年过度举债扩张、资金利用效率低的民营企业首先受到冲击；近几年快速发展的股权质押融资业务，随着资本市场持续低迷，也成了加速信用风险暴露的一大原因。

2019 年第一季度债券市场信用风险明显缓和，产业债各评级信用利差均有10～20BP 的下行，民营企业信用利差下行近 30BP。宽信用、民企纾困政策对改善民企融资环境起到了正面推动作用，社融增速较 2018 年底出现明显反弹，从债券市场的融资来看，低等级发行人在债券市场的融资能力仍然偏弱，1—2 月 AA 评级非金融类信用债的净融资量分别为 117.45 亿元及 -252.04 亿元，在此情况下，尤其是银行表内贷款的高增长，对推动信用改善起到了重要作用。

在 2018 年的民企违约潮中，被淘汰出局的民营企业大部分在所处行业中竞争力偏弱或主业聚焦度不足、公司治理不完善，而经营稳健、管理良好的民营企业融资状况较为稳定。预计经过本轮信用紧缩的考验之后，优质民营企业的信用状况将趋于稳定。

从债券融资的角度，当前形势下，商业银行应该从以下几方面发挥自身的资源配置作用，支持公司治理完善、专注主业、有市场竞争力的民营企业，促进经济高质量发展。

一是完善信用评价体系，积极支持民营企业债券融资。在国内当前的金融市场环境下，债券的认购主力仍为各类商业银行，六成以上的非金融企业债券认购资金来自各类商业银行，以银行同业资金和理财资金为主。商业银行应进一步完善信用评价体系，识别优质民企，减少由于沟通不足、认识不足带来的误解，通过直接投资民营企业债券方式支持其融资和经营。

二是发行信用保护工具支持民营企业债券融资。信用风险缓释工具（英文缩写为 CRM）作为信用衍生品，由信用等级高的第三方创设，其中标准化可流通的 CRMW 为主力品种。目前 CRMW 的创设主力为商业银行，2018 年 10 月以来各类机构创设的 CRM 数量逐月增加，以凭证起始日统计，仅 2018 年 11 月单月创设的 CRM 就达到 27 期，超过之前年份的总和。从 2018 年 10 月至 2019 年 3 月末，共创设 74 期 CRMW，其中商业银行单独创设 52 期，中债信用增进单独创设 8 期，商业银行同中债信用增进联合创设 12 期。商业银行通过创设 CRMW 支持优质民营企业债券市场融资，为实体经济发展提供有力支持。

三是通过参与纾困资金支持民营企业融资。纾困资金是指投向民营企业以缓解其流动性困境的各类资金，包括地方政府牵头成立的各类专项纾困基金、券商资管计划、保险资管计划、纾困专项债等。截至 2019 年 3 月末，据不完全统计，全国各地纾困基金接近 7000 亿元，资金主要用于缓解当地优质上市公司的股权质押风险等流动性困境，救助方式包括受让股权和债权、并购重组等。其中各地政府成立的纾困专项基金占据总规模的一半，其余资金来自券商和保险资管，少量来自沪深交易所专项债。在此过程中，商业银行可以通过私人银行或财富管理中心等部门为基金提供融资支持，以及从事基金资金托管等服务。

四是通过参与区域指数产品间接支持民企融资。当前市场环境下，获得各类资金支持较多的大部分为短期遭遇流动性问题的优质民营企业，金融机构助其度过危机后继续实现稳健经营，因此对优质民营企业的筛选尤为重要。为实现此目的，商业银行可以通过参与投资优质民企信用债指数产品，借助第三方研究实力筛选优质民企，分散化投资进一步降低风险，通过此方式间接支持民营企业融资。

专题 2

加大力度服务国家区域战略

继京津冀协同发展、长江经济带发展等区域战略后，长三角区域一体化发展、粤港澳大湾区发展也上升为国家战略。积极对接国家区域发展战略、大力支持区域经济发展，不仅是银行业履行使命和担当的必要之举，也是推动自身改革转型和高质量发展的需要。

一、积极把握长三角区域一体化发展战略机遇

2018 年 11 月，习近平总书记在首届进博会上宣布将支持长江三角洲区域一体化发展上升为国家战略，2019 年"两会"期间，李克强总理的政府工作报告中明确将长三角区域一体化发展上升为国家战略。全面深度对接服务长三角区域一体化发展，不仅是中国银行业的一项政治任务，更是增强自身核心竞争力、提升经营业绩的题中应有之义。

1. 长三角区域为我国经济发展提供强大动力

长三角区域是中国经济发展的重要引擎。2018 年，长三角"三省一市"地区生产总值总量为 21.15 万亿元，连续多年在全国 GDP 总量中的占比超过 23%。从经济增速看，2018 年，"三省一市"地区生产总值增速均不低于全国平均增速，其中，安徽的实际地区生产总值增速超过 8%。在 16 座全国万亿元地区生产总值城市中，长三角地区占据了 6 席，分别是上海、苏州、杭州、南京、无锡、宁波，其中上海更是以 3.26 万亿元居全国之首。总体来看，长三角区域经济发展主要呈现五大特征：

一是二三产较发达，产业呈集群化发展。2018 年，长三角区域三次产业中二、三产合计占比超过 90%，其中，上海、浙江、江苏的三产占比均超过 50%。同时，长三角区域产业集群发展逐步显现，2017 年固定资产投资排名前五位的行业均为制造业、房地产业、交通运输仓储和邮政业、水利环境和公共设施管理业、电力燃气及水的生产和供应业。

二是国企、民企、外企优势互补，市场主体有活力。长三角区域市场主体结构较为均衡，上海的央企、地方国企、民企、外企对经济的贡献各约占 1/4，2017 年，浙江、安徽、江苏的民营经济占地区生产总值比重分别为 65%、57.8%、55.4%，公有制经济与非公有制经济在区域内呈现较强的互补优势。

三是地区财政实力强，税源结构较丰富。长三角区域财政收入占全国财政收入比重

连续多年维持稳定水平，上海、浙江的税收收入占地方财政收入的比重均高于全国水平。同时，长三角区域税源结构丰富，并不单纯依赖于个税、企业所得税、增值税，像营业税、契税、城市维护建设税等占税收收入的比重均高于全国水平。

四是居民富裕程度高，财富增长潜力大。从人均地区生产总值看，除安徽以外，2018 年，上海、江苏、浙江均比全国的人均地区生产总值高 3 万元以上。从人均可支配收入看，2018 年，上海、浙江、江苏分别为 64183 元、45840 元、38096 元，均远高于全国 28228 元的平均水平。从 2018 年的人均可支配收入增速看，上海、江苏、浙江均跑赢全国增速。

五是金融机构体系健全，金融业务规模庞大。长三角区域汇集了诸多全国性和地方性银行以及证券、保险、基金、信托、消费金融公司等各类金融机构，同时集聚了各类全国性要素市场。作为国际金融中心，截至 2017 年末，上海的金融业增加值占地区生产总值的比重达到 17.7%，占全国金融业增加值的比重为 8.1%。

2. 长三角区域一体化已成共识，发展趋势逐渐明朗

长三角区域一体化发展稳步推进，已逐步成为共识。早在 1982 年，《中华人民共和国国民经济和社会发展第六个五年计划（1981—1985 年）》就曾提出编制以上海为中心的长江三角洲的经济区规划。经过 30 余年的持续探索，长三角区域协调发展的概念和空间范畴都发生了较大改变。2014 年 5 月，习近平总书记在上海考察时强调，继续完善长三角地区合作协调机制；2016 年，国家发展改革委与住房和城乡建设部印发《长江三角洲城市群发展规划》；2018 年 6 月，长三角地区主要领导座谈会审议并原则同意《长三角地区一体化发展三年行动计划（2018—2020 年）》和《长三角地区合作近期工作要点》，标志着长三角区域一体化发展推进取得阶段性成果；2018 年 11 月，习近平总书记在首届进博会上宣布将支持长江三角洲区域一体化发展上升为国家战略；2019 年"两会"期间，李克强总理的政府工作报告中明确将长三角区域一体化发展上升为国家战略。

其中，《长三角地区一体化发展三年行动计划（2018—2020 年）》明确了长三角区域一体化发展的任务书、时间表和路线图，覆盖交通能源、科创、产业、信息化、信用、环保、公共服务、商务金融等 12 个合作专题，聚焦交通互联互通、能源互济互保、产业协同创新、信息网络高速泛在、环境整治联防联控、公共服务普惠便利、市场开放有序等 7 个重点领域。随着长三角区域一体化发展的持续推动，未来区域经济发展或呈现以下趋势：

一是高质量产业集群加快形成，民营、外向型经济快速壮大。为进一步发挥长三角区域产业集聚度高的优势，长三角区域设立了协同优势产业基金，致力于打造实现国家战略增长极的功能载体。同时，一体化发展和全面对外开放政策将推动人流、物流、资金流在区域内快速流动，支撑民营企业发展壮大，增强长三角区域对外资、外企的吸引力。

二是县域经济蓬勃发展。在"全国综合实力百强县市"榜单中，江苏和浙江分别占23 席和 14 席，合计占比超过 1/3。随着交通互联互通进程加快，长三角区域的县域经济总量或创新高，苏中、苏北、皖北、浙南等价值洼地将成为县域经济新的增长点。

三是互联网经济引领潮流。浙江的互联网、江苏的物联网、上海的人工智能共同构成了长三角区域互联网经济发展的抓手。随着长三角区域推动 5G 网络先行先试、加快工业互联网建设、深化重点领域智慧应用，长三角区域的消费互联网与产业互联网有望协同发展。

四是总部经济效益凸显。2018 年底上海的跨国公司地区总部累计达 670 家，其中研发中心有 441 家。长三角一体化将促进区域内产学研深度联动，未来有望成为最具研发能力的城市群。在总部经济带动下，长三角各省市将充分发挥各自优势，产业梯度转移有望加速。

五是金融市场由大变强。截至 2017 年末，长三角金融市场规模约为 93 万亿元，约占全国金融市场规模的 24%。长三角一体化发展将加速金融机构集聚、推动金融服务创新、助力金融市场开放，长三角金融发展将实现质的飞跃。

六是居民财富稳步增长。目前，在长三角"三省一市"中，安徽的人均可支配收入尚低于全国平均水平，江苏和浙江的人均可支配收入分别为上海的 69% 和 82%，在长三角一体化发展趋势下，江苏、安徽人均可支配收入具备较大提升空间。

3. 银行业积极支持长三角区域一体化发展

长三角区域是国内银行业的重点业务区域，长三角区域一体化发展将给银行业带来诸多业务机遇。面对激烈的市场竞争，国内多家银行纷纷出台支持举措，进一步增强自身在该区域的市场竞争力，抢抓长三角区域业务机遇。主要措施有：

一是建立区域内联动机制。长三角区域一体化发展将使区域内的经济联系更加密切，加强分行间合作的重要性进一步凸显。为此，部分银行建立了长三角区域一体化业务联动机制，以更好地助力区域内企业发展。例如，在总行层面设立长三角一体化领导小组，牵头联络协调部门，探索人员共享、利益共享等机制。

二是加强与长三角区域各级政府及相关部门的合作。密切关注最新政策，积极对接区域内相关政府部门，完善长三角区域内的金融服务策略，聚焦重点领域和项目，支持地方经济加速融入长三角区域一体化发展。

三是加强自贸区金融服务。针对性研究自贸区政策机遇和目标客户需求，理顺机制流程，不断提升跨境金融服务便利化水平。

四是强化科技金融服务，支持上海科创中心的建设。探索通过子公司单独，或与专业化外部机构合作发起，设立科创产业基金，简化管理流程，形成完整服务链以满足目标客户需求。

五是加强对接上海金融要素市场，服务长三角区域的金融机构和实体经济。支持上海金融要素市场进一步扩大开放和深化创新，通过与金融要素市场的联动协同服务，为区域内金融机构和实体经济提供融资、投资、避险等专业化金融服务。

除此之外，部分银行在绿色金融服务、民生金融服务以及金融科技等领域也不断加大资源倾斜和投入，以更好地支持长三角区域一体化发展。

二、激发粤港澳大湾区创新发展活力

建设粤港澳大湾区是习近平总书记亲自谋划、亲自部署、亲自推动的国家战略。2017 年 3 月，粤港澳大湾区首次被写入国务院政府工作报告；2017 年 10 月，十九大报告明确提出了建设粤港澳大湾区的要求；2019 年 2 月，中共中央、国务院印发《粤港澳大湾区发展规划纲要》。加快银行业在粤港澳大湾区的建设步伐，为培育湾区新产业、新业态、新模式提供改革动力，既是中国银行业新时代的重大使命和责任，更是巩固和提升国际市场地位和影响力的重要机遇。

1. 粤港澳大湾区成为国际经济合作新平台

粤港澳大湾区覆盖香港特别行政区、澳门特别行政区和广东省广州市、深圳市、珠海市、佛山市、惠州市、东莞市、中山市、江门市、肇庆市（以下简称珠三角九市），总面积 5.6 万平方公里。经过 40 年改革开放，粤港澳大湾区经济实力、区域竞争能力显著增强，成为中国开放程度最高、经济活力最强的区域之一，已具备建成国际一流湾区和世界级城市群的基础条件。建设粤港澳大湾区，有利于整合发挥其港口、金融、贸易、制造业等优势，推进"一带一路"倡议实施，深度参与国际经济贸易合作，推动形成全面开放新格局。

一是经济实力雄厚、产业体系完备。粤港澳大湾区经济发展水平居全国领先水平，2018 年，粤港澳大湾区经济总量已超过 10 万亿元人民币。其中，深圳、香港、广州三大城市地区生产总值均超过 2 万亿元，位居全国城市经济前列，总量约为大湾区经济总量的 65%。同时，粤港澳大湾区呈现三条产业发展带，分别为西岸技术密集型产业带、东岸知识密集型产业带、沿海生态环保型产业带，充分发挥集群优势，推进经济互补，构筑产业协同发展格局。其中，香港侧重国际金融、航运、贸易中心等产业；澳门侧重旅游业、酒店业等服务产业；珠三角九市为科技、产业创新中心和先进制造业、现代服务业基地。

二是创新能力领先、科技力量雄厚。粤港澳大湾区在人才、资本、产业等创新要素聚集的密度上领先全国，是中国科技创新和产业升级的领导者。尤其粤港澳三地科技研发、转化能力突出，拥有一批在全国乃至全球具有重要影响力的高校、科研院所、高新技术企业和国家大科学工程，创新要素吸引力强，具备建设国际科技创新中心的良好基础。

三是国际化水平高、市场化发展好。香港保持作为国际主要金融中心地位，是全球最自由经济体之一；澳门作为世界旅游休闲中心和中国与葡语国家商贸合作服务平台的作用不断强化；珠三角也是内地最先开放的地区，是外向度最高的经济区域和对外开放的重要窗口，在全国加快构建开放型经济新体制中具有重要地位和作用。同时，粤港澳大湾区的政策优势明显，有利于市场化发展，由 CEPA、自贸区、自创区构成大湾区三大政策支柱，加上深港现代服务业合作区、大湾区规划及自由贸易港等政策，为大湾区发挥政策叠加效应，打造市场化新高地奠定了坚实基础。

2. 粤港澳大湾区基础条件良好，已逐步深化协同发展

粤港澳大湾区协同发展由来已久，具备了非常成熟的发展条件。20 世纪八九十年代，深圳经济特区的建立开启了珠三角与港澳地区"前店后厂"的分工合作模式，港澳地区利用海外贸易接受订单，珠三角地区利用低廉的土地、自然资源和劳动力优势加工、制造和装配产品。2005 年，广东省政府在《珠江三角洲城镇群协调发展规划》中明确划分"粤港粤澳跨界合作发展地区"，并列入重大行动计划。之后，湾区发展陆续写入 2008 年《珠三角地区改革发展规划纲要》、2009 年《大珠江三角洲城镇群协调发展规划研究》及 2010 年《粤港合作框架协议》政府重要文件。2015 年 3 月，"一带一路"倡议首次明确提出"粤港澳大湾区"概念。2016 年，粤港澳大湾区被写入国家"十三五"规划、国务院《关于深化泛珠三角区域合作的指导意见》、广东省"十三五"规划等。2017 年，粤港澳大湾区首次被写入国务院政府工作报告和"十九大"报告。

2019 年 2 月，中共中央印发《粤港澳大湾区发展规划纲要》，纲要的出台为粤港澳地区的发展提供了政策及制度保障。纲要指出要不断深化粤港澳互利合作，进一步建立互利共赢的区域合作关系，推动区域经济协同发展，为港澳发展注入新动能，为全国推进供给侧结构性改革、实施创新驱动发展战略、构建开放型经济新体制提供支撑，建设富有活力和国际竞争力的一流湾区和世界级城市群，打造高质量发展的典范。同时，纲要明确了粤港澳大湾区的战略定位为充满活力的世界级城市群、具有全球影响力的国际科技创新中心、"一带一路"建设的重要支撑、内地与港澳深度合作示范区、宜居宜业宜游的优质生活圈。

3. 银行业积极服务粤港澳大湾区发展

粤港澳大湾区战略既为中国银行业的发展提供了机遇，也使银行业面临挑战。首先，粤港澳大湾区是在"一个国家、两种制度、三个关税区、三种货币"的条件下开展深化合作的，容易形成政策壁垒，不利于银行业资源的有效配置。其次，湾区内金融业同质化竞争，将有损湾区综合发展水平。最后，我国经济已进入新常态，国际贸易摩擦加大等多重因素影响下，商业银行的传统经营模式与盈利能力受到挑战。

面对这一重大机遇和挑战，国内多家商业银行提前布局、加快建设，为粤港澳大湾区金融市场创新发展注入新动能。主要举措包括：

一是做好服务实体经济的金融布局。坚持以服务实体经济为根本原则，关注湾区内重大项目、重大平台、重大创新动态,为粤港澳大湾区的基础设施建设及产业升级提供资金支持。开发多元化信贷融资产品,提供全方位的金融配套服务。基础建设方面,重点围绕轨道交通建设、港口航运方面;产业升级方面,重点围绕科技产品、高端设备等方面,加大对科技研发的支持力度,支持高新技术企业贷款余额近 2100 亿元。

二是做好区域内金融服务互联互通。积极拓展在港、澳的分支机构和网点布局,聚焦并发挥当地比较优势,不断完善金融服务网络,加速创新跨境金融产品,消除地方壁垒和经营局限性,满足大湾区内居民快速增长的跨境理财、跨境消费、跨境投融资等需求,推动零售金融的差异化发展。

三是深入推进与各方政府合作。积极对接相关政府部门,实时掌握政府重大规划、重大项目的商机,把握有利时机,已支持大湾区港珠澳大桥等重大项目超过 7000 个。在政府不断完善营商环境便利化、财政社保体制机制等政务机制改革中及时识别和抓住银企合作机会。

四是科技创新促进金融发展。突出金融科技的关键性作用,激活创新基因,倾斜投入银行资源,利用深圳金融科技龙头企业、香港金融制度优势、创新人才优势,设立金融科技创新中心,推进区块链、数字货币等金融科技领域的先行探索,支持和保障湾区内金融科技和重大项目的孵化、实施、运营、推广。

此外,各家银行还充分利用资源,发展普惠金融等特色金融,提高湾区品牌知名度,更好地为区域内经济赋能。

专题 3

创新和改善科创企业金融服务

当前，中国正加速进入科技引领的"新经济"时代，科技创新企业有望成为经济增长新的重要引擎。加快实施创新驱动发展，也使得一大批科创企业应运而生。科技创新、产业升级等新兴经济的发展迫切需要有新的融资模式与之匹配，也需要形成有效的创新驱动机制将金融资本转化为技术资本。对于商业银行而言，服务科技创新，并在此过程中寻找新的业务增长点，已成为未来的重要发展趋势。

一、银行业支持科创企业意义重大

建设世界科技强国，是党中央在新的历史起点上作出的重大战略决策。作为科技兴国战略重要载体的科技创新型中小企业将迎来发展机遇，商业银行支持科创企业既是服务国家战略、履行服务实体经济职责的根本要求，也有利于自身开辟新的业务增长点。

1. 科技型企业发展前景看好

2019 年 3 月 5 日，国务院总理李克强在政府工作报告中提出，改革完善金融支持机制，设立科创板并试点注册制，鼓励发行双创金融债券，支持发展创业投资，同时强调，提高直接融资，特别是股权融资。科创板首次被写入政府工作报告，一系列规则相继出台。科创板从提出到正式意见稿的下达仅历经 5 个月左右，体现了高层推动我国建设世界科技强国的战略决心，也可以看出中国经济转型的紧迫感。

当前，中国经济已经进入新旧动能转换的关键时刻，之前依靠人口红利、全球化、房地产市场而高速发展的阶段已经过去。以传统银行信贷为核心服务传统工业、地产、基建的融资体系已不完全适应中国经济的转型发展的需求，科技创新、产业升级等新兴经济的发展迫切需要有新的融资模式与之匹配，也需要形成有效的创新驱动机制将金融资本转化为技术资本。科创板的设立正符合中国经济转型的新要求。科创板也能够使得我国的资本市场结构更趋完善，进一步推动 A 股市场的国际化进程。对于 A 股市场来说，增量上的改革，也能驱动存量改革，给符合条件的企业更多的选择，同时也能够提升市场活跃度，对加快科技创新有重要的意义。科创板作为重磅开场，将会承担更多的改革任务，下一步，预计上海市政府也将围绕支持上海国际金融中心建设，进一步强化工作联系机制，主动发挥上海金融中心的优势，鼓励本地的证券公司、基金机构等市场主体加强对科创企业的服务和支持。在此背景下，科创企业的发展有望迎来新的机遇，商业银行作为金融机构的主力军，更应主动作为，积极支持科创类企业，这不仅是支持实体经济的重要举措，也是落实金融供给侧结构性改革的重要突破口。

2. 科技型企业是银行庞大的潜在客群

2018年，我国科技创新能力大幅增强，主要科技创新指标稳步提升。高新技术企业达到18.1万家，其中，科技型中小企业突破13万家。168个高新区预计实现营业收入33万亿元，出口总额3.3万亿元，净利润2万亿元，实际上缴税费1.7万亿元，园区新注册企业超过40万家。科技型企业不少是小微、民营企业，为商业银行更好地履行监管的"两增两控"、加大服务民营企业力度，更好地支持实体经济发展提供了突破口。尤其是科创板推进落实后，科创板上市的企业更是为银行增加了一类相对更有安全边际的公司客群，由于科创板的公司符合国家战略大方向、信息披露及时且相对充分、交易退出机制更加完善，具有合理的估值体系、相对优秀经营团队，又有风险资本参与，因此在科技创新类企业中相对优质，同时，该客群的数量极其巨大。

二、当前银行业服务科创企业存在障碍

随着科技型企业的不断发展，融资瓶颈逐步显现，科技金融尚未广泛地发挥作用。科创类企业不仅兼具多数民营和小微企业的特征，例如，内部财务管理不规范、企业主金融知识缺乏等，还有其自身"高技术、高风险、高收益"的特征，相对来说，融资难、融资贵的问题较为突出，总体来看，商业银行服务科创企业存在两方面的障碍。

1. 科创企业与商业银行对接的结构性矛盾突出

由于科技型企业具有较为明显的发展周期，其种子期和创业期对初始自有资金较为依赖；在成长期，风险资本是该类企业的主要融资渠道；相对来说，成熟期时候的融资渠道选择较为广泛；衰退期，企业面临第二次创业，融资难度加大，且依赖前期的资产和信誉积累。因此，尤其是在进入成熟期前，科创类企业存在较大的不确定性，盈利能力尚未兑现，核心竞争力主要为知识产权、技术专利等无形资产，而银行传统的信贷活动则需要足够的抵押品和稳定的还本付息现金流，对无形资产的评估缺乏较为成熟的方法。这种对接的结构性矛盾是直接导致科创企业融资瓶颈的主要原因。同时，科创类企业由于大多财务方面有一些不合理健全的制度存在，企业内控不强，缺乏强有力的审计部门确认财务报表的权威性，也是商业银行不愿意贷款的原因。科技型中小企业高风险性有悖于商业银行的经营原则，使其与商业银行的企业信用风险评价体系不适应，导致商业银行同样无法成为科技型中小企业的主要资金提供者。

商业银行与科创企业之间的信息不对称也是制约其发展的另一大重要因素。由于科技型中小企业具有一定的技术壁垒，产品、管理等影响企业发展的因素，相对来说，企业的信用评级体系并不完善，信用担保能力总体不强，信息服务的平台也不够发达，导致商业银行与科创类企业的沟通不畅，并且由于缺乏相关的人才，在对科技型企业无形

资产评估时，需要与权威的第三方机构合作，且无形资产评估机构的匮乏也制约了商业银行广泛开展科创企业金融业务的能力。

2. 科创金融的运营体系缺乏联动性

从融资渠道来看，国内科创企业的融资渠道相对狭隘，市场化程度并不高。对于国外科创型企业来说，股权交易为其提供了合理快捷的融资方式，之前由于我国资本市场缺乏多层次性，进入门槛较高，因此科创型中小企业上市融资较为困难，并且创业资本也因为资本市场的不完善无法充分发挥其作用。随着科创板的设立，这一问题将会得到一定程度的缓解。近几年，为扶持科技型中小企业的发展，政府和社会各界也采取了多种支撑措施，如设立科创型中小企业创新基金、建立科创型中小企业的融资担保体系，但总体来说，规模较小、覆盖面窄、财力有限等制约了融资效果。从体制上看，当前科技部门与金融部门缺乏联动，而相应的科技金融链上的银行、风投机构、保险公司等各类服务机构之间缺乏合作，并没有发挥信息平台上应有的资源共享的作用。并且由于缺乏贷款、引入风险投资、上市培训、政府补贴等闭环式服务平台，各环节间也缺乏合作和联动，导致整体对科创企业的持续长效的融资服务不足。

三、商业银行创新服务科创企业的举措

创新科创产品服务体系。商业银行高度重视科创金融的业务机会，并且发布科创金融服务方案，从产品、渠道、体制、机制等方面对服务科技创新类企业进行了细致的规划。根据科创企业普遍存在的轻资产、缺少抵押、高成长性等特点。部分银行分别针对处于不同生命周期，例如种子期、初创期、成长期、成熟期的科创类企业提供相适合的产品体系，从单纯的资金提供者向融资组织者转变，有效解决科创类企业在成长期的金融服务诉求。

积极推进投贷联动模式。参照硅谷银行等国际同业经验，投贷联动被公认为金融体系支持科技创新最有效的途径之一。当前，部分银行已积极开展投贷联动模式，进一步服务科创类企业。一是部分银行已与风险投资（VC）、私募股权基金（PE）等创业投资机构合作，即由创投机构为科技企业提供股权融资，银行跟进提供信贷支持，并且针对科技型企业的需求已经推出了"投贷通"等投贷联动产品。二是设立股权投资基金。部分银行通过与地方政府、投资机构合作设立股权投资基金，科创企业通过向基金转让少量股权以获得银行低成本信贷资金，待贷款到期后再由科创企业溢价回购该股权。

加强银政、非银机构合作。目前，部分商业银行已与北上广深等科技资源和成果优势突出的政府建立起战略合作关系，及时了解地方科技金融政策，进一步提升银行服务科创类企业的质效。一是共建风险补偿基金。部分银行联合地方政府部门共同成立风险补偿基金池，通过风险共担模式，最大限度地提升科创企业融资积极性。二是对接贷款贴息政策。银行积极对接地方政府部门针对科创企业的贷款贴息政策，最大化释放财政

资金的撬动效应，促进企业降低融资费率。三是共设产业发展基金。银行通过理财资金投资模式，联合政府财政资金、引入社会资本、借力第三方机构等方式共同设立服务科创企业成长的产业发展基金，拓宽企业融资渠道。最后，加强与非金融机构的合作，例如，部分银行积极主动开展与担保公司的合作，以提高企业信用和分散风险；加强与上海股权托管交易中心合作，为科技企业上市提供清算结算、账户管理等配套服务。

四、进一步提升服务科创企业的质效

为了进一步服务好科创类企业，更好地实现经济高质量发展，不仅需要在宏观层面上做好顶层设计，理顺科技金融的体制机制，搭建好信息披露、信用评级体系、融资担保体系、融资中介机构、无形资产评估等基础性设置，建立相应的服务平台达到充分资源共享。微观层面，也需要科创型中小企业提升自身素质，加强内部财务管理，提高生产经营的透明度，同时不断强化自身的信用意识、企业形象的建设等，才能最终形成科创企业的可持续资金融通机制。

在科创企业的融资体系不断完善的过程中，商业银行将寻找新的业务机遇，把握这一转型重大突破口。未来，商业银行可重点从以下三个方面入手，进一步提升服务科创企业的质效。

1. 战略上高度重视，积极打造科创金融生态圈

理念是行动的先导，宏观上来看，"加快建设创新型国家"已上升为国家战略，作为商业银行，必须高度重视、坚决落实、充分发挥优势，以奋力支持服务国家创新驱动战略和建设创新型国家大局为己任；微观上，科创板的设立与上海国际金融中心建设紧密相关，也是商业银行奋力支持上海贯彻落实三项新的重大任务、助力上海国际金融中心建设实现规划目标的重要抓手。因此，必须明确发展科创金融业务的战略意义与地位。

商业银行可以制定长期相应的目标，从组织建设、产品创新、优化流程、管理完善等方面着手，致力于为科技创新型企业提供有力的金融支持。联合政府及公共服务平台、科研院校、产业园区、孵化器以及创投机构、科技中介服务机构等，加强跨界合作，打造科创金融服务生态圈。短期密切结合区域实际，例如优先选取北上广深一线城市科技资源和成果优势突出的地区，设立专营机构，组建成立专门服务科技型企业的二级分行或事业部，给予其一定的政策考核倾斜，重点服务好拟在科创板上市的优质企业，引导其探索一套适应"轻资产"新兴产业的金融服务模式，再推广至全行。

2. 依托综合化优势服务科创板，创新产品服务体系

商业银行可以采取客户分层分级营销策略，创新产品服务企业。将科技创新型企业按生命周期划分为还未有大规模盈利产品落地的新型研发企业、已经拿到高新技术企业资质认定的企业、拥有科技成果转化项目的企业，以及拥有核心知识产权可以进阶资本

市场的企业。建立专项授信额度支持相关企业，并按照企业生命周期差异化对其进行授信，打造专属产品，推动创新跟进。伴随科创企业从初创迈向成熟，运用商业银行综合化优势，为企业提供涵盖企业融资、资本运作、发展规划、财富管理、公司治理等一站式金融服务，从单纯资金提供者向融资组织者转变，有效解决科创企业在成长中的金融服务诉求。

商业银行可以进一步整合总行投行中心、同业战略客户部、分行投行部及证券子公司等经营单位，确定专人负责，组成专家团队，对科创类企业客户进行对接，主动了解和跟踪其上市需求，做好咨询服务和牵线搭桥工作，为科创板提供"源头"。推动子公司积极做好准备，研究设立以科创板上市企业为投资标的基金，为科创板提供"活水"。大力提升体系化科创企业服务能力，加大子公司业务参与度，作为投贷联动业务股权投资平台，分行作为科创企业营销服务的主体，积极开展投贷联动业务探索和创新，把投贷联动业务作出品牌和市场影响力。

3. 优化业务流程，推进科创金融业务机制灵活化

商业银行仍需要优化风险审查体系，建立与科创企业相适应的风险控制机制。在审批机制、考核机制等关键问题上避免与传统信贷文化相冲突，循序渐进地打造差异化、创新高效的科创金融业务文化，注重风险与收益相平衡。健全准入审查和评估机制，综合考虑目标企业的选择，尤其是推进投贷联动业务的过程中，注意分散投资以降低风险。

同时，做好三方面的机制保障，一是加大金融科技领域的资金投入，充分利用科技手段，加强数据整合运用和专业团队建设的能力，升级风控系统。同时，设立科创金融专家库，由高校专家、中介机构、科技类企业高管组成，进一步夯实专业化风控水平，降低风控成本。二是对科技金融专营机构和人员实行专门信贷管理与考核机制，主要考核科技贷款的总量、结构和各类创新成果，考虑适度提高科技贷款风险容忍度。例如，可以考虑取消对单个项目的收益考核和风险责任追究，以一定期限内的整体投资风险收益考核项目及相关责任人。三是进一步厘清协调机制，提高服务效率。建立跨区域协调机制，实现信息共享机制，畅通信息沟通渠道，提升服务科创类企业的效率，通过开辟绿色通道，加强人员配备等方式，持续加大对科技创新企业的金融服务力度。

专题 4

加快布局理财子公司

商业银行理财业务经过十多年的发展，目前规模已达 32 万亿元，占我国资管总规模的 26%，已经具备公司化独立运营的基础。未来，理财子公司将与公募基金、信托公司、证券子公司等资管机构同台竞争，共同竞逐中国资管行业百万亿元级别的大市场，我国资管行业将进入新时代。

一、理财子公司是商业银行转型升级的重要抓手

1. 监管新规要求商业银行设立理财子公司

2018 年 4 月 27 日，中国人民银行、中国银行保险监督管理委员会、中国证券监督管理委员会、国家外汇管理局联合发布《关于规范金融机构资产管理业务的指导意见》（银发〔2018〕106 号，以下简称"资管新规"）。资管新规明确，商业银行，特别是具备托管资质的商业银行应当通过设立资管子公司的方式开展资产管理业务，商业银行可以托管其子公司发行的资产管理产品，但应当实现实质性的独立托管。资管新规第十三条规定"主营业务不包括资产管理业务的金融机构应当设立具有独立法人地位的资产管理子公司开展资产管理业务，强化法人风险隔离，暂不具备条件的可以设立专门的资产管理业务经营部门开展业务。"第十四条规定"过渡期后，具有证券投资基金托管业务资质的商业银行应当设立具有独立法人地位的子公司开展资产管理业务"。

理财新规明确商业银行应当通过理财子公司开展理财业务。2018 年 9 月 26 日，中国银行保险监督管理委员会正式发布《商业银行理财业务监督管理办法》（银保监会令〔2018〕6 号，以下简称"理财新规"），第十四条明确规定，商业银行应当通过具有独立法人地位的子公司开展理财业务。暂不具备条件的，商业银行总行应当设立理财业务专营部门，对理财业务实行集中统一经营管理。

理财子公司办法推动理财子公司落地。2018 年 12 月 2 日，中国银行保险监督管理委员会正式发布《商业银行理财子公司管理办法》（银保监会令〔2018〕7 号），明确了商业银行理财子公司的设立、变更与中止条件、业务规则、风险管理和监督管理等相关规定，为商业银行理财子公司落地奠定了法规基础。表专 4 – 1 对比了理财新规与理财子公司办法规定的商业银行和理财子公司开展理财业务的异同，可以看出，理财子公司在投资范围、销售起点、销售渠道、合作机构等方面均有所放宽。

目前已有多家上市银行公告将设立理财子公司，并获得监管批准，部分银行理财子公司已正式开业运营。

表专 4 - 1　理财新规和理财子公司办法要点

要点	理财子公司办法	理财新规
公募理财投资股票	允许子公司发行的公募理财产品直接投资股票	放开公募理财产品不能投资与股票相关公募基金的限制，允许公募理财产品通过投资各类公募基金间接进入股市
销售起点	不再设置理财产品销售起点金额	商业银行发行公募理财产品的，单一投资者销售起点金额不得低于 1 万元人民币
销售渠道和投资者适当性管理	子公司理财产品可以自己销售（含营业场所和电子渠道），可通过银行业金融机构代销，也可以通过银保监会认可的其他机构代销；不强制要求个人投资者首次购买理财产品进行面签	商业银行只能通过本行渠道（含营业网点和电子渠道）销售理财产品，或者通过其他银行业金融机构代理销售理财产品 个人首次购买理财产品时，应在银行网点进行风险承受能力评估和面签
非标债权投资限额管理	仅要求非标债权类资产投资余额不得超过理财产品净资产的 35%	商业银行全部理财产品投资于单一债务人及其关联企业的非标准化债权类资产余额，不得超过本行资本净额的 10%； 商业银行全部理财产品投资于非标准化债权类资产的余额在任何时点均不得超过理财产品净资产的 35%，也不得超过本行上一年度审计报告披露总资产的 4%
产品分级	允许子公司发行分级理财产品，但应当遵守"资管新规"和《理财子公司管理办法》关于分级资管产品的相关规定	商业银行不得发行分级理财产品
理财合作机构范围	与"资管新规"一致，规定子公司发行的公募理财产品所投资资管产品的发行机构、受托投资机构只能为持牌金融机构，但私募理财产品的合作机构、公募理财产品的投资顾问可以为持牌金融机构，也可以为依法合规、符合条件的私募投资基金管理人	

资料来源：中国银行业发展报告课题组整理。

2. 设立理财子公司是风险隔离、打破刚兑的必然要求

在银行内部开展理财业务，有两个无法避免的问题。一是风险跨板块传递。商业银行同时开展存贷业务和资管业务，业务属性和风险特点完全不同。存贷业务属于银行自营业务，风险由银行承担；资管业务属于银行表外业务，银行是管理人，收取管理费，投资风险由投资人自己承担。两种业务由银行同时开展，不可避免产生风险传递，扩大系统性风险。二是商业银行发行理财产品，难以打破刚性兑付。一方面，银行本身是靠信用支撑运营的金融机构，在理财产品发生风险的情况下，商业银行为了维护声誉，只能尽一切可能按照预期收益进行兑付，避免声誉风险；另一方面，投资者"银行无风险"的惯性思维很难打破，在理财产品发生亏损的情况下，容易发生群体性事件。

设立理财子公司，有利于隔断风险传递，打破刚性兑付。首先，银行设立理财子公司，形成独立法人主体，独立开展理财业务，承担受托责任，履行"受人之托、代人理财"的义务；银行母体作为理财子公司的出资主体，以出资为限，承担有限责任。两者在法律上权责清晰，彻底隔断风险传递的途径。其次，设立理财子公司有利于打破刚性兑付。理财子公司产品采用净值法估值，理财产品净值随市场价格波动而调整，天然具有打破刚性兑付的属性。理财子公司与银行母体之间具有法人隔离屏障，即使理财产品产生风险、影响投资人收益时，打破刚兑对声誉的影响也主要限于理财子公司，对银行母体影响较小。

二、商业银行设立理财子公司的时机基本成熟

1. 国内其他资管机构实践经验

资管新规发布后，我国资管行业已逐步建立统一的监管标准。我国其他资管机构主要有公募基金管理公司和证券公司，业务包括公募基金和资产管理计划。在资管新规发布后，证监会于 2018 年 10 月 22 日发布《证券期货经营机构私募资产管理业务管理办法》和《证券期货经营机构私募资产管理计划运作管理规定》，明确了证券期货经营机构的私募资管产品的业务运作规范。结合《中华人民共和国证券投资基金法》和证监会于 2014 年颁布的《公开募集证券投资基金运作管理办法》（证监会令［第 104 号］），我国已经构建了完整的资产管理行业的法律法规体系。目前，理财子公司、公募基金、证券期货经营机构私募资产管理业务已经基本遵循统一的监管标准（见表专 4 - 2）。

表专 4 - 2　理财子公司、公募基金、证券期货经营机构
资管业务监管法规

主体	商业银行理财子公司	基金管理公司	证券期货经营机构
监管机构	中国银行保险监督管理委员会	中国证券监督管理委员会	中国证券监督管理委员会
业务类型	公募理财、私募理财	公募基金	私募资产管理计划
主要法规	商业银行理财子公司管理办法、商业银行理财业务监督管理办法	中华人民共和国证券投资基金法、公开募集证券投资基金运作管理办法	证券期货经营机构私募资产管理业务管理办法
共同遵循的法律规章	关于规范金融机构资产管理业务的指导意见	关于规范金融机构资产管理业务的指导意见	关于规范金融机构资产管理业务的指导意见

主体	商业银行理财子公司	基金管理公司	证券期货经营机构
资金募集	公募理财：公开募集 私募理财：非公开方式向合格投资者募集	公开募集	资产管理计划应当以非公开方式向合格投资者募集
资金托管	商业银行可以托管子公司发行的资产管理产品，但应当实现实质性的独立托管	由依法设立的商业银行或者其他金融机构担任	依法取得基金托管资格的托管机构
投资范围	公募理财：主要投资于标准化债权类资产以及上市交易的股票，不得投资于未上市企业股权。 私募理财：可投非标准化债权资产。理财子公司全部理财产品投资于非标准化债权类资产的余额在任何时点均不得超过理财产品净资产的 35%	公募基金：各类证券投资；不可投资非标准化债权、非标准化股权	应采用资产组合的方式； 各类证券投资；非标准化债权、非标准化股权； 不得直接投资商业银行信贷资产
销售渠道	本公司渠道：含营业场所和电子渠道； 代销渠道：以通过商业银行、农村合作银行、村镇银行、农村信用合作社等吸收公众存款的银行业金融机构，或者国务院银行业监督管理机构认可的其他机构代理销售理财产品； 不得通过电视、电台、互联网等渠道对私募理财产品进行公开宣传	本公司渠道； 代销渠道：包括银行、券商和监管机构认可的第三方机构； 可公开宣传	不得公开或变相公开募集资产管理计划，不得通过报刊、电台、电视、互联网等传播媒体或者讲座、报告会、传单、布告、自媒体等方式向不特定对象宣传具体资产管理计划

资料来源：中国银行业发展报告课题组整理。

公募基金和证券公司资管业务为银行理财子公司的运营提供了充分借鉴。截至 2018 年 12 月 31 日，基金管理公司及其子公司、证券公司资产管理业务总规模约为 37.7 万亿元，其中，公募基金管理机构管理的公募基金规模 13.03 万亿元，基金管理公司及其子公司私募资产管理业务规模 11.29 万亿元，证券公司及其子公司私募资产管理业务规模 13.36 万亿元。公募基金和证券公司资管业务为市场储备了大量资管业务人才，为理财子公司市场化运营提供了参照。

2. 商业银行资管具备独立运行的基础

2014 年 7 月，银监会发布《关于完善银行理财业务组织管理体系有关事项的通知》，要求银行业金融机构应按照单独核算、风险隔离、行为规范、归口管理等要求开展理财事业部制改革，设立专门的理财业务经营部门，负责集中统一经营管理全行理财业务。商业银行应于2014年7月底前向银监会及其派出机构报告已有理财业务开展情况以及事业部制改革的规划和时间进度，并于2014年9月底前完成理财业务事业部制改革；未按时完成理财业务事业部制改革的银行，监管部门将采取相应审慎监管措施。按照监管要求，大部分商业行已完成理财事业部改革，构建了产品研发、销售渠道、投资管理、风险管理、IT系统建设、会计核算等方面完整的体系。

从银行理财规模来看，商业银行资管业务规模已占我国资管总规模的1/4，为设立理财子公司奠定了良好基础。截至2018年末，银行理财整体余额为32.1万亿元，占我国资管总规模124万亿元的25.9%，较2017年末新增2.56万亿元，其中非保本理财产品存续4.8万只，规模22.04万亿元，占比为68.7%。

三、积极探索理财子公司业务模式

目前多家银行设立理财子公司已获得监管批准，还有多家商业银行发布公告将设立理财子公司。部分银行的理财子公司已开业运营，我国资管业务的新生力量已在探索中前进。

1. 主营业务范围

根据理财子公司管理办法的规定，理财子公司作为商业银行的资管业务平台，开展以下业务：（一）公募业务：面向不特定社会公众公开发行理财产品，对受托的投资者财产进行投资和管理；（二）私募业务：面向合格投资者非公开发行理财产品，对受托的投资者财产进行投资和管理；（三）顾问业务：理财顾问和咨询服务。理财子公司可以发行公募和私募理财产品，为投资者开展投资理财服务，同时理财子公司还可以开展财富管理业务，为投资者提供顾问和咨询服务。

2. 两种发展路径——母子协同与市场化

预计未来理财子公司有两种发展路径，一种是母子协同型理财子公司，一种是市场化理财子公司。母子协同型理财子公司，重点强化与母行的协同配合，充分挖掘母行的用户、渠道和客户资源打造核心竞争力。母子协同型理财子公司更注重发挥母行的优势，在资金端通过母行网点和渠道进行销售，在资产端接收母行推荐的项目和资产，子公司则设计合适的理财产品以适应市场需求和母行需要。此种模式的优势在于，理财子公司可以最大限度地发挥母行网点、客户、项目优势，平稳地从母行过渡到理财子公司。此模式的挑战在于银行业务和资管业务的竞争环境存在差异，对决策速度、激励约束机制要求不同，因而关键在于构建合适的激励和业务协调机制，以充分调动母行具体协同人员的积极性，实现整体效益最大化。

市场化理财子公司重点强化理财子公司的独立运作，着眼于建设具有市场竞争力的市场主体，构建更加独立的业务、人才和激励体系。市场化理财子公司致力于打造高效的业务组织，推出具有市场竞争力的理财产品，以市场化方式与包括母行在内的销售机构建立市场化销售模式，以强大的资产配置能力、行业和固收研究能力及项目开发能力和保障投资能力，建立有效的激励约束机制吸引人才，最终打造出具有市场竞争力、独立运作的资产管理机构。部分银行提出，理财子公司目标是建成治理结构完善、专业团队卓越、信息系统领先、规章制度完备、业务架构高效、盈利模式稳定的崭新公司，并实现人员、系统、场地与母行隔离，在公司治理、业务运营、经营管理等方面实现独立。

3. 理财子公司将加强核心能力建设

理财子公司面临市场上其他资管机构的激烈竞争，只有打造自身的核心能力，才能在竞争中发展壮大，形成自身的竞争优势。核心能力集中在三个方面，一是投资能力，二是渠道能力，三是有效的激励约束机制。

投资能力建设

投资能力主要取决于资产配置能力和研究水平，且投资能力直接决定产品设计，是未来理财子公司竞争的重点，将成为理财子公司竞争的主战场。

一是资产配置能力。资产配置主要在宏观、行业和微观研究基础上，结合对市场心理和政策因素的判断，进行大类资产配置，实现风险调整后的收益优化。资产配置是投资过程中最重要的环节之一，也是决定投资组合相对业绩的主要因素。据有关统计显示，资产配置对投资组合业绩的贡献率达到90%以上。从市场上主要的资管机构来看，与第三方合作主要集中在投资、销售等环节，资产配置能力则牢牢把握在自己手中，预计各家理财子公司将投入人才和资源，培养自身资产配置能力。

二是研究能力。研究涵盖宏观、行业和公司研究三个层面。宏观研究聚焦宏观经济形势、货币财政政策和市场环境研究，为资产配置和投资提供宏观视野，行业研究聚焦产业政策、产业格局、行业市场特征、竞争态势等层面，结合企业及上市公司竞争优势、盈利前景和市场估值等研究，共同为投资决策提供依据，是投资能力的重要基石。

渠道能力建设

渠道能力初期主要取决于母行的网点。对于大型商业银行来说，拥有完善的全国网络，天然具备极具竞争力的渠道优势，其理财子公司渠道能力建设的重点就是如何与母行密切协同，充分利用母行网络优势；对于城商行、农商行来说，不具备全国网络布局，因此其理财子公司天然欠缺渠道能力，不仅要研究如何与母行协同，还需要考虑以市场化手段与其他商业银行、第三方互联网平台等合作，积极拓展销售渠道。股份制商业银行则介于两者之间。未来，可以获得低成本销售渠道的理财子公司将获得竞争优势。

激励约束机制

资管市场高度市场化，多类型的资管机构同台竞技，竞争非常激烈，其核心是人才的竞争。只有具有市场竞争力的激励约束机制，才能吸纳人才、留住人才。理财子公司源自商业银行，而商业银行的激励约束机制相对于公募基金、证券公司有很大差异，而且理财子公司业务涵盖公募、私募、固收、股票、非上市公司股权、非标等不同板块，适合不同板块的激励约束机制、决策机制亦有很大不同。在公募基金领域，部分基金管理公司已实现高管持股，在私募基金领域，奖惩措施与业绩表现挂钩，激励约束方式更加灵活。理财子公司需在借鉴同类机构经验基础上，探索适合自身发展需要的人才激励约束机制。

总体来看，理财子公司作为商业银行资产管理业务的承载平台，将对中国资产管理行业产生巨大影响。理财子公司的成立将逐步推动理财业务回归本源，履行"受人之托，代人理财"的承诺。未来，理财子公司将与公募基金及其子公司、证券公司及其子公司等资管机构同台竞争，共同竞逐中国资管行业百万亿元级别的大市场。在理财子公司成立初期，预计将主要在固定收益类业务发力，巩固商业银行理财业务的传统优势，并与公募基金优势互补，在权益类投资方面广泛合作。长期来看，理财子公司将与公募基金互相融合，互相借鉴，为我国投资人提供更加丰富的资产管理服务。

专题5

稳步开展资本工具创新

资本金是银行经营发展的基石，丰富资本补充工具、拓宽资本筹集渠道对银行业持续稳定发展意义重大。近年来，银行业资本补充方式不断调整优化，随着我国银行体系盈利效率下降，银行资本补充对外源融资的依赖度不断提升，二级资本工具使用较为广泛。未来银行业持续优化资本补充，持续增强服务实体经济和自身稳健发展实力。

一、银行业开展资本工具创新意义重大

国际金融危机以来，全球金融监管强化，资本管理受到全球银行业的高度重视。银行体系的资本管理方式也逐渐由危机前的做低"分母"变为危机以来的提升"分子"。开展资本工具创新成为全球资本管理的新趋势。2019 年 2 月 11 日，国务院召开常务会议，决定支持商业银行多渠道补充资本金，增强金融服务实体经济和防风险能力。对中国银行业而言，开展资本工具创新，夯实资本基础具有重要的现实意义。

一是支持实体经济发展。我国是间接融资主导的经济体，需要银行体系向实体经济进行信贷支持。2017 年以来，随着金融监管的趋严，特别是资管新规推出后，银行表外融资收缩，银行信贷成为满足实体经济资金需求的主要方式。2018 年，我国社会融资规模增量中人民币贷款占比高达 81.4%。社会融资对银行体系资本金依赖度明显增加。未

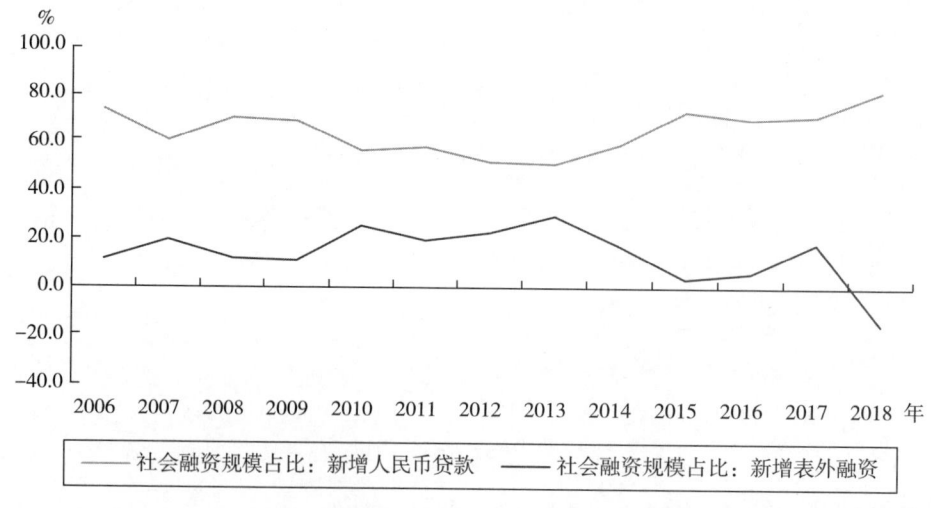

数据来源：Wind。

图专 5 - 1　我国社会融资结构的变化

来一段时间，银行信贷仍将是实体经济获取资金的最主要方式，特别是在解决小微企业融资难、融资贵问题方面，仍需要银行加大信贷投放，通过资本工具创新更好地发挥资金投放功能，支持实体经济发展。

二是疏通货币政策传导渠道。我国货币政策传导主要通过信贷渠道发挥效力，商业银行是货币政策传导的中枢。经验表明，资本充足率越接近监管红线，银行在宽松货币环境下的信贷增速越慢，并且对小微、"三农"以及民营企业等高风险客户的资产配置意愿更低。近年来，我国货币政策传导效力有所减弱，主要体现在：货币市场利率（DR007）的下调不能引导银行贷款利率同步下降；降低存款准备金率不能在短期内刺激信贷增速明显上升。在导致货币政策传导不畅的众多因素中，资本金不充足是重要原因之一。当前，通过资本工具创新，有助于夯实银行资本基础，疏通货币政策传导渠道，进一步提升货币政策的传导效力。

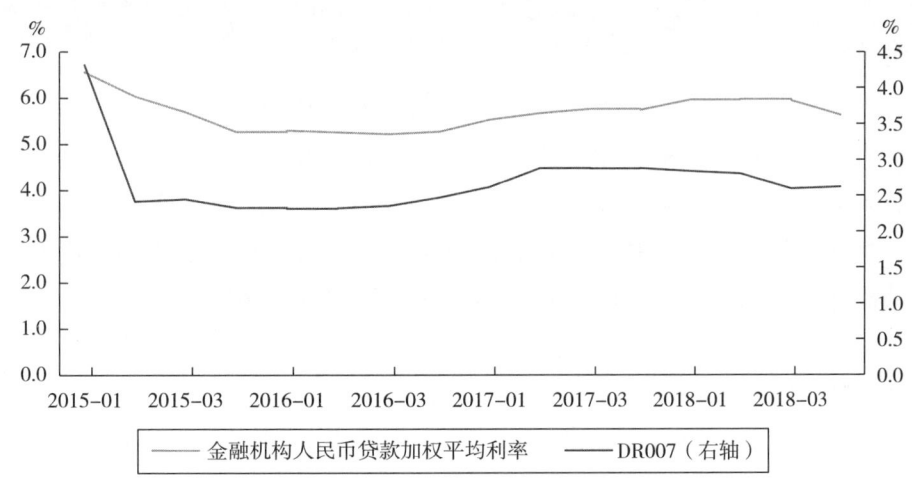

数据来源：Wind。

图专5-2　DR007和人民币贷款加权平均利率走势

三是夯实风险抵御能力。近年来，随着宏观经济增速的放缓，我国银行体系资产质量下滑，风险防控压力加大。2018年末，我国商业银行关注类贷款规模达34555亿元，是不良贷款余额的1.71倍，关注类贷款规模及占贷款的比率在全球范围内处于较高水平。银行业贷款核销规模达9880亿元，占存量不良贷款余额的48.8%，风险防控和化解压力不容小觑。通过开展资本工具创新，有助于加快问题资产的处置与核销，提升银行体系风险抵御能力，守住不发生系统性金融风险的底线。

四是奠定业务转型基础。在很长一段时间内，银行业的盈利增速高于资产增速，高盈利成为银行体系内源资本补充的重要来源。然而，近年来银行盈利增速不断下滑，并低于资产增速，高盈利支持高增长的模式不可持续。与此同时，我国银行体系单位资产扩张的资本消耗较大。2018年，中资 G-SIBs 平均风险密度（风险加权资产/总资产）

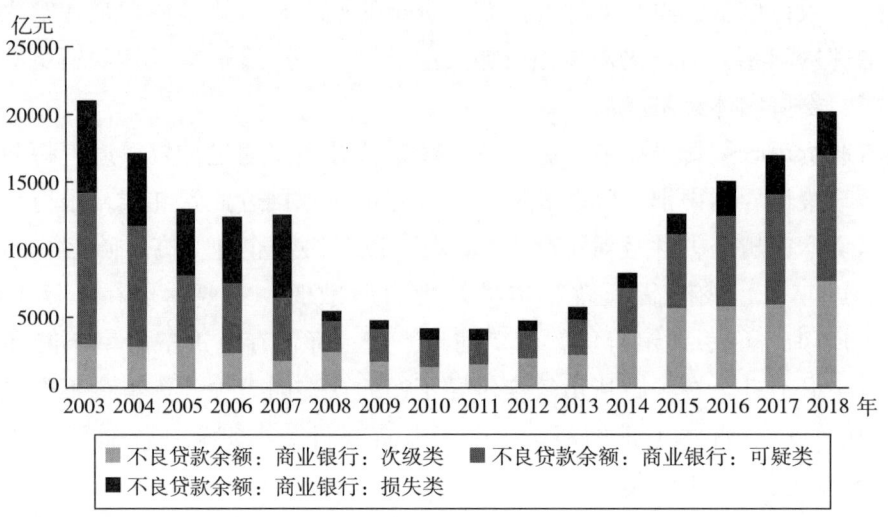

数据来源：Wind。

图专 5 - 3　我国不良贷款规模及结构变化

为 64%，同期，非中资 G - SIBs 平均水平在 40% 左右，我国大型银行单位资产资本消耗是全球同业的 1.6 倍。近年来，银行业国际化、综合化趋势加快，增设分支机构（特别是子公司）加大了银行资本消耗。通过开展资本工具创新，有利于填补盈利效率下滑造成的内源融资缺口，为银行业开展国际化和综合化转型奠定基础。

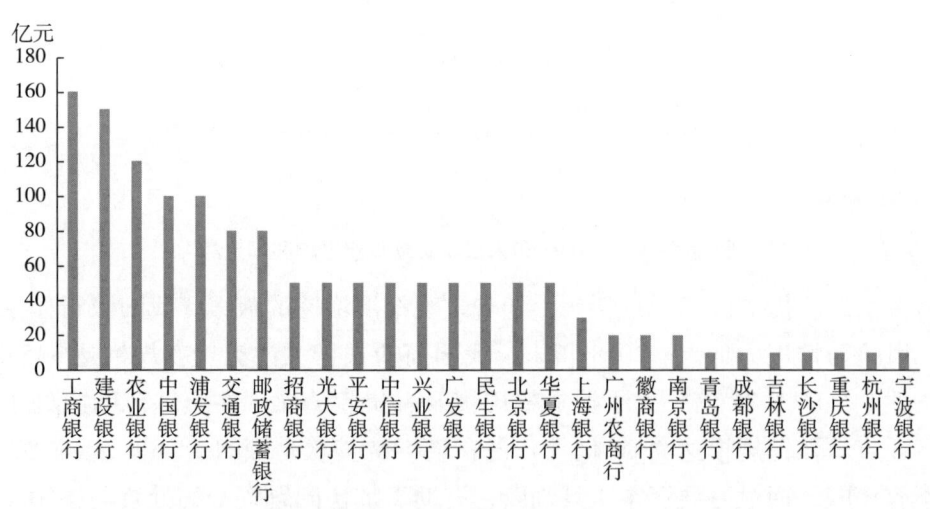

数据来源：中国银行业发展报告课题组根据公开资料整理。

图专 5 - 4　银行理财子公司出资额情况

五是满足监管要求。近年来，银行业资本监管要求不断升级，通过开展资本工具创新，有利于更好地应对日益提升的资本监管要求，确保我国商业银行各项功能的发挥。

首先，系统重要性升级。国内外监管机构对系统重要性银行的资本要求更为严格，未来可能有更多中资银行被认定为全球系统重要性银行，相应的资本要求也将会提高。2018年11月，人民银行、银保监会和证监会发布《关于完善系统重要性金融机构监管的指导意见》。国内系统重要性金融机构（D－SIFIs）名单呼之欲出，入围 D－SIFIs 将面临更为严格的资本要求。其次，国际财务准则第9号（IFRS9）实施。IFRS9 实施对上市银行的影响主要体现为资产减值准备的大幅上升[①]。H 股上市银行 2017 年年报显示，IFRS9 平均使 H 股中资银行营业利润下滑 15.2%。从欧洲主要银行表现看，IFRS9 实施平均使核心一级资本下降 51 个基点，对小银行、主要使用标准法的银行，影响超过 100个基点。虽然 IFRS9 实施后新增减值准备能部分计入二级资本产生回补效应，但整体对银行资本充足率产生了负面影响。最后，总损失吸收能力要求（TLAC）。2019 年 1 月 1日，TLAC 已经在发达经济体 G－SIBs 实施。2018 年 6 月末，24 家 G－SIBs 面临 680 亿欧元的 TLAC 资本缺口。我国 G－SIBs 虽有 6 年实施缓冲期，但面临的资本缺口更大。

二、银行业资本补充方式不断调整优化

一是资本充足率提升高度依赖分子策略。所谓分子策略，是指通过提高资本充足率分子（即资本净额）的方式提升资本充足率；分母策略是指通过控制资本充足率分母（即风险加权资产）方式提升资本充足率。我们发现，2013—2018 年，我国商业银行资本充足率由 12.19% 升至 14.20%[②]，其中分子策略贡献度达 78%，分母策略贡献度为22%。在 2013 年以前的一段时间，分子策略对资本充足率贡献率远大于 1，而分母策略的贡献率一直为负。2013 年以来，随着高级法实施这一趋势有所转变，但与国际水平相比，我国银行业的分母策略的贡献率依然偏低。

表专 5－1　2013—2018 年我国银行业资本充足率变动分解

	2013	2018	2018/2013	贡献率
资本充足率	12.19	14.20	1.16 倍	100%
风险加权资产/总资产（分母策略）	65.9%	63.7%	0.97 倍	22.0%
资本净额/总资产（分子策略）	8.0%	9.0%	1.13 倍	78.0%

数据来源：中国银保监会。

二是外源融资重要性上升，股票和债券融资规模相当。近年来，随着我国银行体系盈利效率下降，银行资本补充对外源融资的依赖度不断提升。2018 年末，我国商业银行资本净额达 19 万亿元。其中，内源融资占比约为 74%，外源融资占比为 26%。在外源融资中，普通股融资（包括 IPO、增发和配股）占比为 8.0%，优先股占比为 4.0%，二

---

① 资产分类和跨期会计的影响整体有限。
② 2013 年，我国施行资本充足率管理办法，资本充足率的计算方法发生较大变化，具体算法在这里略去。

级资本工具占比为 14.0%[①]。整体上看，债券与股票融资规模相当，30% 以上股票融资在境外完成，而债券融资主要通过境内市场。

三是其他一级资本和 TLAC 资本整体匮乏。2018 年末，我国商业银行其他一级资本占总资本比例在 4% 左右，近年来虽保持上升态势，但与国际同业相比依然偏低，其他一级资本工具匮乏也是导致我国资本充足率不高的重要原因。目前，我国其他一级资本主要以优先股为主，永续债发行尚处于起步阶段。国际同业在其他一级资本层级的资本工具创新较多，包括美国的优先信托证券、瑞银集团推出的递延或有资本计划等。此外，与国际同业特别是欧洲同业相比，我国银行业的 TLAC 债券工具（主要指不计入巴塞尔协议Ⅲ监管资本，但计入 TLAC 资本的债券）较为匮乏。这也是导致中资 G－SIBs 在 TLAC 要求的达标方面面临较大挑战。

四是二级资本工具使用最为广泛。我国商业银行使用的资本工具主要包括普通股、优先股、可转债、二级资本工具和永续债。从规模看，2019 年 2 月末，商业银行二级资本工具余额为 24667.8 亿元，分别是同期普通股和优先股余额的 1.5 倍和 3.0 倍。从发行条件看，二级资本工具发行门槛较低，使用范围最广。2019 年 2 月末，我国共有 256 家银行发行二级资本工具，发行银行数量远超过普通股（50 家左右）、优先股（30 家左右）、可转债（10 家）和永续债（1 家）。目前，优先股、可转债和永续债发行主体均为上市银行，二级资本工具成为广大未上市城商行和农商行唯一的外源资本补充工具。

五是资本工具发行还面临一些挑战。就普通股而言，银行 IPO 受市场行情影响较大，股票市场行情较好时，银行 IPO 力度相对较大，而股市行情低迷时，IPO 会陷入停滞。股票增发受制于二级市场低迷的股价，受低迷股价影响，A 股一半以上银行处于"破净"状态，我国监管政策规定，企业（银行）股票增发价格不得低于净资产的 90%。对国有企业（银行）而言，增发价格要求更高。另外，我国商业银行缺乏股票回购、股权激励等市值管理工具，使得股价与经营表现存在一定程度背离。优先股问题在于流动性较低，其在境内为非公开发行，在境外虽为公开发行，但换手率较低。优先股不能作为人民银行政策操作的合格抵押品。此外，银行自营资金不能投资优先股。二级资本工具具有减记条款，年金、社保基金、企业财务公司和保险公司[②]在投资二级资本工具时面临不同程度的监管限制；银行自营资金投资二级资本工具的风险权重为 100%，同时受小额少数资本投资限额限制，即超过核心一级资本 10% 的部分，应从各级监管资本中扣除。永续债与二级资本工具面临的问题类似，自营资金投资永续债的风险权重更高，为 250%。银行理财资金是优先股、永续债和二级资本工具的重要投资者，资管新规实施后，银行需要通过净值型产品对接长久期、预期收益率型的资本工具，这对理财产品设计提出了新的挑战。

---

① 主要通过 2018 年底，Wind 各银行发行股票、二级资本工具、优先股余额加总测算得到。
② 虽然银保监会放开保险机构投资减记类资本工具，但对投资资本工具的评级作出了要求。

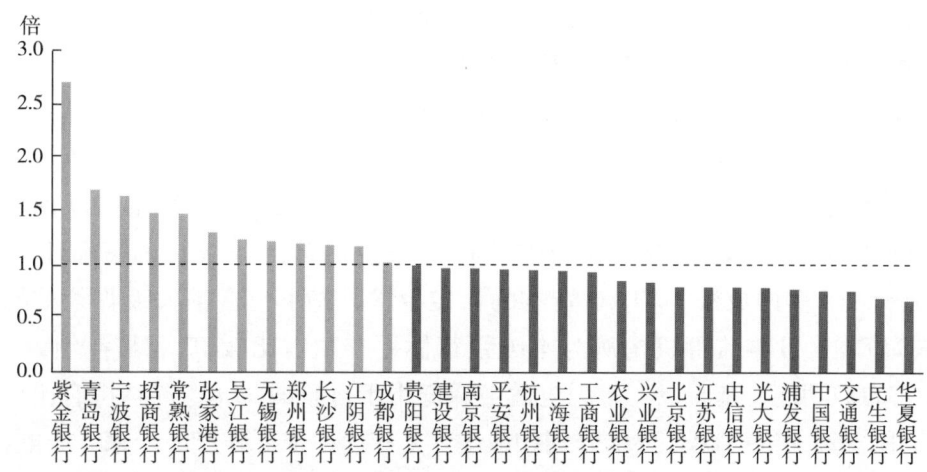

数据来源：Wind，中国银行业发展报告课题组根据公开资料整理。

图专 5-5　2019 年 2 月末 A 股上市银行市净率

三、银行业持续优化资本补充

1. 未来展望

一是其他一级资本存在创新空间。从资本结构看，我国银行业的其他一级资本占比有较大的提升空间，也是未来银行业提升资本充足率的重要"抓手"。一方面，永续债具有良好市场前景，自 2019 年 1 月中国银行成功发行首单永续债后，已有多家银行发布公告拟发行永续债，规模超过 4000 亿元。另一方面，其他一级资本工具仍有创新空间，参考国际经验，可探索推出优先信托证券、递延或有资本计划等其他一级资本工具。相较于优先股，永续债体现出更多优越性，其未来规模有望超越优先股：第一，永续债发行不需要修改公司章程，周期较短、流程更便利；第二，永续债发行主体范围更广，优先股发行主体仅限于上市银行，永续债很可能延伸至部分中小银行；第三，根据财政部最新发布的《关于永续债企业所得税政策问题的公告》，永续债可在税前扣除利息，而优先股股息则在净利润中扣除，这一条款设计对发行人更为友好，能够使永续债发行人降低发行成本。

二是二级资本工具需求量较大。目前，我国商业银行二级资本工具主要由超额贷款损失准备和二级资本工具构成。超额贷款损失准备指高于监管要求（150% 拨备覆盖率要求）的贷款损失准备，监管规定可部分计入二级资本。近年来，由于贷款核销规模快速上升，商业银行拨备覆盖率由 2013 年末的 282.7% 降至 2018 年末的 186.3%，相应的超额拨备规模大幅下降，对二级资本产生明显的侵蚀效应。另外，存量二级资本工具中，有部分是 2013 年发行的不合格次级债。按照监管规定，这些资本工具将在 2022 年以前全部扣减。2018 年末，工商银行、农业银行、中国银行和建设银行存量二级资本工具中，不合格资本工具的占比分别达到 40%、35.3%、25.7% 和 30.9%。在超额拨备持续收缩和不合格二级资本工具扣减的双重压力下，商业银行二级资本整体面临较大的管理压力，发行二级资本工具补充二级资本的动力较强。

三是 TLAC 资本工具创新取决于监管细则的确认。从初步测算看，中资 G – SIBs 面临的 TLAC 资本缺口在 1 万亿元以上，具有较强的 TLAC 工具发行意愿。然而，从日本和美国实施 TLAC 政策的情况看，两国都在充分使用自由裁量权的基础上，降低了 TLAC 实施标准。美国放松了 TLAC 资本的认定要求，将不包含损失吸收条款的债券也纳入 TLAC 资本；日本监管机构认为本国银行体系存款占比较高，且存款保险覆盖率高，可发挥自救功能，基于以上考虑应适当降低用于自救的 TLAC 资本持有比例，所以将 2019 年和 2022 年的 TLAC 要求分别扣减 2.5 个和 3.5 个百分点。未来，我国 G – SIBs 发行 TLAC 工具的数量及具体形态，还取决于我国监管机构实施 TLAC 政策的具体细则，包括最终的达标要求是多少，TLAC 资本工具的特征如何等。

2. 政策建议

对监管机构而言，应完善配套政策。推进注册制改革，减少对符合要求银行上市融资的限制；鼓励银行进行回购等市值管理操作，为增发、配股创造有利条件。增加优先股市场流动性，鼓励金融机构在境外发行优先股。鼓励 CBS 的使用和永续债在金融机构间的押品互认，逐渐放宽社保基金、企业年金等机构的投资限制，提高永续债市场流动性，应对资管新规实施后产品净值化的挑战。借鉴美国和日本的经验，充分行使自由裁量权，优化 TLAC 政策的实施细则。

对商业银行而言，应强化能力建设。准确评估自身资本补充需求以及金融市场的供求情况，优化资本补充规划，保持稳健的发行节奏，选择好发行时机和市场，控制融资成本；强化资本管理，在绩效考核中强化风险调整后的资本回报率（RAROC）、经济增加值（EVA）等指标的作用，提升资本的使用效率。从长远来看，坚持轻资本发展之路，不断提升高附加值以及高质量服务的业务比重，比如投资银行、财富管理、交易银行、代理托管等收费型、资本占用率低的业务；以数字化技术推动商业模式创新，降低成本、提高效率，提高单位人力、网点、资产、资本的产出效能。

附录
行业大事记

■ 国内

- 2018 年 4 月 8 日　博鳌亚洲论坛 2018 年年会在海南省博鳌召开。国家主席习近平出席开幕式并发表题为《开放共创繁荣创新引领未来》的主旨演讲。中国人民银行行长易纲在"货币政策的正常化"分论坛上表示，中国人民银行正抓紧落实相关开放政策，将大幅放宽包括金融业在内的市场准入等内容，大幅度放开金融业对外开放，提升国际竞争力。

- 2018 年 4 月 17 日　中国人民银行决定，从 2018 年 4 月 25 日起，下调大型商业银行、股份制商业银行、城市商业银行、非县域农村商业银行、外资银行人民币存款准备金率 1 个百分点；同日，上述银行各自按照"先借先还"的顺序，使用降准释放的资金偿还其所借央行的中期借贷便利（MLF）。

- 2018 年 4 月 18 日　中国人民银行印发《关于加强宏观信贷政策指导　推动金融更好服务实体经济的意见》（银发〔2018〕93 号），着力加强宏观信贷政策指导，充分发挥宏观信贷政策的结构性调控功能，引导银行业金融机构回归本源、防范风险，增强服务实体经济的能力和水平。

- 2018 年 4 月 24 日　中国银保监会印发《商业银行大额风险暴露管理办法》（银保监会令 2018 年第 1 号），规定了大额风险暴露监管标准和计算方法，并提高了单家银行对单个同业客户风险暴露的监管要求。该《办法》自 2018 年 7 月 1 日起施行。

- 2018 年 4 月 27 日　中国人民银行、银保监会、证监会、国家外汇管理局联合印发《关于规范金融机构资产管理业务的指导意见》（银发〔2018〕106 号），要求规范金融机构资产管理业务，统一同类资产管理产品监管标准，提出资产管理业务限制性规定，强化资产管理业务监管。

- 2018 年 4 月 27 日　中国人民银行、银保监会、证监会联合发布《关于加强非金融企业投资金融机构监管的指导意见》（银发〔2018〕107 号），要求加强准入管理，强化资本监管，严防利益输送，明确风险处置，强化监管协调，规范非金融企业投资金融机构行为。

- 2018 年 5 月 9 日　中国银保监会办公厅发布《关于规范银行业金融机构跨省票据业务的通知》（银保监办发〔2018〕21 号），对跨省票据业务进行界定，对票据业务主要风险隐患、跨省交易类业务、跨省授信类业务提出监管要求，强化跨省票据业

185

务监管，降低跨省票据业务的信用风险和操作风险，减少资金在金融体系内空转，更好地服务实体经济发展。

- 2018 年 5 月 15 日　中国民生银行发起成立的科技公司——民生科技有限公司在京正式成立。2015 年底至今，兴业银行、平安银行、招商银行、光大银行、建设银行、民生银行陆续成立金融科技子公司，面对金融科技的崛起，银行业已从被动防御转向主动进攻。

- 2018 年 5 月 21 日　中国银保监会印发《银行业金融机构数据治理指引》（银保监发〔2018〕22 号），就数据治理架构、数据管理和数据质量、数据价值应用和监督监管等提出相关工作要求，引导银行业金融机构加强数据治理，充分发挥数据价值，提升经营管理水平，由高速增长向高质量发展转变。

- 2018 年 5 月 23 日　中国银保监会印发《商业银行流动性风险管理办法》（银保监会令 2018 年第 3 号），对《商业银行流动性风险管理办法（试行）》进行修订，新引入净稳定资金比例、优质流动性资产充足率和流动性匹配率三个量化指标；进一步完善流动性风险监测体系，对部分监测指标的计算方法进行了合理优化，强调其在风险管理和监管方面的运用；细化了流动性风险管理相关要求，如日间流动性风险管理、融资管理等。

- 2018 年 5 月 30 日　中国银保监会发布《商业银行银行账簿利率风险管理指引（修订）》，对《商业银行银行账户利率风险管理指引》（银监发〔2009〕106 号）进行了全面修订，修订内容主要体现在规范银行账簿利率风险的治理架构和风险管理政策流程，明确风险计量、利率冲击情景和客户行为假设的具体要求，完善信息系统、模型和数据管理要求，引导银行加强计量结果应用，强化监管评估等方面。

- 2018 年 6 月 1 日　中国银保监会印发《银行业金融机构联合授信管理办法（试行）》（银保监发〔2018〕24 号），明确了联合授信机制目标、适用范围和基本工作原则；建立了成员银行协议、银企协议、联席会议制度等运作管理框架；明确了信息共享、联合授信额度管理和融资台账管理等风险防控机制；确立了企业进入风险预警状态后，银行业金融机构的风险应对和处置机制；明确了对违规企业和违规银行业金融机构的惩戒措施。同时，为稳妥推进联合授信机制，银保监会要求各银监局在辖内选取性质、行业、规模上具有代表性的企业开展联合授信试点工作，并对试点工作的组织协调、跟踪指导、评估总结等方面提出具体要求。

- 2018 年 6 月 1 日　中国人民银行决定适当扩大中期借贷便利（MLF）担保品范围，将不低于 AA 级的小微、绿色和"三农"金融债，AA + 级、AA 级公司信用类债券、优质的小微企业贷款和绿色贷款纳入 MLF 担保品范围。

- 2018 年 6 月 8 日　中国银保监会联合中国人民银行发布《关于完善商业银行存款偏离度管理有关事项的通知》（银保监办发〔2018〕48 号）。完善主要内容包括：一是结合近年来金融市场环境、银行业务经营变化，进一步强化绩效考评、合规经营及银行自律等方面的要求。二是调整存款偏离度定量考核方法。一方面简化计算方法，将季末月份与非季末月份采用相同的指标计算标准。另一方面将监管指标值由原来的3%调整至4%。三是进一步完善监督检查，实施差异化管理，并加大监管措施执行力度。

- 2018年6月25日　中国人民银行、银保监会、证监会、国家发展改革委、财政部联合印发《关于进一步深化小微企业金融服务的意见》（银发〔2018〕162号），提出8个方面、23条改进优化小微金融服务、提升小微企业融资可得性和精准度的政策措施，推动实现小微企业金融服务扩投入降成本目标。

- 2018年6月28日　中国人民银行印发《关于加大再贷款再贴现支持力度　引导金融机构增加小微企业信贷投放的通知》（银办发〔2018〕110号），进一步完善信贷政策支持再贷款、再贴现管理，将不低于AA级的小微、绿色和"三农"金融债，AA+级、AA级公司信用类债券纳入信贷政策支持再贷款和常备借贷便利（SLF）担保品范围。

- 2018年6月29日　中国银保监会印发《金融资产投资公司管理办法（试行）》（银保监会令2018年第4号），强调债转股必须遵循市场化、法治化原则，明确金融资产投资公司设立、变更与终止要求，明确要求突出开展债转股及其配套业务，强调全面风险管理和风险隔离，强化监管部门事中事后监管职责。

- 2018年7月2日　新一届国务院金融稳定发展委员会成立并召开会议，研究部署打好防范化解重大风险攻坚战等相关工作，并牵头制定了打好防范化解重大风险攻坚战行动方案及配套办法。

- 2018年7月5日　中国人民银行下调大型商业银行、股份制商业银行、城市商业银行、非县域农村商业银行和外资银行人民币存款准备金率0.5个百分点，以支持市场化、法治化"债转股"和小微企业融资。

- 2018年7月13日　中国人民银行发布2018年上半年金融统计数据报告：广义货币增长8%，狭义货币增长6.6%；人民币贷款增加9.03万亿元，外币贷款增加170亿美元；人民币存款增加9万亿元，外币存款减少18亿美元；6月银行间人民币市场同业拆借月加权平均利率2.73%，质押式债券回购月加权平均利率2.89%；国家外汇储备余额3.11万亿美元。

- 2018年7月31日　中共中央政治局召开会议，分析研究当前经济形势，部署下半年经济工作，针对"当前经济运行稳中有变，面临一些新问题新挑战，外部环境发生明显变化"，首次提出"要做好稳就业、稳金融、稳外贸、稳外资、稳投资、稳预期工作"。

- 2018年8月3日　国务院金融发展稳定委员会召开第二次会议，会议重点研究进一步疏通货币政策传导机制，增强服务实体经济能力的问题，要求"在流动性总量保持合理充裕的条件下，面对实体经济融资难、融资贵的问题，必须更加重视打通货币政策传导机制，提高服务实体经济的能力和水平"。

- 2018 年 8 月 6 日　中国人民银行将远期售汇业务的外汇风险准备金率调整为 20%，以加强宏观审慎管理，防范宏观金融风险。

- 2018 年 8 月 11 日　中国银保监会发布《加强监管　引领打通货币政策传导机制　提高金融服务实体经济水平》，要求着力缓解小微企业融资难融资贵问题，优化小微金融服务监管考核办法，加强贷款成本和贷款投放监测考核，落实无还本续贷、尽职免责等监管政策，提高小微企业贷款不良容忍度，有效发挥监管考核"指挥棒"的激励作用。

- 2018 年 8 月 20 日　国务院促进中小企业发展工作领导小组召开第一次会议，强调"对国有和民营经济一视同仁，对大中小企业平等对待，把工作重点放到为企业发展创造环境上来。要加大金融支持力度，加快体制创新和技术创新，健全激励机制，强化货币信贷政策传导，缓解融资难融资贵问题。要完善资本市场，拓宽中小企业直接融资渠道，更好满足融资需求"。

- 2018 年 9 月 4 日　中国人民银行印发《关于优化扶贫再贷款管理有关事项的通知》（银办发〔2018〕172 号），选择河南、云南等 12 个省（区、市）开展优化运用扶贫再贷款发放贷款定价机制试点。

- 2018 年 9 月 6 日　财政部印发《关于金融机构小微企业贷款利息收入免征增值税政策的通知》（财税〔2018〕91 号），明确规定"自 2018 年 9 月 1 日至 2020 年 12 月 31 日，对金融机构向小型企业、微型企业和个体工商户发放小额贷款取得的利息收入，免征增值税"。

- 2018 年 9 月 8 日　中国人民银行、财政部联合印发《全国银行间债券市场境外机构债券发行管理暂行办法》（中国人民银行　财政部公告〔2018〕第 16 号），进一步促进债券市场对外开放，规范境外机构债券发行，同时废止《国际开发机构人民币债券发行管理暂行办法》。

- 2018 年 9 月 19 日　李克强总理在天津夏季达沃斯论坛开幕致辞中发表讲话，强调中国将坚定不移支持"两个毫不动摇"，进一步落实和完善支持民营经济发展的政策措施，坚决消除阻碍民营经济发展的各种不合理障碍，对政府承诺的放宽民营企业准入领域，要加大力度督促推进。

- 2018 年 9 月 20 日　中国人民银行和香港特别行政区金融管理局签署了《关于使用债务工具中央结算系统发行中国人民银行票据的合作备忘录》，旨在便利中国人民银行在香港发行央行票据，丰富香港高信用等级人民币金融产品，完善香港人民币债券收益率曲线。

- 2018 年 9 月 26 日　中共中央　国务院印发《乡村振兴战略规划（2018—2022年）》，要求健全适合农业农村特点的农村金融体系，把更多金融资源配置到农村经济社会发展的重点领域和薄弱环节，更好地满足乡村振兴多样化金融需求。

- 2018 年 9 月 27 日　习近平总书记在辽宁忠旺集团考察时强调，党中央始终关心支持爱护民营企业，毫不动摇地发展公有制经济，毫不动摇地鼓励、支持、引导、保护民营经济发展。

- 2018 年 9 月 28 日　中国银保监会发布《中国普惠金融发展情况报告》，总结了我国普惠金融发展的意义、主要措施、主要成效和基本经验，客观分析了当前普惠金融发展面临的挑战，并提出了未来建设普惠金融体系的思路。

- 2018 年 9 月 28 日　李克强总理在浙江台州主持召开座谈会，强调民营经济和国有经济一样，都是社会主义市场经济的重要组成部分；民营经济的管理者、经营者和生产者，都是中国特色社会主义的建设者。

- 2018 年 10 月 15 日　中国人民银行下调大型商业银行、股份制商业银行、城市商业银行、非县域农村商业银行和外资银行人民币存款准备金率 1 个百分点，置换其所借央行的中期借贷便利（MLF）并支持小微企业、民营企业及创新型企业融资。

- 2018 年 10 月 23 日　国务院金融稳定发展委员会办公室组织对广东、福建、安徽、浙江、江苏、辽宁、四川等 7 个重点省份的民营和小微企业金融服务工作开展实地督导。

- 2018 年 10 月 26 日　中国人民银行印发《关于加大支小再贷款再贴现支持力度　引导金融机构增加小微企业和民营企业信贷投放的通知》（银发〔2018〕259 号），增加再贷款和再贴现额度 1500 亿元，支持金融机构扩大对小微、民营企业的信贷投放。

- 2018 年 10 月 26 日　中国证监会召开新闻发布会，强调证监会支持各类符合条件的机构通过发行专项公司债券募集资金专门用于纾解民营企业融资困境及化解上市公司股票质押风险。

- 2018 年 11 月 1 日　习近平总书记在北京主持召开民营企业座谈会并发表重要讲话。他强调，公有制为主体、多种所有制经济共同发展的基本经济制度，是中国特色社会主义制度的重要组成部分，也是完善社会主义市场经济体制的必然要求；在全面建成小康社会，进而全面建设社会主义现代化国家的新征程中，我国民营经济只能壮大，不能弱化，而且要走向更加广阔的舞台。

- 2018 年 11 月 2 日　中国证监会召开新闻发布会，表示证券行业 11 家证券公司近日宣布拟共同出资设立"证券行业支持民营企业发展系列资产管理计划"，主要用于化解民营上市公司股票质押等流动性风险，支持具备发展前景的民营企业走出困境。

- 2018 年 11 月 8 日　国务院印发《关于聚焦企业关切进一步推动优化营商环境政策落实的通知》（国办发〔2018〕104 号），要求坚决破除各种不合理门槛和限制，营造公平竞争市场环境；推动外商投资和贸易便利化，提高对外开放水平；持续提升审批服务质量，提高办事效率；进一步减轻企业税费负担，降低企业生产经营成本；大力保护产权，为创业创新营造良好环境；加强和规范事中事后监管，维护良好市场秩序；强化组织领导，进一步明确工作责任。

- 2018 年 11 月 15 日　中国人民银行、财政部、银保监会联合印发《关于在全国银行间债券市场开展地方政府债券柜台业务的通知》（银发〔2018〕283 号），丰富柜台业务债券品种，促进多层次债券市场建设。

- 2018 年 12 月 2 日　中国银保监会印发《商业银行理财子公司管理办法》（银保监会令 2018 年第 7 号），与《关于规范金融机构资产管理业务的指导意见》（银发〔2018〕106 号文）和《商业银行理财业务监督管理办法》（银保监会令 2018 年第 6 号）共同构成理财子公司开展理财业务需要遵循的监管要求。

- 2018 年 12 月 17 日　中国银保监会派出机构统一举行揭牌仪式，地方金融监管体系进一步完善。

- 2018 年 12 月 19 日　中央经济工作会议在北京召开。会议认为，经济运行稳中有变、变中有忧，外部环境复杂严峻，经济面临下行压力，但我国发展仍处于并将长期处于重要战略机遇期。会议要求，坚持稳中求进工作总基调，坚持以供给侧结构性改革为主线，继续打好三大攻坚战，宏观政策要强化逆周期调节，继续实施积极的财政政策和稳健的货币政策，适时预调微调，稳定总需求，进一步稳就业、稳金融、稳外贸、稳外资、稳投资、稳预期，提振市场信心。会议强调，要以金融体系结构调整优化为重点深化金融体制改革，发展民营银行和社区银行，推动城商行、农商行、农信社业务逐步回归本源。

- 2018 年 12 月 20 日　目前共有 23 家银行对外发布了设立理财子公司计划，工农中建交五大国有银行已全部聚齐，且出手力度最大，注册资本金分别为 160 亿元、120 亿元、100 亿元、150 亿元和 80 亿元。12 家股份制商业银行中，招商银行、华夏银行、光大银行、平安银行、民生银行、浦发银行、兴业银行、中信银行和广发银行等 9 家股份制商业银行也拟设立理财子公司。注册资本在 20 亿元至 100 亿元之间。

- 2018 年 12 月 25 日　国务院金融稳定发展委员会办公室召开专题会议，研究多渠道支持商业银行补充资本有关问题，推动尽快启动永续债发行。

- 2018 年 12 月 28 日　中央农村工作会议在北京召开，总结交流各地实施乡村振兴战略经验，研究落实明后两年"三农"工作必须完成的硬任务，部署 2019 年农业农村工作。

- 2019 年 1 月 2 日　中国人民银行决定自 2019 年起，将普惠金融定向降准小型和微型企业贷款考核标准由"单户授信小于 500 万元"调整为"单户授信小于 1000 万元"，扩大普惠金融定向降准优惠政策的覆盖面，引导金融机构更好地满足小微企业的贷款需求。

- 2019 年 1 月 4 日　中国人民银行决定下调金融机构存款准备金率 1 个百分点，其中，2019 年 1 月 15 日和 1 月 25 日分别下调 0.5 个百分点。同时，2019 年第一季度到期的中期借贷便利（MLF）不再续做。

- 2019 年 1 月 4 日　中国银保监会印发《关于推进农村商业银行坚守定位　强化治理　提升金融服务能力的意见》（银保监办发〔2019〕5 号），旨在推进农村商业银行更好地回归县域法人机构本源、专注支农支小信贷主业。

- 2019 年 1 月 15 日　中国人民银行发布 2018 年金融统计数据报告：广义货币增长 8.1%，狭义货币增长 1.5%；人民币贷款增加 16.17 万亿元，外币贷款减少 431 亿美元；人民币存款增加 13.4 万亿元，外币存款减少 634 亿美元；12 月银行间人民币市场同业拆借月加权平均利率为 2.57%，质押式债券回购月加权平均利率为 2.68%；国家外汇储备余额 3.07 万亿美元；2018 年跨境贸易人民币结算业务发生 5.11 万亿元，直接投资人民币结算业务发生 2.66 万亿元。

- 2019 年 1 月 17 日　中国银保监会批准中国银行发行不超过 400 亿元无固定期限资本债券。这是我国商业银行获批发行的首单此类新的资本补充工具。

- 2019 年 1 月 29 日　中国人民银行、银保监会、证监会、财政部、农业农村部联合发布《关于金融服务乡村振兴的指导意见》（银发〔2019〕11 号），要求坚持以市场化运作为导向、以机构改革为动力、以政策扶持为引导、以防控风险为底线，聚焦重点领域，深化改革创新，建立完善金融服务乡村振兴的市场体系、组织体系、产品体系，促进农村金融资源回流。

- 2019 年 2 月 14 日　中共中央、国务院印发《关于加强金融服务民营企业的若干意见》（中办发〔2019〕6 号），要求从强化融资服务基础设施建设、完善绩效考核和激励机制、积极支持民营企业融资纾困等方面加强对民营企业的金融服务和支持力度。

- 2019 年 2 月 20 日　中共中央、国务院印发《关于坚持农业农村优先发展做好"三农"工作的若干意见》（中发〔2019〕1 号），要求用好差别化准备金率和差异化监管等政策，切实降低"三农"信贷担保服务门槛，鼓励银行业金融机构加大对乡村振兴和脱贫攻坚中长期信贷支持力度。

- 2019 年 2 月 25 日　中国银保监会印发《关于进一步加强金融服务民营企业有关工作的通知》（银保监发〔2019〕8 号），从持续优化金融服务体系、抓紧建立"敢贷、愿贷、能贷"的长效机制、公平精准有效开展民营企业授信业务、着力提升民营企业信贷服务效率、从实际出发帮助遭遇风险事件的民营企业融资纾困、推动完善融资服务信息平台、处理好支持民营企业发展与防范金融风险的关系、加大对金融服务民营企业的监管督查力度 8 个方面，提出了 23 条细化措施。

- 2019 年 3 月 1 日　中国银保监会印发《关于做好 2019 年银行业保险业服务乡村振兴和助力脱贫攻坚工作的通知》（银保监办发〔2019〕38 号），从优化金融服务供给机制、明确服务重点领域和薄弱环节、创新产品和服务模式、推动基础金融服务扩面提质、助力打赢脱贫攻坚战、净化乡村金融环境、强化差异化监管引领等方面提出工作要求。

- 2019 年 3 月 4 日　中国银保监会印发《关于 2019 年进一步提升小微企业金融服务质效的通知》（银保监办发〔2019〕48 号），围绕切实增加银行信贷在小微企业融资总量中的比重、带动小微企业融资成本整体下降的指导思想，在信贷投放、成本管理、风险管控等方面提出了工作目标。

- 2019 年 3 月 5 日　李克强总理代表国务院作政府工作报告。报告称，今年我国发展面临的环境更复杂更严峻，可以预料和难以预料的风险挑战更多更大，要做好打硬仗的充分准备；困难不容低估，信心不可动摇，干劲不能松懈；我国发展仍处于重要战略机遇期，进一步稳就业、稳金融、稳外贸、稳外资、稳投资、稳预期，提振市场信心。报告要求，坚持稳中求进工作总基调，坚持以供给侧结构性改革为主线，继续打好三大攻坚战，积极的财政政策要加力提效，稳健的货币政策要松紧适度，广义货币 M_2 和社会融资规模增速要与国内生产总值名义增速相匹配，首次将就业优先政策置于宏观政策层面。

- 2019 年 3 月 6 日　财政部印发《关于做好 2019 年中央财政普惠金融发展专项资金管理工作的通知》，要求各地可因地制宜适当放宽创业担保贷款申请条件，由此产生的贴息资金由地方财政承担。鼓励各地因地制宜探索创新，缓解民营和小微企业融资难、融资贵问题，推动实现经济结构优化和高质量发展。

- 2019 年 3 月 24 日　中国发展高层论坛 2019 年年会在北京开幕，中国人民银行行长易纲表示，将进一步推动金融改革和开放，推动金融监管体制改革，完善利率、汇率、市场化形成机制，扩大金融的对外开放；营造适应的货币环境，强化货币政策的逆周期调控，保障流动性合理充裕。

- 2019 年 4 月 3 日　刘鹤副总理作为中美全面经济对话中方牵头人，与美国贸易代表莱特希泽、财政部长姆努钦在华盛顿共同主持第九轮中美经贸高级别磋商。双方讨论了技术转让、知识产权保护、非关税措施、服务业、农业、贸易平衡、实施机制等协议文本，取得新的进展。双方决定就遗留的问题通过各种有效方式进一步磋商。

■ 国际

- 2018 年 5 月 24 日　中国人民银行与巴基斯坦国家银行续签了中巴双边本币互换协议，旨在便利双边贸易投资，促进两国经济发展。协议规模为 200 亿元人民币/3510 亿巴基斯坦卢比，有效期三年，经双方同意可以展期。

- 2018 年 6 月 6 日　二十国集团（G20）可持续金融研究小组 2018 年第二次会议在澳大利亚悉尼召开，由中国人民银行和英格兰银行共同主持。会议讨论并原则通过了《2018 年可持续金融综合报告》的内容摘要，其中包括推动为资本市场提供可持续资产、发展可持续 PE/VC、在可持续金融领域运用金融科技的可选措施。

- 2018 年 6 月 13 日　美联储宣布将联邦基金目标利率区间上调 25 个基点至 1.75% ~ 2.00%。

- 2018 年 7 月 21 日　G20 财长及央行行长会议在阿根廷布宜诺斯艾利斯召开。G20 申明草案认为，经济增长所面临的风险已经升温，贸易关系紧张构成风险，全球经济增长更加不同步，新兴市场面临资本外流风险，仍存在市场波动性；将敦促加强贸易沟通，旨在解决紧张的贸易局势。G20 公报草案认为，加密数字资产并不对全球金融稳定性构成威胁；鉴于近期金融市场波动性，将继续致力于监督跨境资本流动；国际贸易和投资乃经济增长的引擎，意识到有必要加大对话力度，并采取行动来缓和风险；致力于加强贸易对 G20 经济体的贡献；许多新兴市场都做好了准备，仍面临包括市场波动性和资本逆转的挑战；经济增速面临的短期和中期风险增加，包括贸易和地缘政治紧张局势加剧。

- 2018 年 8 月 20 日　中国人民银行与马来西亚国家银行续签规模为 1800 亿元人民币/1100 亿马来西亚林吉特的双边本币互换协议。

- 2018 年 9 月 27 日　美联储宣布将联邦基金目标利率区间上调 25 个基点至 2.00% ~ 2.25%。

- 2018 年 9 月 30 日　经过长达 14 个月的贸易谈判，美国、墨西哥和加拿大三方达成《美墨加贸易协定》（USMCA），并于 11 月 30 日正式签署生效，以取代 1994 年以来生效的《北美自由贸易协议》（NAFTA）。这一协议的达成将为美国国内创造数量可观的就业岗位，也将推动美国对加拿大、墨西哥两国的产品出口。

- 2018 年 10 月 11 日　中国人民银行易纲行长、陈雨露副行长出席了在印度尼西亚巴厘岛召开的二十国集团（G20）财长和央行行长会议。会议主要讨论了全球经济形势与风险、国际金融架构、基础设施融资和加强与非洲合作等议题。易纲行长表示，中国经济继续平稳运行，年初设定的增长目标预计可以实现，物价基本平稳，宏观杠杆率已经稳定；中国将继续通过深化改革、扩大开放来解决当前面临的问题与挑战；近期贸易摩擦不断升级，给全球经济带来了明显影响，希望各方共同寻求建设性的解决方案。

- 2018 年 10 月 13 日　中国人民银行与英格兰银行续签规模为 3500 亿元人民币/400 亿英镑的双边本币互换协议。

- 2018 年 10 月 26 日　中国人民银行与日本银行签署规模为 2000 亿元人民币/34000 亿日元的双边本币互换协议。

- 2018 年 11 月 16 日　中国人民银行与印度尼西亚中央银行续签规模为 2000 亿元人民币/440 万亿印尼卢比的双边本币互换协议。

- 2018 年 11 月 18 日　亚太经合组织（APEC）第二十六次领导人非正式会议 18 日在巴布亚新几内亚莫尔兹比港举行，APEC 共同声明要坚定维护多边主义和多边贸易体系，反对保护主义，推动亚太自由贸易区建设，携手共建活力、开放的亚太。

- 2018 年 11 月 20 日　亚洲金融智库在成立大会暨首届年会上，发布了首份年报《亚洲金融观察（2018）》，以及《粤港澳大湾区金融发展报告（2018）》。亚洲金融智库是亚洲金融合作协会的分支机构，由来自亚洲、欧洲、美洲、大洋洲和非洲五大洲的 27 个国家和地区的 80 家金融机构的首席经济学家或研究部门主管组成，其中包括境内专家 47 人，境外专家 33 人，以"面向市场、国际视野、问题导向、深度观察、智慧方案"为定位。

- 2018 年 12 月 10 日　中国人民银行与乌克兰国家银行续签规模为 150 亿元人民币/620 亿乌克兰格里夫纳的双边本币互换协议。

- 2018 年 12 月 13 日　欧洲央行公布利率决议，宣布维持主要利率不变，符合市场预期，确认 12 月底结束量化宽松政策，正式停止其债券购买计划。

- 2018 年 12 月 19 日　美联储上调联邦基金目标利率 25 个基点至 2.25% ~ 2.5% 水平，为美联储 2018 年第四次加息。

- 2019 年 1 月 21 日　世界经济论坛 2019 年年会在瑞士达沃斯开幕，本次论坛主题为"全球化 4.0：打造第四次工业革命时代的全球架构"，重点议题将包括气候变化、包容性增长以及国际治理等。

- 2019 年 1 月 24 日　欧洲央行公布 1 月政策利率会议决议，维持三大利率不变。会议重申预计至少在 2019 年夏天前将保持利率不变；将确保欧元区核心通胀水平继续在中期内低于并接近 2%，只要通胀方面需要，将维持关键利率在当前水平不变；再投资将一直持续到首次加息后很长一段时间，且会持续足够长的时间，以维持有利的流动性条件和货币宽松的充裕程度。欧洲央行删除了之前声明中关于资产购买和 QE 结束的内容。欧洲央行行长德拉吉表示，近期公布的数据弱于预期，不确定性正在施压情绪，仍需要大规模刺激政策维持通胀。

- 2019 年 1 月 31 日　美联储货币政策声明删除渐进加息的措辞，强调将在利率决议上更有耐心，展现鸽派态度，并同时指出经济基本面仍然稳固，劳动力市场和消费依旧强劲。

- 2019 年 3 月 6 日　美联储公布褐皮书称，美国经济活动在 1 月后期和 2 月继续扩大。在 12 个地方联储中，10 家报告"略微到温和增长"，但费城和圣路易斯联储称增速持平。

- 2019 年 3 月 21 日　美联储政策声明称，维持利率不变，预计 2019 年不加息。

- 2019 年 4 月 4 日　亚洲开发银行报告预计，亚洲发展中国家的经济增长率今年将略微降至 5.7%，2020 年降至 5.6%。而 2017 年的经济增长率为 6.2%。

- 2019 年 4 月 5 日　世界银行官网公布，世界银行执行董事会一致批准原美国财政部副部长戴维·马尔帕斯担任下一任世行行长。戴维·马尔帕斯曾多次表示对多边主义的怀疑和批评，指责世行消除全球贫困的使命乏善可陈，并曾经参与讨论过取消 IMF。

- 2019 年 4 月 9 日　国际货币基金组织（IMF）发布了最新一期《世界经济展望报告》，再次传递出了对于 2019 年全球经济的担忧情绪。IMF 将 2019 年全球经济增速预期由今年 1 月时的 3.5% 进一步下调至 3.3%，创下国际金融危机以来的最低水平，预计发达经济体整体经济增速 2019 年降至 1.8%，2020 年降至 1.7%，新兴市场和发展中经济体 2019 年经济增速 4.4%，2020 年回升至 4.8%；将中国 2019 年经济增速预期上调 0.1 个百分点至 6.3%。全球经济增速持续放缓，贸易紧张局势、关税的增加、企业信心的下降、金融环境的收紧以及许多经济体高度不确定的政策，均成为拖累全球经济增速的重要因素。

后 记

今年是中国银行业协会行业发展研究委员会第九次组织撰写《中国银行业发展报告》。今年的报告继续得到了监管部门、协会领导的关心和指导，得到了各会员单位的大力支持。在课题牵头机构及各参与机构的共同努力下，经过有关领导和专家的评议，报告对银行业改革发展的成绩和趋势进行了较为权威、专业、深入、全面的剖析，使外界更加清晰、准确地认识中国银行业，正确引导公众和舆论对银行业的看法。报告再次得到社会各界人士的关注与好评。

今年的报告对部分篇章进行了调整和整合，从而更加凝练。在报告撰写过程中，课题组先后多次召开课题协调会议，对报告的框架和内容进行讨论，不断加以完善。交通银行和南京银行共同承办了专家评审会。评审专家对报告进行了评审，评审组专家成员包括戴国强、戴硕、费方域、李麟、裴平、殷剑锋、曾刚、翟立宏、朱太辉，报告的撰写得到了中国银保监会及中国银行业协会领导的大力关心和支持，中国银行业协会潘光伟专职副会长拨冗担任了本报告的指导人。银行业协会各会员机构提供了翔实的数据资料。中国金融出版社对报告的出版给予了大力帮助。在此一并表示衷心感谢！

本年度的报告继续由中国银行业协会行业发展研究委员会主任单位交通银行牵头，国家开发银行、中国农业银行、中国银行、中国建设银行、中国邮政储蓄银行、中国民生银行、中信银行、光大银行、华夏银行、兴业银行、广发银行、恒丰银行、浙商银行、北京银行、南京银行、包商银行、徽商银行、浙江省农村信用社联合社、新网银行、中国东方资产、兴业研究等机构共同撰写。

报告由交通银行首席经济学家连平教授和交通银行发展研究部周昆平副总经理担任课题研究牵头人。审稿人是交通银行周昆平、中国银行业协会李健、国家开发银行沈继奔、中国农业银行张耀平、中国银行张兴荣、中国建设银行乐玉贵、中国邮政储蓄银行周琼、中国民生银行黄剑辉、中信银行王蓓、中国光大银行巴威、华夏银行沈小平、兴业银行高鹏、广发银行黄惠亮、恒丰银行李徽徽、浙商银行杜权、北京银行邓志国、南京银行管征、包商银行彭怡和王晓蕾、徽商银行高磊、浙江省联社徐国兴、新网银行赵卫星、中国东方资产刘亚楠、兴业研究黄煜琛。

各篇章的写作分工如下：第一章由中国民生银行张丽云、麻艳、李鑫撰写；第二章由中国民生银行张丽云、麻艳撰写；第三章由北京银行吴凯、王超，国家开发银行王聪，中国银行邵科、原晓惠，广发银行何鑫、张琳、袁雪，浙江省农信联社吴厚烜、戚文举，中国东方资产朱珠，新网银行陈黎共同撰写完成；专栏3－1由浙江省农信联社戚文举、林海光撰写；第四章由徽商银行朱丽丽撰写；第五章由浙商银行杨跃、庄瑾亮、倪进峰撰写；专栏5－1由包商银行陈玉京、冯晓菲撰写；专栏5－2由兴业研究公司钱立华撰写；第六章由恒丰银行王丽娟、李蕾撰写；第七章由兴业银行高鹏、黄继平撰写；第八章由中国邮政储蓄银行孙翔宇撰写；第九章由中国光大银行郑文力撰写；专栏9－1由兴业研究郭益忻撰写；第十章由华夏银行李玉文撰写；第十一章由南京银行沈昱池撰写；第十二章由中国农业银行丁维岱、冀玥竹、纪啸天撰写；专栏12－1、专栏12－2由中国农业银行纪啸天撰写；第十三章由华夏银行魏政撰写；第十四章由中国邮政储蓄银行韩军伟撰写；专栏14－1由中国东方资产曹东坡撰写；第十五章由兴业研究郭于玮撰写；第十六章由交通银行连平撰写；专栏16－1由新网银行陈黎撰写；第十七章由中国建设银行刘兴赛撰写；专栏17－1由中国民生银行麻艳撰写；第十八章由中国银行原晓惠撰写；专题1由中信银行张鹏、韦博洋撰写；专栏专1－1由兴业研究公司罗鹏程撰写；专题2由交通银行吴剑、广发银行何鑫、张琳、袁雪，国家开发银行王聪共同撰写；专题3由交通银行武雯撰写；专题4由包商银行杨久龙撰写；专题5由中国银行熊启跃撰写；行业大事记由浙江省农信联社谢磊、戚文举撰写。

交通银行的武雯、刘健、鄂永健、黄艳斐、梁栋材、刘学智、王迪昀、李莹、陈冀、李津津、阮刚铭、蔡强负责报告的统稿工作。中国银行业协会研究部王芳等在报告撰写过程中做了大量的组织协调工作。

虽然已经是第九次编纂，但由于自身水平所限，缺点和错误在所难免，我们真诚地欢迎各位领导、专家和社会各界读者朋友不吝赐教、批评指正。

报告编纂者
2019 年 6 月